政治改革再考

変貌を遂げた国家の軌跡

待鳥聡史

新潮選書

はじめに

政治改革とは一体何だったのだろうか。

一九八〇年代の末から急激に関心が強まり、その後およそ一五年の間に次々と、しかも極めて広範囲にわたって、政治行政に関する制度変革が行われた。小中学校で習う「三権」すなわち立法・行政・司法のすべて、それに加えて地方自治や、中央銀行である日本銀行のあり方までが改められた。その結果として、日本政治の基本的な仕組みを説明する、義務教育の社会科、高校の政治・経済、大学の政治学の教科書は、どれも大きく書き直されねばならないほどの変化があった。学習指導要領などの関係なのか、高校以下の教科書への波及は遅々として進んでいない印象があるものの、政治学の入門書に描かれる日本政治の姿は、三〇年前とは全く異なる。

それに合わせて、マスメディアや一般市民が政治を語る言葉も変わった。たとえば、かつて官僚の優秀さと影響力の大きさは、そのいささか傲然たる態度とも相まって、官僚支配という言葉を生み出した。実際には官僚の影響力が及んでいないはずの現象すら、その言葉で語られることも少なくなかった。だが今日、官僚支配という言葉を日本政治の現状を語るために使う人は稀である。代わって多用されるようになったのは、官邸主導とか首相支配といった言葉である。官僚はもはや、首相をはじめとする官邸の意向を忖度することに汲々とし、野党に国会に呼びつけられて一方的に非難される存在になってしまったようにさえ見える。

これほどの変化が、あれほど連続的に、なぜ生じたのだろうか。それが、本書が考えようとする最も基本的な問いである。既に答えは出されている、とお考えの方もおられるかもしれない。しかし、それではなお十分ではない、というのが本書の出発点である。

一方において、政治改革を扱った文献は数多く存在する。だが、その大部分は選挙制度改革や行政改革など一部の領域を扱い、その範囲で最も説得的な分析や叙述を行おうとするもので、政治改革の広範さや相互連関については十分に意識されてはいない。他方において、改革の広がりを一種のブームや熱病のように見なす議論も珍しくない。ところが実際には、ブームや熱病という言葉から導かれる印象とは裏腹に、政治改革に取り組まれた期間は一五年程度にまで及んでいる。制度変革が広範囲かつ大規模になされたことから考えれば決して長い期間ではないが、ブームや熱病というには長すぎる。

そして、政治改革は過ぎ去ったものであると見なすことも妥当ではない。ブームや熱病としての政治改革像の延長線上にあると思われるが、改革を「平成」という時代のアイコンあるいは象徴として捉える見方も、決して珍しくはない。平成の三〇年強は、ひたすら「改革、改革」と言い続けた時代であったが、それもようやく終わりを告げたのであって、令和の時代にはもっと足元を見つめ直そう、市井の人々の安寧と静穏を大事にしよう、という立場である。実際の検討はもっと前から始まっていたが、政治改革がなされた時期は平成年間と重なっている。そのため、改革前の時代である高度経済成長期や昭和へのノスタルジーも手伝って、こうした考え方は今日意外なほど広く受け入れられているのではないだろうか。

元号の区切りで現実の政治行政や社会経済が変わるわけはないという批判は野暮だとしても、このような理解は、今日の日本政治が政治改革の不可逆的な帰結として成り立っていることを無視しすぎている。

たとえば、自民党一強といわれる現在の政党間関係は、一見したところ五五年体制と似通っているが、自民党を支える基盤はかつてとは全く異なっている。五五年体制下の自民党は、派閥や地方議員系列などを通じて末端まで形成された強固な支持基盤を持ち、政党間の勢力関係が変化しにくい中選挙区制と相まって、長期単独政権を維持できた。だが、派閥や地方議員系列はいずれも過去のものとなり、自民党は都市の移り気な有権者の一時的支持に依存する傾向を強めている。現在の小選挙区中心の選挙制度の下では、一九九〇年代末から民主党が急成長して短期間に政権を獲得したように、政策判断の誤りや不祥事など何らかのきっかけで都市の有権者が離反すると、自民党といえども容易に政権を失いうる。政治改革は、現在と将来の日本政治を強く規定し続けているのである。

だとすれば、過去を特徴づけるブームや出来事としてではなく、日本政治のあり方に今後も大きな影響を与え続ける構造変化の主要因として、政治改革の全体像が把握されねばならない。そして、多くの同時代の記録や当事者の証言が残っている現時点は、政治改革についての包括的な検討を進めるには最適なタイミングである。本書は、そのような認識から取り組まれた。

政治改革再考　変貌を遂げた国家の軌跡

目次

第2章　選挙制度改革　87

第5章 司法制度改革 197

政治改革再考

変貌を遂げた国家の軌跡

序　章　政治改革への視点

1　政治改革への道のり

前史としてのバブル

今日から振り返るとき、一九八〇年代はバブルの時代、九〇年代は長い停滞の始まりの時代、と括られることが多いのではないだろうか。本書はもっぱら九〇年代以降を扱うことになるが、まずはその前史として、バブル期日本の社会経済環境と国際環境を見ておこう。

ここでいうバブルとは、実体経済の動向とは直接関係しないところで、投機に近い極めて積極的な投資行動がなされ、その結果として景気が過熱してしまう現象を指す。経済学者の柳川範之によれば、経済学における標準的定義は「ファンダメンタルズから乖離して資産価格が上昇または下落する現象」である。[1]

その発端は、一九八〇年代前半の国際政治経済にあった。当時の日本は、高度経済成長期の輸出拡大により生み出されるようになった貿易黒字が、アメリカなどとの経済摩擦につながっていた。アメリカは八一年に発足した共和党ロナルド・レーガン政権の下で「小さな政府」を志向し、大規模減税を行ったことによる財政赤字の増大に直面していたことに加え、日本以外の主要国との間にも大きな貿易赤字を抱えていた。それらを是正するために、八五年九月二二日には為替相場を各国通貨に対してドル安に誘導する「プラザ合意」が成立した。プラザとは、合意がなされた先進五ヶ国（G5）蔵相・中央銀行総裁会議が行われた、ニューヨークの名門ホテルの名前である。合意によりドルに対する各国通貨の相対的価値が上がれば、各国産品のドル建て価格は上昇するので、アメリカへの輸出が減少し、貿易不均衡が是正されることが期待された。

日本にとって、プラザ合意は急激な円高と国際競争力の減退をもたらすものであった。合意前の一九八五年二月には一ドル＝二六〇円台という円安ドル高水準にあった為替レートは、八六年一月には一ドル＝二〇〇円を突破し、三月には一ドル＝一七〇円台に突入した。短期間に生じた円高によって、製造業を中心とする輸出産業の多くが苦境に陥り、円高不況という言葉が生まれた。しかし当時は、第二次臨時行政調査会（第二臨調）を率いた土光敏夫の号令一下、八〇年代初頭から進められていた「増税なき財政再建」の過程にあり、財政出動による対処には大きな制約が課されていた。

国内需要が十分にないために輸出過剰になるという国際的な批判に応える必要もあって、中曽根康弘首相の私的諮問機関「国際協調のための経済構造調整研究会」は、八六年四月に内需拡大や金融自由化などを提言する報告書を作成した。この報告書は、研究会座長であった日本銀行前総裁の前川春雄の名前をとって「前川リポート」と呼ばれるが、同様の提言は前川リポート以前から繰り返し行われていた。[2]

これらを受けて、中曽根政権は内需による景気回復を図るため、積極的な金融緩和に踏みきった。都市銀行など民間金融機関も、日本企業の資金調達方法の国際化などによって貸付需要が低下しており、余剰資金を抱えていた。このようにして潤沢に供給されたマネーは、不動産市場や証券市場に集中的に流れこみ、実際の価値以上の資産価格高騰につながって、バブルが発生したのであった。先に述べたバブルの経済学的定義における「ファンダメンタルズとの乖離」とは、このような側面を指す。

もちろん、バブルが実体経済の好不況と全く無関係であったわけではない。輸出競争力の減退や経済摩擦対策によって製造業の海外移転などは進んだが、金融緩和が導いた積極的な投資が円高不況を乗り切らせたことは間違いない。証券市場の活性化は「財テク」という言葉を生み出し、大企業から年金生活者まで多くの組織や個人が投資による一攫千金の夢を見たことも事実である。電電公社から民営化されたNTT（日本電信電話）が上場するに当たり、個人を含む一般投資家から売り出し株数の六倍の申し込みが殺到したのは、一九八六年のことであった。不動産価格の急騰は、一方において「庶民の夢」といわれた都市部での住宅購入を困難にしたが、他方では手持ち不動産の値上がりを見越して、それを担保に金融機関からさらなる借り入れを行い、投資を進める企業も数多く生み出した。

東京では、臨海副都心や六本木ヒルズなど今日につながる大規模開発の多くが、この時期に構想された。バブルを経て街の様相が大きく変わったのは、東京以外の大都市も同様であった。バブルで潤った企業の従業員もまた、潤沢な交際費を与えられて役得や余禄に与ったことも少なくなかった。終身雇用の下で順調な昇給も約束されていた以上、従業員の家族にも間接的な効果は及んだ。さらにその効果は、彼らが暮らす地域の経済にも及んだであろう。理由はともかく、マネーが豊富にあり、それが動いていれば、その社会に生きる大多数の人々に物質的な幸福を与えるのである。

現状肯定的雰囲気の強まり

日本の社会に始まっていた質的な変化を促す効果も、バブルは持っていた。一九七〇年代半ばに高度経済成長が終わった後、神奈川県知事だった長洲一二《かずじ》が最初に提唱したとされる「地方の時代」や、七八年から首相を務めた大平正芳が組織した有識者研究会（大平研究会）が「田園都市国家構想」を打ち出すといった動きが登場した。これらは、幕末開国期以来進められてきた、欧米先進国に追いつくための集権的で画一的な社会のあり方に、疑問を感じる人々が登場しつつあることを示唆していた。八〇年代に入ると、学校教育における細かい校則や髪型の強制などが問題視されるようになり、個性の尊重が語られるようになった。今から見ればまだまだ強かったとはいえ、服装や言動などの社会規範は次第に緩み、都市には自由な雰囲気が次第に広がっていった。すなわち、集権よりも分権、画一性よりも個性を重視する動きが強まっていたのである。

バブルは、民間企業のみならず地方自治体を含む公共部門の財政的余裕も生み出したから、こうした動きは政策的にも加速されることになった。一九八八年には、竹下登政権が「ふるさと創生」の名の下に全国の地方自治体に一億円の資金を交付すると発表した。中央政府が赤字国債の新規発行から脱却したのは九〇年度予算においてであったが、同じ時期には地方財政もまたプライマリーバランスの黒字化を達成していた。[3] 地方自治体は、文化施設の建設や地域スポーツの支援などに力を入れることになった。九三年のJリーグ開幕につながる、日本サッカーリーグのプロ化の検討が始まるのはこの時期だが、ホームタウン構想などに地方自治体が共鳴し、競技場整備などで協力できたのは、バブルとその残照がある時期であったこととも関係していた。九〇年代の前半、サッカーは自由と個性の時代の象徴のように扱われることになる。

良きにつけ悪しきにつけ、まばゆいばかりの繁栄あるいは虚栄の陰で、さまざまな変化が起こった。豊かさと自由は、各地に文化的な蓄積と成熟を生み出した。しかし、証券市場や不動産市場に流入した巨額のマネーは、たとえばほとんど価値のない担保に基づく貸付などを多発させ、市場は次第に投機的な色彩を強めていった。その過程で、短期間で巨利を得た「バブル紳士」を生み出し、彼らは資金源である金融機関や監督省庁、さらには政治家に対しても饗応を繰り返すようになった。それらは徐々に道義的退廃や怒りを生み出した。やがてその影響は表れる。

だが、それ以上に大きかったのは、日本社会を現状への満足と多幸感が広く覆ったことであった。戦後日本の高度経済成長、より長い目で見れば幕末開国期からの追いつき型近代化は、政官財各界のエリートが欧米先進国の先例を日本流にアレンジしながら、ときには自己犠牲も厭わずに達成されたものであった。一九七〇年代末から議論を繰り返し、八〇年代末に導入に成功した消費税は、その最後の例だったのかもしれない。しかし全体として見れば、その頃までに日本のエリートは完全に目標を見失い、先進国となった日本、好況の日本に酔いしれるようになっていたのである。政治を率いてきた自民党は、経済成長の果実を支持基盤に分配する利益誘導政治に浸りきっていた。官僚制は、自民党政権との協調に重きを置くあまり、長期的な国家構想を考える能力を低下させていた。経済界もまた、日本型経営に圧倒的な自信を持ち、変革の必要性をあまり感じなくなっていた。一般有権者もまた、豊かになった自分たちの生活を守ることに関心が向かい、エリートたちの現状維持志向を追認していた。

転換点としての一九八九年

順風満帆に見えた日本を取り巻く環境が大きく変わったのは、一九八九年のことであった。この年の一月、昭和天皇は崩御して元号が平成に替わった。前年後半に天皇が体調を崩して以来続いていた自粛ムードの中で、新しい時代は静かに始まったが、ほどなく内外で立て続けに大きな出来事に見舞われた。

まず生じたのは、リクルート事件の広がりであった。一九八八年六月一八日、リクルート社の創業者であり会長であった江副浩正が、不動産開発子会社であるリクルートコスモスの未公開株を、再開発計画のあった川崎市の助役に譲渡していたと『朝日新聞』が報じた。譲渡は報道の数年前のことだったが、バブルの初期だけにリクルートコスモスの株は公開すれば値上がりが間違いなく、未公開段階での譲渡は事実上の利益供与、より端的には賄賂に近いものであった。これだけならば、不動産会社と地方自治体のよくある癒着に過ぎなかっただろう。リクルート社は就職情報誌を皮切りに急成長した企業だったが、不動産業界ではまだ新興参入者に近い存在だったからである。

だが実際には、江副は同じ株を当時の主要な国政政治家や財界有力者の多くに譲渡していた。東京大学在学中に起業し、今でいうヴェンチャー企業で大成功を収めた江副が、政財界における自らと自社の評価を高めるために行った譲渡だったという。譲渡を受けた者の一部は、一九八六年に株式公開が行われた後にリクルートコスモス株を売却し、億単位の利益を上げていた。譲渡相手には竹下首相自身を含め主要閣僚も含まれており、報道が出るたびに政権は窮地に追い込まれていった。バブルによる地価高騰は住宅難や遠距離通勤などを生み出して人々の暮らしに影響を及ぼしており、それを利用してエリートが利益を得ていることへの有権者の怒りは小さくなかった。八九年に入ると、四月の消費税導入もあって竹下内閣の支持率は記録的な低水準に陥り、六月にはついに総辞職に至った。

竹下政権は、自民党最大派閥であった田中派所属議員の大部分が加わって結成された経世会（竹下派）を基盤にしており、大平と中曽根という二人の前任首相が成し遂げられなかった消費税導入を実現するなど、長期安定政権になることが予想されていた。自民党内の激しい派閥対立は一九八〇年代初頭までに終息しており、中曽根の後継首相を竹下とともに目指した安倍晋太郎が党幹事長に、宮沢喜一は副総理兼蔵相にそれぞれ就任し、政権は総主流派体制に支えられることになった。官僚との関係も良好であった。その竹下政権があっけなく崩壊したことは、自民党にとって大きな打撃となった。追い打ちをかけるように、後任となった宇野宗佑は就任直後に女性スキャンダルに見舞われ、八九年七月の参議院選挙で自民党は記録的な惨敗を喫して、参議院では野党が過半数を占める状態になった。当時そのような表現は使われなかったが、今日の言い方をすれば「ねじれ国会」の出現である。

同じ頃、世界はより大きな激動を経験していた。一九八五年、冷戦下の東側（共産主義圏）諸国の盟主であったソヴィエト連邦で、ミハイル・ゴルバチョフが事実上の最高指導者である共産党書記長に就任した。彼が着手したのが国内改革（ペレストロイカ）である。ゴルバチョフはそれと並行して、対自由主義圏外交や東欧の共産圏諸国との関係の刷新も試みた。それはアメリカをはじめとする自由主義諸国からは好意的な評価を得たが、ソヴィエトと東欧共産主義諸国の体制は、既に改革によって維持できるものではなかった。改革を進めるほど、より強い政権批判勢力（民主化勢力）の台頭を生み出すことになり、それを弾圧すればいっそうの反発と抵抗を生み出すという悪循環に陥ったのである。

一九八九年に入ると、体制変革なき改革では如何ともしがたいことが、誰の目にも明らかになった。東欧諸国では次々と共産党政権が倒され、一一月にはついにベルリンの壁が取り壊された。ここに、自由主義圏と共産主義圏の対立という意味の冷戦は、実質的に終結したのである。なお、同じ年にやはり国内で民主化勢力の台頭を招いた中国は、六月の天安門事件によってそれを徹底弾圧し、ソヴィエトや東欧諸国とは異なった道を歩み始めた。

国内経済に目を転じれば、バブルによる好景気も、ようやく終わりに差しかかりつつあった。一九八六年以降、ほぼ一本調子で上昇を続けていた東京証券取引所の日経平均株価は、八九年一二月二九日の年内最終取引日（大納会）で一時、三万八九五七円をつけたが、これはその後今日に至るまでの最高値であり、九〇年一月から株価は下降局面に転じた。地価の高騰はなお一年余り続いたが、九〇年末頃にはおおむねピークに達して、その後はやはり下落し始めた。

株価、地価ともに実質的価値以上の高騰に至っていたこと、保有資産の値上がり期待や含み益によって追加の借り入れや投資を行う企業や個人が多かったことから、それらに貸付を行っていた金融機関にとっては不良債権となって悪影響が及んだ。バブル発生の過程を逆回転させるような株価と地価の下落は、一九九〇年代以降の日本経済に深刻かつ長期的なダメージを与えた。日本企業によるニューヨークのロックフェラーセンター買収など、世界にその名を轟かせたジャパンマネーと、その背景にあった日本型経営の栄光は終わり、長く苦しい停滞と国際競争力低下の時代が訪れたのである。その時代は、政治改革の時代とほぼ重なり合う。

2 政治改革はどう語られてきたか

改革機運の高まり

非自民連立である細川護熙政権の下で、一九九四年に実現した選挙制度改革を、政治改革の最初の具体的成果と見なすことに異論は少ないだろう。その起源を八〇年代末のリクルート事件や冷戦の終結に求めるとすれば、二〇二〇年代に入った現在、既に三〇年以上の月日が過ぎたことになる。この期間は元号としての平成に重なることもあり、選挙制度改革に始まる一連の政治改革とその帰結は「平成デモクラシー」として括られることもある。[4]

改革が進められた当時、具体案に対する当否はともかくも、政治の現状を改めるという全体的な方向性には大きな支持があったことは疑いがない。背景の一つには、民放テレビ局から始まった政治報道の変化があった。一九八〇年代、マスメディアは次第に政治的立場を明瞭にするようになっていた。そのさきがけとなったのが、八五年に放送が始まったテレビ朝日系列の「ニュースステーション」であった。ニュースステーションは、何が起こっているのかを伝えるだけではなく、キャスターの久米宏や新聞記者出身のコメンテイターたちが感想や論評を積極的に差し挟むことで、起こったことをどう評価しているのかも視聴者に示した。それはしばしば極めて権力批判的で、週刊誌や月刊誌などの雑誌ジャーナリズムに近い姿勢だったため、論評なき客観報道に慣れた自民党からの不興を買ったといわれる。しかし、従来のテレビニュースの既成概念を大きく打ち破ったことは間違いなく、八〇年代後半には次第に注目度を高めていった。

テレビ朝日は一九八七年に「朝まで生テレビ!」、八九年には「サンデープロジェクト」という討論系番組もスタートさせ、しばしば政治に関係するテーマを取り上げた。その際には与野党の政治家を出演させて、司会者の田原総一朗が質問を浴びせ、政治家に肉声で語らせるとともに政治家同士でも議論させるという形式を定着させた。これらの番組の成功は各テレビ局や新聞にも波及した。報道に定評があった民放局のTBSは、八九年一〇月に朝日新聞記者だった筑紫哲也を起用して「筑紫哲也 NEWS23」の放送を開始した。フジテレビが討論系番組「報道2001」をスタートさせたのは九二年四月である。いずれも一〇年以上にわたって放送される長寿番組になった。変化の波は、やがてNHKや新聞の政治報道にまで及んでいった。

それは単に、スタイルの変化や反権力的姿勢が視聴者や読者に受け入れられた、という話ではない。バブル経済とその崩壊に伴う社会経済環境の変化、冷戦の終結とその後の国際環境の変化は、この時期の多くの視聴者が日々目にしていることであり、それに相応しい政治報道への期待が高まっていた。とりわけ、一九八九年のベルリンの壁の崩壊と、九一年の湾岸戦争の印象は鮮烈であった。小中学校の教科書に載るような、厳然たる事実として存在していたはずの冷戦があっけなく終わったこと、その後に到来したのは期待された世界平和ではなく血なまぐさい地域紛争の続発であったこと、さらにそのような新しい状況に日本の政治と外交が的確な対応を打ち出せなかったことは、八〇年代後半の現状維持ムードを大きく変えた。バブルの負の側面に対する怒りも、同じような作用を及ぼしたであろう。人々は新しい状況に直面して、なぜこのような問題が起きるのか、政治家たちは何を考えているのかを知りたかったのである。

新しい政治報道の本家本元であるテレビ朝日では、一九九三年の衆議院選挙に際して非自民政権を誕生させるために意図的な報道を行ったことを、選挙後に当時の報道局長が明らかにしてしまう。この発言には多くの批判が集まり、報道局長は更迭され、郵政省による行政指導なども行われたが、政権交代がマスメディアの誘導の産物と見なすのは冷笑的に過ぎる。発足直後の細川政権に対する有権者の支持が圧倒的であったことは間違いない。各報道機関の世論調査において、内閣支持率は当時として過去最高の値を示した。八〇年代末からの急激な環境変化を受けて変革の機運は明らかに強まっており、それを敏感に摑みとった一部のマスメディアが乗ったというのが実際のところであろう。

それと並行して、この時期には政治改革が有権者に重要課題として認識されていたことも注目される。一九九三年三月の『読売新聞』調査や四月の『毎日新聞』調査では、首相公選制導入に賛成する回答者が過半数に達するなど、改革に期待する有権者は多かった。緊急性の高い政策課題に対して首相がより強いリーダーシップを発揮できるようにするといった改革提案にも、賛成の声は多かった。政治学者の境家史郎は「有権者の多くは、各改革案の具体的な内容とその含意について精通していたわけではないだろう。しかしこの時期、現体制をとにかくいずれかの方向に変えることが求められた」と指摘している。[5] 政治改革は世論が求めたものだったのである。

定まらない評価

幅広い期待を集めて進められた政治改革であったが、その評価は未だに定まっているとはいえない。とりわけ選挙制度改革に関していえば、二〇〇九年と一二年の二回にわたって、衆議院選挙の結果として与野党の完全な入れ替わりが起こったのは、戦後日本政治における大きな転換点となる出来事であったという評価がある。[6] しかし、選挙制度改革に際して最も強調され、期待されていたはずの、有権者による政権選択を可能にする二大政党間の競争は短い期間しか実現せず、結局は自民党が長期政権を維持する状態に戻ってしまったともいわれる。[7] ジャーナリストや政治評論家の中には、小選挙区制の下で個々の議員の質的低下は著しく、政策立案能力はもちろんのこと、人間としての立ち居振る舞いまで見劣りするような「小粒」の政治家が増えた、という批判も少なくない[8]。これらさまざまな評価は、どれも選挙制度改革とその帰結についての見方としては理解できる面を持つ。

しかしそれだけでは、過去三〇年の日本政治への視座として限定的に過ぎることも指摘されるべきだろう。一連の改革の皮切りになったのは選挙制度改革だったにしても、内閣機能強化や省庁再編を柱とする行政改革（取り組まれたのは一九九六年から。以下始期を示す場合には同じ）、国と地方自治体の権限関係と財政的関係を大幅に変えた地方分権改革（一九九三年から）など、戦後日本の政治と行政を規定してきた諸制度に対する広範な見直しが、比較的短期間に行われたことは無視できない。裁判員制度の導入や法科大学院設置などを進めた司法制度改革（一九九九年から）も、戦後類例のない大改革だったといえる。

そこで行われたのは、まさに「国のかたち」の全面的な変革であった。そのような抽象的な言葉を避けるとしても、統治機構改革という用語では狭すぎるのであって、やはり最広義の「政治改革」だったというべきであろう。そして、改革が非常に多くの領域に及んだことが、評価を極めて難しいものにしているのである。この点を無視して、改革には意味がなかった、残されたのは「失われた二〇年」あるいは「失われた三〇年」のみであったという見方は、あまりに浅薄だといわざるを得ない。また、平成期の日本が社会経済的な停滞感や閉塞感に直面したことは事実だとしても、それはグローバル化への対応や技術革新の不十分さによる国際競争力の低下、あるいは少子高齢化を伴う人口減少といった要因による部分が大きく、政治改革に理由を求めることには無理があるだろう。

とはいえ、政治改革が始まったのは三〇年以上も前のことである。三〇年の間には、世代交代が起こり、子が親になり、親が老人になる。先に述べたバブル期の状況は、多くの人にとって遠い過去、あるいは想像が難しい話かもしれない。それほどの時間が経てば、あの時期になぜ改革が求められるようになったのか、改革においてそもそも何が目指されていたのか、どのような過程で改革案が定まったのかについて、忘れられていくのはやむを得ない。それに伴って、現時点から過去の選択を評価する傾向も強まる。同時代の出来事としての常識や感覚的理解に頼るのではなく、また時系列的に叙述するだけでもなく、より理論的なアプローチから政治改革の全体像を把握する試みが、これから必要とされるのである。

これまでの説明

政治改革が何であったのかについては、従来も多くの検討がなされてきた。それらを大きく整理すると、三つの見方が提示されている。

一つは、改革は一種のブームあるいは「熱病」であり、根拠や意図が必ずしも判然としないものであった、という立場である。この見解を「熱病論」としておこう。政治学者の内山融は、選挙制度改革と行政改革を取り上げ、そこに十分な理論的根拠がなかったがゆえに効果が乏しかったと論じる。彼によれば、「理論的・実証的検討が不十分であるままに、制度改革を求めるムードだけが先行していったのである。…対処すべき問題とそれに対する解決案との適合についての精査が犠牲とされた。…疑義を呈する者もいたが、その声は「熱病」の前にかき消されていった」という。[9] 似た指摘として、アメリカの日本政治研究者であるジェラルド・カーティスは、選挙制度改革は「二大政党制を作れるという幻想の下で…とにかく日本の政治の悪い部分は中選挙区制度から生じるという間違った考え方」を小沢一郎らが広め、「日本の政治評論家や一部の政治学者もそう思い込んで」いたと指摘する。[10]

もう一つは、政治改革とは新自由主義に基づく社会経済政策を実現する手段であったという立場である。[11] ここでいう新自由主義とは、一九八〇年代にアメリカのレーガン政権やイギリスのマーガレット・サッチャー政権が依拠した、社会経済的課題に対する政府の解決能力を疑問視し、むしろ市場や民間セクターの力によって課題を解決するとともに、個々人の自己決定と自己責任を重視するアプローチである。しかし、政治改革が新自由主義と結びつくという指摘において、より強調されるのは大企業の利益である。代表的論者というべき政治学者の中野晃一によれば、選挙制度改革を主導した小沢一郎とそのブレインが目指していたのは、中曽根政権期に始まる日本政治の「新右派転換」、すなわち新自由主義化のさらなる推進であった。それは、アメリカに追従し、政官財各界エリートの利益を追求することを意味していたという。このような立場を本書では「新自由主義論」と呼ぶことにしよう。

そして第三の見解が、広範囲にわたる政治改革を一連の動きとして把握し、それが新しい日本政治のあり方の基本構造を作ったというものである。[12]「平成デモクラシー論」と呼ぶべきこの立場は、変革が一九八〇年代から九〇年代の日本を取り巻く国内外の環境変化、すなわち冷戦の終結や「新中間大衆」と呼ばれた都市ホワイトカラー中間層の増大と、そうした変化に対する政治の応答能力の低下を反映していたと考える。言い換えれば、政治改革は日本の有権者からの内発的な動きとして、一貫性を持った考え方によって進められたという認識となろう。国内外の環境変化を指摘するという点で、平成デモクラシー論は第二の新自由主義論と共通するが、政治改革を単なる手段とは捉えないこと、そしてアメリカや国内の特定アクターを利するためという立場はとっていないところに違いがある。

なお残る疑問

これら三つの見方は、いずれも肯ける部分を含んでおり、かつ相互に排他的でもない。たとえば、平成デモクラシー論の立場をとり、自らも選挙制度改革など多くの重要な改革を推進した政治学者の佐々木毅は、改革が実現した時期には関係者に熱気や高揚感があったという意味で「熱病」という言葉を使っている[13]。実際にも、そのような熱気や高揚感がなければ、広範囲な制度変革を進めることは到底できなかったであろう。新自由主義論と平成デモクラシー論はともに、政治改革の前提条件として一九八〇年代の変化を指摘する。八〇年代に戦後日本にとっての与件が大きく変わり、それが九〇年代に広く認識されたことは確かである。現状認識と時代の空気あるいは熱気があり、政治改革の原動力になったことは間違いないのであろう。

同時に、これらの立場が政治改革について語り切れているかといえば、疑問は残る。熱病論は、多くのアクターを巻き込む改革につきものの急激な動きを、あまりにも強調しすぎている。政治改革は選挙制度改革や行政改革に止まるものではなく、時間的にも一〇年以上の期間に及び、中心的な担い手にも変化が見られる。それをすべてブームや熱狂として捉えるのは無理がある。新自由主義論は、改革の党派性にこだわりすぎていないだろうか。改革を推進した勢力は当時の与党と野党の双方に及んでおり、マスメディアの大多数も制度変革の必要性を主張していた。何よりも、有権者の多数派が政治改革を好ましく捉えていた。だからこそ後で振り返ったときに、熱病論が唱えられるのである。そのような事実を無視して、特定の勢力の立場や利害の反映として改革を描き出すのは、分析ではなく批評あるいはポジショントークであろう。

もちろん、政治改革を特定個人の考えや動きに帰することもできない。改革の旗振り役としては、しばしば小沢一郎が名指しされる。自民党竹下派の若手有力者であった彼は、一九八〇年代後半から九〇年代初頭に、竹下政権で内閣官房副長官、海部政権で自民党幹事長を務め、四〇代後半の若さで日本政治の中心的人物になった。その小沢は、九三年五月に出版した『日本改造計画』において、小選挙区制への選挙制度改革、内閣機能強化、地方分権改革を提唱した[14]。自民党政治の中枢からの改革提案は大きな驚きをもって迎えられ、それが今日に至るまでの政治改革の主役という小沢のイメージの源泉になっているのだろう。実際にも、選挙制度改革の過程で小沢が果たした役割は大きい。しかし、政治改革は選挙制度改革に尽きるわけではない。小沢の著作は司法制度改革や中央銀行改革については何ら触れていないし、同書が政治改革の全体像を描き出した青写真あるいは設計図だとまではいえない。

また、小沢は新自由主義者というわけでもない。『日本改造計画』では政策面でも行政による規制の緩和などを訴えてはいたが、規制緩和論は官僚の過度な影響力行使への批判と重なり合っており、たとえば細川護煕のような当時の改革志向の政治家たちは、総じて主張していたことであった。実際にも、自民党離党後の小沢が与党議員として関与した各政権（細川・羽田・小渕・鳩山・菅・野田の各政権）が、新自由主義志向であったという理解は一般的ではないだろう。加えて、今日では『日本改造計画』の執筆には研究者や官僚が多数関与したことが知られている。彼らはむしろ、八〇年代後半に広がった現状維持志向を打破し、新しい時代状況に適応した、より合理的な政治行政に変えたいという立場だったのではないだろうか。後に詳しく論じるが、それは本書にいう近代主義志向である。

熱病論や新自由主義論と比べれば、平成デモクラシー論は当時の状況認識や選択を考えていく上での最も信頼できる見解である。しかし、この立場は政治改革に基本理念や設計があったことを強調する余り、広範囲にわたる改革に存在した相互の不整合や、その結果として生じた新しい課題には、十分な目配りをしていないようにも思われる。

それぞれの改革の不整合の可能性に関しては、行政学者の伊藤正次が、地方分権改革とその他の領域での改革（行政改革や財政改革など）を比較しつつ既に指摘している。[15] たとえば、橋本龍太郎政権下では財政構造改革と地方分権改革が同時進行したが、異なった組織が取り組んだために、同じ国庫補助金に異なった削減目標を打ち出すなどして混乱をきたしたという。ただし、橋本政権期の改革に分析対象を限定していることもあって、具体例を超えた不整合の一般的な理由が示されているわけではない。伊藤は改革対象ごとの「コア・エグゼクティブの構成変化」、すなわち領域ごとの首相や閣僚、与党幹部、省庁幹部らのネットワークの違いを指摘するが、それが不整合にどう結びつくのかについては曖昧さが残る。

不整合がなぜ生じたのかを考えるには、大規模で広範な改革がどのように同時並行的あるいは連続的に進められたのかについて、人的ネットワークの相違以外の要因を含めて考えることが不可欠なのだろう。すなわち、同時代の課題認識を前提とした、広範囲、長期間にわたる改革であったがゆえに、基本的な方向性を共有していたとしても、異なった変革が進められた可能性があるのではないだろうか。本書が目指すのは、このような認識を出発点として、平成デモクラシー論や従来の不整合論が持つ不足を補い、政治改革について少し異なった全体像を描き出すことなのである。

3　本書のアプローチ

「アイディア」とその「土着化」

本書においては、一九九〇年代以降の政治改革がいかに広範囲に及ぶものであったのか、なぜそれほど広範囲に及んだのか、それぞれの領域が示す特徴と領域を超えて見られる共通性は何だったのか、そして改革が何をもたらしたのかを、距離を置いた視点から改めて考えてみることにしたい。その際に用いる政治学の概念を取り上げておこう。

近年の政治学では制度のあり方に関する研究が著しく進展し、政治改革のように広範な制度変革を理解する視点を与えてくれるようになった。とりわけ、複数の領域にわたる政治制度の連関を分析するための「マルチレヴェルミックス」という視点は、本書においても常に意識される。マルチレヴェルミックスとは、現在のところ広く使われている訳語が存在しない概念だが、あえていえば「複数制度間の連関」や「複数領域間の組み合わせ」とでもなるだろうか。それを考慮に入れることで、領域ごとに個別的に行われる変革が適切な連動を欠くと、想定外の帰結をもたらすことが説明できる。[16]

また、進められた政治改革の広範さは、そこに共通の課題認識あるいは理念が存在したことを示唆する。政治学ではしばしば、このような認識や理念を「アイディア」という分析概念を用いて考察する。アイディアは、政策選択や制度設計など政治の場で行われる意思決定に関与する個人や集団（これらを総称して「アクター」という）に、現状認識や将来展望についての視座や枠組みを与え、比較的長期かつ広範囲にわたる行動を規定する要因である。アイディアの存在は、古くなった認識枠組みに縛られた不合理な決定を導いたり、多くのアクターの利益にならない不人気な決定を正当化したりする場合があり、このような役割を強調されることもある。だが、本来的にはアクターの行動を規定する認識枠組みや理念のみを指すのであって、そこで行われた選択が不合理なものであることを常に含意するわけではない。[17]

その一方で、広範な領域にまたがる共通のアイディアが存在している場合であっても、個々の改革はそれぞれの領域における別の制度変革として進められる。他の領域における改革の動向や帰結を意識していたとしても、当該領域において多数派の賛同が得られるものでなければ、改革案は採用されないのである。この多数派形成のためになされるのが、アイディアの「土着化(localization)」である。土着化とは、国際関係における規範の広がりと受け入れについて分析した、アメリカで活躍する政治学者アミタヴ・アチャーヤの議論が提示した概念である。[18]アチャーヤによれば、国際的に広く認められた規範であっても、それが各国で受け入れられるためには、当該国の政治の文脈に即して、その国のアクターに了解可能なものに変化させなければならないという。政治改革の過程でも、似たことが起こったのではないだろうか。

起こっていたと考えられること

アイディアとその土着化という視点から、マルチレヴェルミックスに影響を与える制度変革として政治改革を捉える。この作業を通じて、何が見えてくるだろうか。ここではごく簡単に結論のみを要約しておこう。

政治改革は熱病やブームではなく、また新自由主義の経済政策を展開するための手段や下準備でもなかった。小沢一郎など、特定の個人の関心や力量のみで進められたものでもない。それは、一九八〇年代までの日本の政治・経済・社会に対する考察、その根底にあった近代国家としての日本の来歴、そして未来についての構想に支えられた制度変革の試みであった。改革が目指したものについても、日本の政治行政と社会経済をより近代化あるいは合理化しようという志向、すなわち「近代主義」が共通して存在していたと考えられる。つまり、政治改革には基本的なアイディアとして近代主義が存在したのである。

ここでいう近代化とは、英語で言えばmodernizationであり、現代化すなわち現在の環境に適合的なものにする、という意味が含まれる。しかし、詳しくは第1章で論じるが、政治改革の起源となるアイディアとして理解するときには、幕末開国期あるいは少なくとも戦後初期から連綿と続く、日本の社会に生きる人々の行動と、その集積としての日本の政治行政や社会経済のあり方を、より主体的かつ合理的なものにすることを望ましいとする考え方として位置づけるべきだと思われる。

それは、西ヨーロッパやアメリカが近代に至って形成した社会と個人を理想とする考え方、自律した個々人が自らの選択と合意によって政治権力を創出し、管理し、政府を運営することを期待する考え方、といってもよい。このように理解すると、現代化よりも大きな文脈での「近代化」の方がむしろ適合的なので、本書では近代化や近代主義という言葉を使うことにしよう。

近代主義は、各領域の改革を行う際に領域ごとに存在していた課題への対処という文脈に落とし込まれ、土着化される必要があった。各領域において主導的役割を果たすアクターが認識する課題が異なれば、たとえ同じ近代主義というアイディアから出発していたとしても、その領域における課題に対する処方箋として示される改革の内容も異なる。領域内の多数派形成と改革の実現には、このようなアイディアの土着化が不可欠であった。しかしそれゆえに、具体的な改革の内容については領域ごとに定まり、広範な領域にまたがる一貫した方向性を選択することができず、マルチレヴェルミックスにおいては想定外の帰結になることがありうる。そのため、それぞれに改革前の状態からは変化したものの、全体としては効果が曖昧になってしまったのである。

なお、本書が対象とする政治改革の過程での多数派形成に関して、別の概念を用いて分析する研究は既に存在する。たとえば、行政学者の河合晃一は、政治改革期を含む近年の行政組織再編を分析する際に、与党内部や与野党にまたがる多数派形成が鍵を握っていたことに注目し、それを合意形成に要する譲歩という意味で「コンセンサス・コスト」と呼ぶ[19]。着眼点としては似ているが、本書にいう「土着化」とは改革案の立法化に必要な多数派形成のための譲歩に止まらず、当該領域での改革の実現や定着を目指した基本理念から具体案へのブレイクダウン（落とし込み）全体を指す、より広い概念である。

なぜそうなったのか

基本理念を共有しながら、土着化が必要不可欠であったために、それが異なった方向での制度変革につながり、公共部門全体の作動に対しては期待した成果に必ずしもつながらなかった。このことが、政治改革を理解する上での最大のポイントだというのが、本書の立場である。では、なぜ土着化がそれほどまでに大きな意味を持ち、近代主義という同じ理念から異なった方向での制度変革につながったのだろうか。いわば本書全体を貫く因果関係についての仮説だが、それは以下のようなものである。

本書が注目するのは、政治改革が基本的には一九八〇年代までと同じ政治過程によって展開されたことである。政治改革の最初の大きな成果は九四年の選挙制度改革だと、先に述べた。選挙制度改革は当然ながら、八〇年代と同じく自民党内のコンセンサス形成が決定的な意味を持ち、かつ自民党以外の政党の意向にも配慮する意思決定の仕組みに依拠して、大部分の準備がなされた。政治過程は選挙制度改革により大きく変わることになり、とくに九六年の衆議院選挙直前からは二大政党間の競争という側面も表れはじめた。しかし、自民党中心の政権はなお揺らいでおらず、しかも当初は改革前から在職する議員が多かったために、与党内部の政策形成という点での変化は緩やかであった。[20]

行政改革の主要部分である内閣機能強化と省庁再編は、政策立案の集権化を意図しており、選挙制度改革と並んで政治家や官僚といった主要アクターの行動を変化させる効果を持つ。今日の官邸主導はその産物である。しかし、それが実施に移されたのは二〇〇一年であった。地方分権改革は一九九〇年代後半に行政改革とほぼ同時並行で進められており、その時点では地方分権に長らく関与してきたアクターの影響力は大きかった。日本銀行と大蔵省の改革も、同じ時期のことである。中央政府内部の集権化が顕著になった二一世紀以降に骨格が固まったのは、司法制度改革のみだといってよい。つまり、本書が扱う政治改革は、八〇年代までの政治過程、あるいはそれが変化を始めた初期の産物という色彩が強いのである。

では、一九八〇年代までの国政レヴェルの政治過程は、どのようなものだったのであろうか。その最大の特徴は、多くのアクターが関与する分権的な性格である。自民党も各省庁も、トップリーダーの一存では物事を決めることはできなかった。

まず自民党から見よう。衆議院の選挙制度は中選挙区制であり、一つの選挙区から三〜五人程度が当選する。他の政党との関係では長期単独政権を担っていたが、一つの選挙区から複数の自民党議員が立候補するのが一般的であったために、党内のまとまりが強固だとはいえなかった。所属国会議員は党の方針に従って選挙戦や日常の政治活動を行うというよりも、派閥や個人後援会に多くを依存していた。党内の意思決定は、政調部会などを起点とする徹底したボトムアップであった。[21]

行政官僚制はどうだろうか。戦後日本の官僚制に大きな意味を持ったものの一つとして「分担管理原則」が挙げられる。これは行政法上の概念で、各省庁の業務はその省庁の大臣が管理するという原則である。分担管理原則は実質的には戦前から続いており、この原則の下では省庁大臣は官僚を指揮監督できたが、首相にはできないため、行政部門の長としての首相のリーダーシップを大きく制約していた。[22]また、省庁内部における意思決定においては、戦後日本の民間企業と同じく、稟議制や大部屋主義と呼ばれる執務形態をとっていた。その下で、係長や課長補佐クラスの中堅職員が実質的に大きな役割を果たすボトムアップの色彩が強かった。[23]

このような分権的でボトムアップの意思決定は、意思決定の場とそこで扱う課題の細分化を伴うことになる。政策決定を実質的に担っていたのは、各省庁の局や課、あるいは自民党の政調部会だったのである。そのような細分化が行われるとき、同じ原則や理念に基づくものであっても、異なった課題として立ち現れることになる。たとえば「日本経済を成長させるために生産性を高める」という原則に基づく政策を考えるとしよう。この際に生産性向上の手段として具体的に何が必要なのかは、工業分野と農業分野では同じではない。工業分野においては技術革新の追求がなされるのに対して、農業分野では担い手としての企業参入や耕作地の集約化が図られるといった具合である。ここで農業分野でも技術革新を追求しようとすると、実態に合わない政策手段に高い優先順位が与えられてしまう。

したがって、細分化自体は現代社会の複雑な課題を扱う上で有効であったとしても、トップの打ち出す基本的方向性と、ボトムの認識する実際の課題や手段のどちらが優越するかという問題を、最後には解かなければならない。その際に、意思決定がボトムアップであるほど、当該領域の「現場」あるいは「実態」に近いところから手段が選択される傾向は強まる。それ自体は決して悪いことではなく、また政策決定に限らない日本の意思決定の大きな特徴でもあるが、個別（ミクロ）が全体（マクロ）に優越し、基本的な方向性が失われてしまうというリスクを常に抱えることにもなる。土着化が基本アイディアに優越するという言い方をしても良いかもしれない。

もちろん理想的には、個別に有効で、かつ全体的な方向性を保った選択をすること、あるいは両者の矛盾を避けるための調整を適切に行うことが期待される。しかし、これは容易ではない。調整のためには個々の政策領域の間に序列付けが必要だが、それは一九八〇年代までの日本政治が最も苦手にしていたことであった。誰からも文句が出ないように、総花的な政策決定を行う傾向を強く帯びていたからである。八〇年代に財政再建が進められたとき、政策課題にかかわらず歳出について一律の「ゼロシーリング」（対前年度伸び率なし）や「マイナスシーリング」（対前年度横並び同率削減）がとられたのは、その典型例であった。また、政策領域ごとに利害当事者や専門家からなる「業界」が形成されており、その意向を無視するリスクは、トップリーダーにとって大きかった。政治改革はこのように分権的で、かつ横並び的な政策決定を基本的特徴とする過程を経て進められたのであった。

注目するポイントと本書の構成

ここまで述べてきたことから、本書の叙述と分析においては、次の二つに注目する。

一つは、各領域の改革を進める際に、基本的な方向性を提示した文書である。それは、多くが改革の原案となった審議会などの答申や報告の形をとるが、それ以外の推進者が明確である場合には、改革を推進した団体や人々が主張していたことにも目を向けることにしよう。たとえば、選挙制度改革の場合には、第八次選挙制度審議会が一九九〇年四月に第一次答申、七月に第二次答申を出しており、衆議院の選挙制度を主に扱ったのは第一次答申であった。したがって、この答申には当然注目することになるが、改革を当時推進した有識者団体「政治改革フォーラム」やマスメディアの動向も無視することはできない。本書は改革がいかなるアイディアに基づいて進められたのかに関心があるため、改革を推進しようとする勢力が何を根拠としていたのかを、当時の議論から読み解いていきたい。

もう一つは、改革の方向性を定めた文書が出た後、それを具体的な制度変革につなげていく過程、すなわち土着化の過程である。個別領域における多数派形成の過程といっても良いだろう。

改革のアイディアが示され、それに基づいてすぐに多数派ができるほど、制度変革は単純な作業ではない。制度変革に根本的に反対する勢力が存在することはもちろんだが、彼らは変革を進める多数派に加わる可能性が高いとはいえず、分析上はあまり重要ではない。

むしろ土着化の過程を考えるためには、いわゆる総論賛成各論反対の勢力、賛同しつつ例外扱いを求める勢力、改革案を自分たちに有利なものにしようとする勢力に注目することが大きな意味を持つ。これらの勢力の動きこそが、制度変革の内実に対して決定的な影響を及ぼすのである。政治改革が始まってから相当の年月が経過したこともあり、幸いにも個別改革における多数派形成に関して、信頼できる研究が既に数多くなされている。本書は主にそれらに依拠することで、ごく簡潔にではあるが、各領域において制度変革を進める多数派がいかに形成されたのか、その過程で何が生じたのかを示すことにしよう。

次章以下の構成についても述べておきたい。まず第1章では、政治改革が全体としてどのようなものであったのか、どのような内部区分が可能なのかを検討した上で、改革に通底していたアイディアについて論じることにしよう。その区分を踏まえて、第2章と第3章では中央政府の改革、とくに選挙制度改革と行政改革（内閣機能強化と省庁再編）を取り上げる。立法部門と行政部門という、中央政府の日々の活動の根幹に関わる制度についての変革である。これら二つの改革は、二一世紀に入ってからの日本政治に極めて大きな影響を与えている。

その後、第4章では中央銀行である日本銀行の改革を、それと密接に関係した大蔵省の改革とあわせて扱い、第5章では司法制度改革についての検討を行う。これらは実質的に中央政府の一部を構成しているが、もともと制度的に独立性が確保されている組織である。中央政府の改革として選挙制度改革や行政改革と同じ方向性を目指すのか、独立性を重視するのかがポイントである。第6章では中央政府外部だが公共部門を構成する重要な要素の改革として、地方分権改革について論じる。地方政府は本来、中央政府とは無関係に制度変革を行うこと（あるいは改革を行わないこと）が可能である。しかし戦後日本の場合、地方政府は一定の自律性を持ちながらも、中央政府との密接な協働によって活動してきた。[24] したがって、地方分権改革についても、中央政府の改革との整合性が焦点となる。終章では、全体の議論を改めて要約した上で、本書で論じてきた政治改革が何をもたらしたのかについても考えたい。

第1章　政治改革の全体像

1　政治改革とは何か

実質的意味の憲法改正

一九九〇年代以降に取り組まれた政治改革は、日本の公共部門の大部分を対象とした、きわめて広範囲にわたるものであった。その広がりと意義は、明治期における近代立憲国家の建設や、終戦直後における占領改革に匹敵するとさえいえるかもしれない。これら二回の改革は、いずれも新しい憲法の制定を伴っていた。一八八九年公布の大日本帝国憲法と、一九四六年公布の日本国憲法である。それに比べると、九〇年代以降の政治改革は新しい憲法の制定がなされたわけではなく、小規模にとどまったと考えた方が良いようにも見える。実際のところ、明治前半期や占領期と九〇年代を並べて大規模な政治改革の時期だと捉えることに、大多数の人々は違和感を覚えるのではないだろうか。

しかし、このような見方は憲法と政治改革についての理解として、いささか視野が狭すぎるというべきである。

憲法とは、そう名付けられた法典（憲法典）に限定されるのではなく、統治機構に関して定めることにより、政治権力の所在と担い手を明らかにするとともに、それぞれの担い手が行使できる権力の範囲を確定させるルールの総称である。ここではそれを「統治ルール」と呼んでおこう。

統治ルールの少なくない部分は憲法典に書かれているが、法律や慣行によって定められている統治ルールも珍しくない。たとえば、現在の日本国憲法においては、衆議院と参議院という二院が国会を構成することは定められているが、その構成員である国会議員の人数や具体的な選出方法は、すべて法律で決められている。憲法学では、憲法典に限定されない統治ルールを「実質的意味の憲法」と呼ぶ。

戦後日本の場合、憲法典が分量的にも内容的にも簡潔であるために、統治ルールに占める憲法典の割合が小さい。政治学者のケネス・盛・マッケルウェインは、この簡潔さによって、戦後日本では一般に「憲法改正」と呼ばれている憲法典の改正が不要であったことを説得的に指摘する。[1]ただし、注意しなければならないのは、それは戦後日本が統治ルールの改変を必要としなかったわけではないことである。むしろ、統治ルールすなわち「実質的意味の憲法」については、憲法典の改正を通じてではなく、法律の改正や新しい慣行の形成を通じて変化させてきたというべきであろう。だとすれば、実質的意味の憲法を変化させる試みが広範かつ意図的になされるとき、それは憲法典の改正と違わない効果と意義を持つというべきであり、憲法改正の一つの形だと理解するのが適切なのである。[2]

本書が扱う一九九〇年代以降の政治改革は、まさにそのような意味での憲法改正の試みであった。法律に多くを委ねている統治ルールを変更することで、日本の政治や政府のあり方のみならず、国家と社会、公共部門と民間部門の関係さえも変えようとするプロジェクトであり、憲法改正よりもさらに野心的な企てだったとさえいえるのかもしれない。日本の政治には、あるいは日本人には自己改革ができないといった言説を目にすることも少なくない。だが、用語の定義が不明確で真偽を確かめようがないという問題は措くにしても、事実に即した見解だとは言い難い。むしろ、近代国家の建設期や敗戦直後でもない時期に、これほど大規模な改革がなされる先進国の方が珍しいとさえいえるかもしれない。

そのような試みの全貌を素描し、そこに共通して見られるアイディア（認識や理念）を明らかにすることが、本章の目指すところである。

領域の区分

広範囲にわたる政治改革の全体像を描き出すために、まずは対象となった領域を区分して、そこで何が行われたのかを述べるところから始めることにしよう。領域は大きく分けると二つある。中央政府の改革と、中央政府以外の改革である。中央政府以外の領域については、中央政府から相対的に自律しているという意味で、自律諸領域の改革と呼ぶこともできるだろう。もちろん、自律しているといっても程度はさまざまである。最終的な意思決定権限は独立して持っていても、中央政府と密接な協働関係を形成している場合もあれば、決定権限が独立しているだけではなく日常的な接触も限定的である場合も考えられる。あくまで簡便な分類を行う上でのラベルに過ぎない。

この領域区分に加えて、具体的な改革の内容、より端的には制度の創設や改変がなされた事柄によって、さらに下位の区分が可能になる。

まず、中央政府の改革としては、選挙制度改革、内閣機能強化、省庁再編という三つの下位区分ができるだろう。選挙制度改革は、主に一九九四年の政治改革四法の成立（公職選挙法改正、政治資金規正法改正、衆議院議員選挙区画定審議会設置法制定、政党助成法制定）を指す。その後も参議院の選挙制度について若干の変更が行われており、衆参両院とも議員定数の変更がたびたび行われているが、制度変革としては小規模で効果も限定的である。内閣機能強化と省庁再編は、一九九八年の中央省庁等改革基本法に基づいて行われたため、通常「行政改革」あるいは立法時の首相の名前を冠して「橋本行革」として一括りにされる。しかし、内閣機能強化はその後も継続して進められており、二〇一四年の国家安全保障局と内閣人事局創設なども、その流れの上にある。他方で、省庁再編については中央省庁等改革基本法に基づいて二〇〇一年に行われて以降、ときに話題になることはあっても、実際には行われていない。

中央政府以外の改革には、一般的に公共部門に含まれるものだけでも、司法制度改革、中央銀行改革、地方分権改革がある。司法制度改革は、一九九九年の司法制度改革審議会設置に始まり、二〇〇一年の司法制度改革推進法の制定によって方向性が定まった。中央銀行改革は、一九九七年の日本銀行法の全面改正がその中核である。地方分権改革は、九三年に国会が行った「地方分権の推進に関する決議」を出発点とし、九九年の地方分権一括法、財源移譲を含む二〇〇三年以降のいわゆる三位一体改革（中央政府からの補助金削減、税源の移譲、地方交付税の改革と削減）、そして〇六年の地方分権改革推進法に始まる第二次地方分権改革といった形で、現在も続けられている。

三権分立という言葉が存在することからも分かるように、司法部門は本来、中央政府の一部を構成していると考えるべきである。だが、憲法レヴェルでの独立性が確保されているので、立法部門や行政部門の改革とは別に扱う必要があろう。中央銀行の場合には、実質的には中央政府の一部という性質を帯びているが、日本銀行がそうであるように、特殊法人の形式をとっている。司法部門や中央銀行は、いずれも立法部門や行政部門とは異なった根拠に基づいた判断を行うことで、たとえば政治権力を握った勢力の暴走や信用秩序の崩壊を防ぎ、国家としての利益に資することが期待されている。つまり、中央政府の一部としての役割を果たすために、制度的独立性を与えられているのである。その改革は、当然ながら政治改革の一部ということになろう。

以下では節を改めて、主要な改革の領域について、何が行われたのかを概観することにしよう。

2　中央政府の改革

選挙制度改革

選挙制度改革としてまず思い起こされるのは、一九九四年の政治改革四法の成立によって、衆議院に小選挙区比例代表並立制が導入され、あわせて政党助成制度が創設されたことである。

これらの改革の根底にあったのは、戦後長らく衆議院選挙で採用されてきた中選挙区制が、政党間競争を弱め、政策面での構想力や応答能力の乏しさや政治腐敗の大きな原因になっているという認識であった。中選挙区制は、一つの選挙区から得票数が多い順に二〜六人程度の当選者が出る仕組みである。一選挙区当たりの当選者数を選挙区定数といい、それが複数である選挙区を複数定数区と呼ぶ。複数定数区が設けられた選挙制度は、日本ではごく当たり前に採用されており、世界的に見ても珍しいというわけではない。現在の衆議院選挙の比例代表部分も、地域ブロックを一つの選挙区とする複数定数区である。

しかし複数定数区を設ける場合には、比例代表制を採用するか、あるいは有権者が複数人の候補者に投票できる連記制を採用するか、いずれかであることが多い。衆議院選挙で中選挙区制と呼ばれてきた、有権者が一人の候補者にしか投票できず、落選者や上位当選者の得票が他の候補者の得票に読み替えられない単記非移譲制と複数定数区を組み合わせる選挙制度は、諸外国にはほとんど類例がなく、極めて珍しい[3]。

中選挙区制の下での実際の選挙のあり方は、次のようなものであった。典型例として、定数が四人の選挙区を考えてみよう。この選挙区には、自民党が二人、社会党が一人、民社党が一人、共産党が一人の候補を擁立する。立候補者は五人で当選者は四人だが、有権者は一人の候補にだけ投票できる。このような場合、社会党・民社党・共産党の支持者は投票先がすぐ決まるが、自民党の支持者は候補が二人いるのに一票しかない状態となり、自民党候補の中での比較をせねばならない。

言い換えれば、自民党候補は他党候補とではなく、同じ自民党から出た候補と競争し、その候補に票が流れすぎないようにしなければならない。そして、最終的には自民党二人、社会党一人、民社党か共産党から一人が当選する。当選者の得票率は平均して二〇％程度、つまり有権者の五分の一が支持すれば当選できることになっており、選挙結果は全国的な政党支持分布に近いのが通例であった。

この例からも分かるように、中選挙区制は二つの重要な特徴を持つ。一つは、得票率が二〇％以下でも十分に当選の可能性があり、政党間の勢力関係が比例代表制に近い結果になることである。比例代表制の場合、有権者の政党支持が激変しない限り、政党間の勢力関係が変動しにくい。もう一つは、議会における単独過半数勢力を作り出すには、一つの選挙区において同一政党から複数の当選者を出す必要が生じることである。

戦後日本の場合、一九五五年の保守合同から自民党の単独政権が続いていたが、それは主として第一の特徴の帰結だと考えられた。中選挙区制の下で単独過半数政党が生まれてしまうと、政党間の勢力変動が乏しい制度であるために、政権交代につながるような政党間競争は失われるのである。しかし同時に、長期政権を維持した自民党の内部には、所属議員同士の激しい競争や棲み分けの必要が生まれる。政党間競争が政党内競争に転換されるわけである。その場合、同じ政党であるために政策的な差異は小さく、勢い地元有権者や支持団体向けのサーヴィスを競い合うことになり、その延長線上で地域ごとや業界ごとなど、サーヴィス対象の棲み分けが追求されることにもつながる。それは、サーヴィスのための政治資金需要の増大や、特定の政治家と地域や業界の癒着を生み出し、政治腐敗を招きやすい。[4]

小選挙区比例代表並立制は、これら二つの特徴を変えるものとして期待された。小選挙区制、すなわち一つの選挙区から一人だけの当選者が出る仕組みであれば、当選に必要な得票率は五〇%まで上昇する。それによって、政党間の勢力関係は変動しやすくなるとともに、大政党に所属する候補者以外は当選しにくくなるため、二大政党制と政権交代を伴った政党間競争が生み出されると考えられた。比例代表制を組み合わせたのは、中選挙区制時代に議席を確保していた小政党をいきなり消滅させることはできないという、激変緩和措置に近かった。

そして、同じ政党の候補者が競争や棲み分けを図りながら、同じ選挙区において当選することもなくなる。競争は政党間で行われ、政策を基軸としたものになること、その前段階において政党内部の意思決定は幹部中心になると期待された。大政党に所属しないと当選が難しいため、選挙での公認権を握る幹部の影響力が大きくなると考えられたのである。それは、政策対立なき不毛なサーヴィス合戦に必要とされる政治資金も低減させるであろう。政党助成制度によって、政治資金の流れを政党中心にすることで、その傾向はさらに強められるはずだと見込まれた。

内閣機能強化

内閣総理大臣、すなわち首相という地位は、明治憲法制定以前の一八八五年に創設された。ごく初期には首相の権限が強い大宰相主義がとられていたが、一八八九年の内閣官制によって改められた。そこでは、首相は内閣を構成する大臣の「同輩中の第一人者」とされ、あわせて各大臣が所轄省庁の業務について管理し、個別に天皇に対する輔弼（補佐）責任を果たすという考え方がとられた。以後、第二次世界大戦後の現行憲法制定によっても、この点に変化はなかった。すなわち、各大臣が所轄省庁の業務を管理するという分担管理原則がとられ、首相は閣議における発議権も持たないなど、その権限は制約されていたのである。もちろん、与党の党首であり、国会から直接指名を受ける首相の意向が完全に無視されるわけではなく、実質的影響力が戦前と同じだったと見なすべきではない。しかし分担管理原則がある限り、首相が重視する政策課題についても、その課題を扱う省庁の大臣を通じてしか指揮監督ができないことは間違いなく、それは首相がリーダーシップを行使する上での大きな足かせであった。

首相にとってもう一つの大きな制約要因になっていたのは、閣僚ポストの配分をはじめとする人事権や、内閣提出法案の作成権限が、与党であった自民党の了解なく行使できないことであった。政治家のキャリアパスに大きな影響を与える人事が、党首である首相よりも党内分派である派閥の意向を重んじて進められ、政策立案も自民党の政調部会を起点とするボトムアップで行われることが、自民党長期政権期の大きな特徴であった。たとえば、農業に関する新しい政策を打ち出す場合にも、自民党の農林部会でまず検討され、そこでは農業分野に関心の深い若手議員（農林族）と農林水産省の官僚が協力しながら法案の原型が作られる。その後、政調審議会や総務会というヴェテラン議員の多い組織での承認を得て、ようやく与党としての了承がなされるという仕組みであった。

これは一九六〇年代から七〇年代にかけて、自民党内部における組織運営上の慣行として確立されたものであった。高度経済成長期に、自民党以外の政党に政権が移る可能性がほぼなくなる中で、党内の異論を最小限にしながら成長の果実を配分するのに適した仕組みである。裏を返せば、現状維持への利害関心が強い政治家や官僚が関与する余地が大きく、新しい課題に積極的に取り組むための現状変革的な政策は出しにくい仕組みでもあった。自民党の長期単独政権に最適化した慣行だったが、八〇年代に自民党が新自由クラブと連立政権を組んだときや、九〇年代に非自民連立による細川、羽田両政権が成立したときにも大きな違いが生まれたわけではない。

これらの慣行については、選挙制度改革が与党の内部組織に影響を与えることを通じて、変化が生じると考えられた。小選挙区中心の選挙制度になり、政党助成制度が導入されれば、大政党を離れると当選の可能性が乏しくなるので、大政党所属議員は党首や幹事長といった執行部（幹部）の意向に従わざるを得なくなる。その政党の候補者にするかどうかの公認権や、選挙に不可欠な政治資金の配分権限が、執行部に集まっているからである。このような選挙に関する組織運営の変化によって、人事権の行使や政策立案における影響力行使も、トップダウンで行えるというわけである。

したがって、内閣機能強化によって実現が図られたのは、閣僚に対する首相の制度的影響力の拡大、分担管理原則に代わる各省官僚への指揮監督系統の確立、そしてトップダウンの政策立案を行うだけの能力の確保であった。このうち、首相と閣僚の関係については、第二次世界大戦後の早い時期に、首相が「同輩中の第一人者」ではない状態が生み出されていた。吉田茂がワンマンと呼ばれたのは、その証左であった。究極的には首相の意向に従わない閣僚を罷免すること、あるいは更迭された閣僚のポストを首相が兼摂することも可能であり、戦後何度か行われたことがあった。実状に見合う制度として閣議での発議権などを首相に与えれば事足りた。

より重要なのは残る二つである。分担管理原則は内閣法や国家行政組織法に根拠があるが、それ自体は大臣間および省庁間の分業を述べるに過ぎず、首相が重要だと考える政策についても直接扱えないことこそが問題であった。戦後初期の吉田茂は、経済安定本部や連絡調整事務局の役割縮小など、行政組織の改編によって官邸主導を作り出した。[5]だが、それは終戦直後の占領期という特異な状況の下で可能だったという面があり、吉田以後の首相はそのような手段をとることはできなかった。そこで、分担管理原則そのものを緩めることになったのである。

加えて、首相が自ら詳細な政策を立案するわけではないから、各省とは別に首相を直接的に補佐する官僚機構を存在させない限り、この問題は解決しない。そこで、二〇〇一年の省庁再編に際して内閣府と特命担当大臣ポストを創設し、首相が指示を与えた特命事項について内閣府の官僚が政策立案を進めることになった。あわせて、既に存在していた内閣官房についても、政策の企画立案や総合調整を行う役割を担うことを内閣法に明記して、官房長官（実質的には首相）の意向を受けたトップダウンの政策立案を図ることにしたのである。[6]このような仕組みを活用して準備された法案の初期の代表例が、二〇〇五年の郵政民営化法案である。

その後も、重要政策については各省庁内部ではなく首相に近いところ、すなわち官邸で立案する傾向は続いている。内閣府の肥大化や所掌業務の多さ、官房長官の従来以上の要職化は、しばしば指摘される。官邸への集権化に見合う制度改革も進展している。二〇〇一年に始まる小泉政権での経済財政諮問会議の活用、〇九年からの民主党政権における国家戦略局構想、そして第二次安倍政権下で国家安全保障会議（日本版NSC）と国家安全保障局（NSS）が創設されたことは、すべて同じ流れにある。内閣法制局が政権の意向を踏まえた憲法解釈を行うようになったと指摘されるが、これも広い意味では同様の文脈での変化である。また、各省庁の内部組織にも首相（官邸）の意向が明示的に及んでいる。二〇一四年の内閣人事局設置によって、事務次官など幹部人事が各省庁内部で自律的に行えなくなったのは、その具体的な表れなのである。

省庁再編

一九九〇年代以降の行政改革において、中央省庁再編は最も注目されたテーマかもしれない。大蔵省や通産省、自治省といった長らく慣れ親しんできた省庁の名称が変更されるとともに、いくつかの省庁が統合されて新しい名称になったからである。このような変化は、一方においては事務次官など幹部ポストの減少といった人事へのゴシップ的な関心を広く喚起し、他方においては新しい名称への好感や違和感、そして統合の組み合わせに対する幅広い評価も生み出した。大規模な省庁再編は、敗戦直後の戦後改革に際して内務省の解体や労働省の創設がなされたとき以来のことで、改革のシンボルとしての効果は実に大きかったというべきであろう。

しかし、その狙いは過度に細分化された縦割り行政の打破であり、先に述べた分担管理原則をめぐる課題認識と共通していた。日本の場合、近代官僚制が確立された明治期から一貫して、各省庁が個別に採用を行ってきた。戦後には人事院が創設されたとはいえ、共通の採用資格試験としての国家公務員試験や共通の研修の実施、給与に関する勧告を出すに止まり、人事院が国家公務員を一括採用して各省庁に配属するという形態にはならなかった。それぞれの省庁に採用された官僚は帰属意識が強く、国益よりも省益、省益よりも局益などと揶揄されるような組織利益の追求行動が目立つようになった。その際に、自民党の政調部会で活躍する族議員や関係業界と結びつき、既得権益擁護につながる政官財の「鉄の三角形」を形成することも珍しくなかった。

その意味で中央省庁の再編は、選挙制度改革による与党内の執行部権力の強まりや、内閣機能強化による首相あるいは官邸の権限強化とセットになった動きだという面を持つ。省庁再編とあわせて、国家公務員試験を経た新卒者の採用（資格任用）とは異なる、他分野での専門知識を持つ人材の中途採用や、首相などの有力政治家と知己である専門家の一時的な採用（政治任用）、さらには省庁間の人材交流も積極的に進められるようになった。人材交流は以前から行われていたが、局長級などの幹部レヴェルでの交流や、現職の官僚を対象とした公募による内閣府への異動など、従来には見られなかった形態が増えたのである。複数の省庁の統合も、人材交流を最も極端な形で行ったものと見ることができる。

大規模な組織変革を伴う省庁再編は、二〇〇一年以降には行われていない。それは、省庁再編に必要なコストが大きいことも一因であろうが、より大きな理由は、省庁再編は基本的に枠組み作りであり、官僚の行動や政策立案のあり方を変化させるための手段だからである。実際にも、縦割り行政として批判されがちな省庁間の関係はそれほど変化していないものの、内閣官房・内閣府が重要な政策立案の中心となる傾向は明白に見出されている。二〇一七年に注目を集めた獣医学部新設問題（いわゆる加計学園問題）をめぐって、長らく新設を認めてこなかった文部科学省の反対を官邸が押し切ったのは、その典型例である。

3 中央政府以外の改革

中央銀行と司法部門の改革

中央銀行改革は、一九九〇年代以降の政治改革において異色の存在である。その大きな理由は、改革の具体的な成果である九七年の日本銀行法改正が、大蔵省の不祥事を契機として重要な政治課題に浮上したところに求められる。

一九八〇年代より前の時期、大蔵省は金融機関に対する監督権限を持ち、それを通じて金融行政を担うとともに、戦時立法がそのまま継続していた当時の日銀法の下で、金融政策のあり方にも大きな影響力を行使していた。本来は財政運営に当たる行政省である大蔵省が、金融行政と金融政策のいずれについても実質的に担うのは、「金融の財政に対する従属」を生み出す制度構造であり、潜在的に大きなリスクを抱えていた。[7] それは、七〇年代から八〇年代前半にかけては財政赤字の拡大に歯止めがききにくいという形で、八〇年代後半から九〇年代前半にかけては金融業界による大蔵官僚の接待スキャンダルとバブル期の過剰に裁量的な金融行政という形で、それぞれ顕在化した。とくに、バブル期に怪しげな資金の流れの渦中にあった人物、いわゆる「バブル紳士」から、大蔵省のキャリア官僚が接待を受けており、それが不良債権問題などの金融システムの不安定化の一因となったという事実は、このようなリスクへの社会的認知を広める効果を持った。

他方で、立法部門と行政部門から構成される狭義の政府と中央銀行の間にどのような関係を築くのが望ましいのか、より端的には中央銀行の独立性をどれだけ確保すべきかについては、国際的にも様々な検討がなされ、各国とも改革に取り組んできたテーマだったことも間違いない。大蔵省不祥事によって主要政策課題になると、日本でもこのテーマについて多くの知見を持つ専門家が中心になって、一九九六年には官邸に中央銀行研究会が設置された。この研究会の報告に基づき政策立案が進められ、日銀の独立性を従来より強めて国際的な潮流に適合させる改革がなされた。[8] また、金融政策への政府の関与の程度を下げるという意味では、中央政府からの分権化と位置づけることも可能である。その意味で中央銀行改革は、出発点において他の改革と異なってはいるものの、方向性と帰結については共有しているといえよう。

これに対して、政治改革全体の時間的経過の中では比較的遅く登場したが、そこでの考え方は最も正統的だといえるのが、司法制度改革である。司法制度改革の起点になったのは、一九九九年七月に設置された司法制度改革審議会であった。審議会の会長は、憲法学者の佐藤幸治が務めた。佐藤は内閣機能強化と中央省庁再編の基本方針を検討した行政改革会議の中心的なメンバーであり、同会議の最終報告において司法制度改革の必要性が主張されていたことからも、両者は考え方を共有する改革だと捉えるべきであろう。そして、内閣機能強化について述べた際にふれたように、橋本政権期に取り組まれた行政改革は選挙制度改革と密接な関係があった。すなわち、選挙制度改革・行政改革（内閣機能強化と中央省庁再編）・司法制度改革は、三兄弟のような存在だったのである。

司法制度改革において目指されたのは、国民にとって司法を身近なものにすることであった。その場合の国民とは、日本社会を構成する個々人だけではなく、企業や団体といった法人も実質的に含まれる。法科大学院制度や新しい司法試験制度により法曹人口を増やし、司法手続きの簡素化や合理化を推進することで、社会に生じる紛争の解決のために法律家や裁判（あるいは法律家の関与する裁判外の手続き）の役割を強めるとともに、裁判員制度を導入して一般の人々もまた司法手続きに関与する機会を増やすことが追求された。それは、日本社会の「法化」を通じた近代化とも言える。[9]司法制度改革審議会の最終意見書に基づき、小泉政権期の二〇〇二年から〇四年に立て続けに成立した改革立法は、いずれもそのような考え方に依拠していた。

地方分権改革

先にふれたように、政治改革の最初の具体的な成果は衆議院の選挙制度改革だが、それを求める声が強まったのは、一九八〇年代末の政治スキャンダルによるところが大きい。とりわけ、八八年に明るみに出たリクルート事件は、バブル経済が最高潮に向かうタイミングであり、好景気であることは間違いないにしても、利用価値をはるかに上回る土地価格の高騰や拝金主義的雰囲気の蔓延など、多くの人々が違和感も覚えていたところに生じた。事件は、特定の政策や利益配分を求めて贈収賄が起こるといった古典的なタイプではなく、一代でリクルートという大手企業を作り上げた経済人が、有力と思われる政治家多数にグループ企業の未公開株を配ったというものであった。当時の経済動向からいえば、不動産を扱う当該企業の株が公開後に値上がりすることはほぼ確実で、違法性がないとはいえないだろう。だが、世論の強い批判を浴びたのは違法行為よりも、政治家が経済人から特別扱いを受け、特権的に利殖の機会を得ていたことであった。当時しばしば使われた「濡れ手で粟」という言葉が、批判の本質を物語る。

しかし、政治家が現状を変化させることについて明示的な合意を形成したことに注目すれば、政治改革の直接的な起点は一九九三年六月に衆参両院で「地方分権の推進に関する決議」がなされたとき、ということになる。

この決議が成立する前提となったのが、一九九二年七月の参議院選挙での日本新党の登場であった。日本新党は細川護熙が中心になって作られた政党だが、結党直前のタイミングで彼は月刊誌『文藝春秋』九二年六月号に「「自由社会連合」結党宣言」という論文を公表し、政治改革を巡る議論の主導権を握った。[10]前年まで二期八年熊本県知事を務めていた細川が、ここで重視したのが中央集権国家の行き詰まりであった。細川は「集権的官僚システム」という言葉を用いており、中央政府が地方政府に対して集権的であることと、中央政府内部では官僚が権力を握っていることの二点を批判していた。これらのうち後者は中央政府の改革につながるが、前者は地方分権改革を導く。政治腐敗への怒りよりも、政治制度全体（細川の表現を借りれば「システム」）に問題があるという認識は、政治改革の原動力として決定的な意味を持っていた。

そう考えれば、地方分権改革は当初から政治改革の中心的課題の一つであり、数次にわたって大規模な変革が試みられたことも理解できる。内閣府や総務省は一九九三年の決議から九九年の地方分権一括法の成立までを第一次分権改革、その後に小泉政権期の地方財政改革、すなわち三位一体改革を挟んで、二〇〇六年に地方六団体から「地方分権の推進に関する意見書」が提出されてから現在までを第二次分権改革と呼んでいる。第一次分権改革においては中央政府と地方政府の対等化が目指され、第二次の改革ではさらなる事務や権限の移譲と地方政府内部での分権化（都道府県から市町村への権限移譲など）が目指されているという。これらの改革によって、たとえば中央政府が地方政府に業務を代行させていた「機関委任事務」が廃止になったことや、都道府県が定めていた公立小中学校の学級編制基準が政令指定都市に移管されるなど、中央と地方および地方政府相互の対等化や、市町村への分権化が進められた。なお、地方六団体とは、全国知事会・全国市長会・全国町村会・全国都道府県議会議長会・全国市議会議長会・全国町村議会議長会という、地方自治の当事者から構成される団体の総称である。

ただし、第一次と第二次の区別だけでは地方分権改革の全体像が見えてくるとはいえない。中央政府と地方政府の関係（中央地方関係）を考える際には、政治行政的な側面だけではなく、財政的な側面も考慮に入れる必要がある。第一次分権改革によって中央と地方の対等化が進められる一方で、地方政府は財源確保について中央政府の手厚い保護を受ける状態が続いていた。これを改め、地方に財源を移譲すると同時に、財政運営に関する責任をより強く負わせることを目指したのが、二〇〇五年に行われた、補助金・地方交付税の改革と税源移譲からなる三位一体改革であった。三位一体改革に対しては、自律性は高まるが財源が不足する懸念もあるために、総務省は反対姿勢であり、地方六団体も明確な賛意を示さなかったためか、現在では地方分権改革の正統的要素と扱われていない感がある。しかし、中央地方関係の実質は三位一体改革を含めた三波の改革、とりわけ第一次改革と三位一体改革によって変わったと考えるべきなのである。

4　近代主義右派のプロジェクト

統治の「客体」から「主体」へ

ここまで、一九九〇年代以降の政治改革で何がなされたのかについて、領域ごとに述べてきた。そこから明らかになったのは、緩やかなものであったかもしれないが、政治改革として括られる各領域の制度変革には、共通の認識や考え方が存在したことである。

具体的にいえば、改革が目指したのは、日本の公共部門における様々な意思決定において、自律した個々人がより積極的かつ広範に決定に加わることであった。日本社会を構成する有権者（国民）が政治権力を自らの責任で作り出し、行使し、その結果を引き受けること、といってもよいだろう。政治権力の行使を実際に担う政治家や官僚の側から見れば、その権力が国民の意思に由来しており、常に国民からの監視を受けているとともに、不適切な行使を行った場合には責任を問われ、場合によっては権力の担い手としての地位を失うことを意味する。このような発想は、理念型としての近代社会や近代的個人のあり方、そしてそれらに基づく政府（国家）の運営に、日本の政治を近づけていこうとするものである。

その裏側には、改革以前の戦後日本政治において、個々の国民が政治権力を作り出す主体ではなく、政治権力の実質が官僚制と政権与党であり続けた自民党によって独占されていたという認識があった。自民党は選挙に勝つことで民主的に政権を維持しており、かつエリートが一枚岩で同じことを考えていたわけでもないから、それは単純なエリート支配だという見方ではない。だが、有権者の出番が限られていたことも確かであった。行政学者の村松岐夫は、政治改革以前の日本政治には、国民との合意に基づく「政治家（政権党）と官僚の密接連携」による国家運営があったとして、それを「政官スクラム型リーダーシップ」と呼ぶ[11]。

選挙制度改革と内閣機能強化は、国民が政権選択を通じて自ら権力を作り出し、国家の運営を自らが選んだ対象に委ねる存在へと変わるという点で一連の変革だと位置づけられていた。中央省庁再編はそのための手段として、官僚制の政権に対する自律性を低下させ、政権の指示なき影響力行使を縮減することを目指したものであった。官僚制の影響力の低減は、中央銀行改革にも見られた考え方であった。地方分権改革についても、国民にとってより身近でコントロールしやすい統治単位としての地方自治体に、より多くの決定権限とそれを支える財源を委ねるという意味では、通底する要素を持っていた。司法制度改革に際して、法曹人口の増加によって司法を国民により身近な存在にすることが謳われ、かつ裁判員制度の導入により司法への国民の参加が求められたことも、見事なまでに同じ構図に当てはまる。

その前提には、改革以前の日本の政治さらには社会には、自律した個々人の主体的で積極的な選択に基づいて統治を行っていくという考え方が不足しているという認識があった。戦後、占領改革によって自由民主主義体制になったにもかかわらず、官尊民卑的な考え方や「お上」への依存体質が残存し、民主主義にとって本来不可欠であるはずの自己統治が十分にできていないという理解である。政権交代が長きにわたって起こらず、政治権力の担い手をめぐる政党間競争が乏しかったために、政治権力は常に同じアクターの手にあったことが、このような理解を助長した。こうした認識が政治改革の過程において果たした役割を考える際には、それが実態への理解として妥当であるかどうかではなく、広く受け入れられていたことが大きな意味を持つ。

この認識の存在を最も端的に物語る文章として、一九九七年一二月に提出された行政改革会議の最終報告の冒頭部分を引用しておきたい[12]。

今回の行政改革は、「行政」の改革であると同時に、国民が、明治憲法体制下にあって統治の客体という立場に慣れ、戦後も行政に依存しがちであった「この国の在り方」自体の改革であり、それは取りも直さず、この国を形作っている「われわれ国民」自身の在り方にかかわるものである。われわれ日本の国民がもつ伝統的特性の良き面を想起し、日本国憲法のよって立つ精神によって、それを洗練し、「この国のかたち」を再構築することこそ、今回の行政改革の目標である。

国民が「統治の客体」である状態を脱却し、「日本国憲法のよって立つ精神によって…「この国のかたち」を再構築する」ことを目標とする改革。それは行政部門の変革のみによって達成されるわけがない。報告が「「行政」の改革」だけではない、と述べるのは、そのような意味においてである。この一節は、本書が対象とする政治改革全体のマニフェストだとさえいえる。

戦後日本の近代主義

このような考え方は、行政改革会議の最終報告や、一九九〇年代以降の政治改革に固有のものではない。むしろ、戦後日本においては広く見られた考え方が源流にあるというべきだろう。それは「近代主義」と呼ばれる理念である。

近代主義とは、日本の政治・経済・社会のあり方、およびそこでの個々人の生き方について、より「近代化」することが望ましいという考え方を指す。近代化とは、人々の行動様式や社会の構成原理が、根拠のない思い込みや慣習、権威とされるものへの盲従や信従から離れ、個々人が自ら行う判断に基づく、目的に対して合理的なものになることである。近代主義という言葉は、戦後間もなくの時期に『近代文学』という雑誌に集って日本の文化や思想の近代化を追求しようとした人々に対して、権力構造や物質的基盤への関心を欠く議論だとして共産党が与えた批判的な呼び方に始まる。[13] しかし、その後はこうした初期の文脈からは離れ、一般的に日本社会とその構成員たる個々人の思考や行動の合理化を望ましいと考える理念になった。本書にいう近代主義も、そのようなものである。

戦後に近代主義が存在感を強めた背景には、戦前戦中期の経験がある。幕末の開国と明治維新、さらにその後の新しい政治体制の構築を通じて、日本がヨーロッパやアメリカなどのいわゆる西洋列強と同じ政治制度や社会制度を採用しながら、それが外形的なもの、あるいは目指すべき理想を掲げたものに過ぎないという状態が、戦前戦中期の日本社会には存在した。たとえば、江戸時代の禁教が解かれた後にも、キリスト教など仏教や神道以外の宗教を信仰することが長らく地域社会で浮きがちだったことなどが想起できよう。すなわち、制度的に近代化すること（制度的近代化）と、そこに生きる人々の思考様式や行動様式が近代化すること（精神的近代化）は異なっており、両者を合致させて初めて日本は真に近代化するというわけである。このような考え方は、日本や東洋の独自の価値観を掲げた第二次世界大戦における敗戦とその後の憲法体制の変革によって、一気に広がったというべきだろう。

近代主義の考え方は、制度と精神の乖離を問題にするが、制度の創設や変革に効果がないとしているのではない。むしろ逆で、精神的近代化の重要な起点あるいは同伴者として、制度的近代化が想定されている。制度が個々人の思考や行動を合理化させる契機になるという考え方である。したがって近代主義者は、明治憲法体制の形成をはじめとする制度的近代化は精神的近代化につながる第一歩だとして、基本的に肯定的な評価を与えることになる。先に引用した行政改革会議の最終報告が「日本国憲法のよって立つ精神」に言及しているのも、同じ意味合いにおいてである。ただし多くの論者は、戦後の制度的近代化にもかかわらず、それが不徹底なまま非本来的な運用がなされているとも考えていた。さらなる制度的近代化や運用の変革が必要だというわけである。

第二次世界大戦後、近代主義者は日本の言論空間の中心に登場した。昭和戦前期や戦中の反欧米的な抑圧から解放されて、主流派の地位を回復したというべきかもしれない。夜郎自大や被害妄想的な自己認識によって対外政策を誤り、莫大な人的・物的被害と数え切れないほどの悲劇や苦しみを生み出した軍部や右翼的な政治指導者、あるいはそれに付和雷同して地域社会や職場での権威主義的抑圧を繰り返した人々に対して、近代主義は正面からの批判を加えることができる考え方だったからである。そこに見られた基本的な認識は、開国以降の近代化の努力にもかかわらず、日本の政治・経済・社会には前近代的で「遅れた」部分が多く存在しており、その下で暮らす個々人も近代社会に相応しい自律した人間になっておらず、発想や行動が合理性を欠くというものであった。このような見解には無数のヴァリエーションがあり、時期ごとのニュアンスの差異もあるが、聞き覚えのある主張だと思われる方は少なくないのではないだろうか。近代主義は、戦後日本に広く浸透していたのである。[14]

自由主義・共産主義・保守主義

戦後日本における近代主義が、昭和戦前期や戦中期への強い批判と反省の上に成立していたことは、そこに固有のバイアス（議論の偏り）を生み出したように思われる。

先に述べたように、近代主義とは本来、日本の政治・経済・社会のあり方やそこでの個々人の発想と行動を合理化し、西洋すなわち理想化された欧米諸国と同じにすることを望ましい、とする考え方である。この場合の欧米諸国とは、アメリカ、イギリス、フランス、ドイツといった国々であり、第二次世界大戦後の西側諸国あるいは西側先進国とほぼ重なる。ドイツの場合、戦後には東西に分断されており、戦災と敗戦による疲弊と、ナチスを生み出し第二次世界大戦の直接の原因を作ったという責任から、典型的な西側先進国としての地位をいったんは失った。だが、日本にとっては明治期以来の模範国であり、法制や医学など、戦前に受けた影響は残存していた。西ドイツの戦後復興も日本より早いペースで進み、政党政治の安定や福祉国家建設も先行した。そのため、戦前ほどではないにしても、日本にとってモデルになる国としての地位は基本的に保たれていた。

これらの諸国は、いずれも政治的には自由主義と民主主義、経済的には資本主義を採っていた。自由主義や資本主義は、個々人に自由な発想と行動を促し、それらの人々の意思に基づいて政策決定と経済活動を行うことが原則である。民主主義は、社会を構成する個々人を平等に扱い、政治過程への関与を認めることで、第二次世界大戦後には自由主義や資本主義と一体化した。これらに依拠する西側先進国をモデルとし、そのモデルに近づくことを目指すのが戦後日本の近代主義なのだとすれば、そこでは自由主義と資本主義を重視するのが論理的である。なお、自由主義と資本主義の関係は様々に整理できるであろうが、二〇世紀半ばにおいては思想的な自由主義が最も重要で、その経済的表現が資本主義だと理解するのが標準的になっていたので、本書では単に自由主義と表記する。

ところが、戦後日本における近代主義は、自由主義ではなく共産主義を含めた左派への志向と親近性が強かった。そこには大きく分けて二つの理由があったのであろう。一つには、昭和戦前期から戦中にかけてファシズムあるいは軍国主義が台頭した時代に、マルクス主義に依拠して最後まで抵抗した勢力が存在したために、左派が高い知的正統性を確保していたことである。もちろん、少なくないマルクス主義者は弾圧されて転向したり、沈黙を余儀なくされたりした。しかし、一部の共産党指導者や社会運動指導者は、拷問や投獄に遭いながらも自らのイデオロギーを放棄しなかった。また、過渡的形態と称しつつ国家の役割や政府統制を正当化できるマルクス主義の立場は、戦時経済にも適合的で意外に生き残りやすかった。[15] もう一つには、マルクス主義の理論はそれ自体が不合理な伝統や慣行からの個々人の解放や合理的な社会経済の運営を志向するという意味で近代思想の重要な一部であり、かつ戦前の日本において最も体系性を持った社会理論だったことである。[16] マルクス主義が西欧近代の「総代理店」であり、近代主義の等価物であるという状態が、戦前の日本には存在していた。

戦後の近代主義は、これらの条件を継承して出発した。そのため、本来であれば近代主義の左派ないしは異端と呼ばれるべき立場が、戦後日本では近代主義を全体として体現することになった。自由主義を重視する標準的な近代主義、あえて対比的に言えば「近代主義右派」の立場が、戦前の日本になかったわけではない。東京帝国大学経済学部の河合栄治郎をはじめとする論者は明らかにそうした立場であり、左派との緊張関係も意識していた[17]。また、美濃部達吉ら明治憲法の自由主義的解釈を重視した論者も、この系譜に含まれよう。だが、河合らは学内対立の結果として東大を離れ、美濃部らは弾圧によって学界を追われたこと、自由主義者は戦時中には逼塞せざるを得なかったこと、各種資源の国家管理など統制経済に親近性があったマルクス主義とは異なり、そして戦前の体制を全否定する立場ではなかったことなどから、戦後日本の近代主義の担い手としては少数派にとどまったのである。

しかも、社会学者の小熊英二が指摘するように、戦前の自由主義者は戦後いわゆる「オールド・リベラリスト」として扱われ、戦後の近代主義者との関係が良好とはいえなかった[18]。オールド・リベラリストとは、政治経済論としては明治憲法体制の枠内での自由主義（近代主義）は可能だと考えていた人々であり、外交路線としては昭和戦前期に親英米派として括られていた人々とほぼ重なる。具体的には、先に示した美濃部達吉のほか、安倍能成、和辻哲郎、小泉信三などが挙げられる。彼らは、戦後初期には岩波書店が新創刊した雑誌『世界』の編集に関与するなど、大きな知的影響力を持った。田中耕太郎や天野貞祐のように、最高裁長官や閣僚として戦後の憲法体制構築に直接関与した人物もいた。しかし、明治憲法体制あるいは「天皇制」を維持したままでの近代主義は結局不徹底であり、親英米とは反共産主義を意味するという立場が新しい世代から打ち出されるにつれて、その存在感を低下させていった。このことも、戦後日本の近代主義が左派中心になった大きな理由であった。

なお、戦後日本の知的潮流を考える上では、これら左右の近代主義だけではなく、保守主義の立場があったことも忘れてはならないだろう。ここでいう保守主義とは、昭和戦前期や戦中期を含め、明治憲法体制下の日本のあり方を理想化する考え方を指す。もとより、明治憲法体制はそれ自体が近代化の産物であり、近代主義の理念を反映していたのだから、戦前を理想化すると保守主義になるという説明は奇妙に聞こえるかもしれない。確かに、戦後日本の保守主義には「何を守り、何に立ち返るのか」について明瞭ではないという顕著な特徴がある。しかし、明治憲法体制下の日本が完全に近代化していたとか、近代主義でまとまっていたと考えるのは無理があり、前近代から継承した社会的基盤の上で制度的近代化を進めたというのが妥当であろう。その際に、前近代から継承した社会的基盤あるいはエートスが制度的近代化によって危機に瀕しているという認識の下に、それを維持しようとする立場が、保守主義である。したがって、制度的近代化と精神的近代化の乖離を問題にするのではなく、むしろ精神的近代化に否定的な立場をとって、個々人の自律よりも家族や共同体の紐帯や前近代からの秩序を重視することになる。

政党政治との関係

近代主義の左派（マルクス主義）と右派（自由主義）、保守主義という戦後日本の三つの主要な知的潮流は、政党政治とも密接に結びついていた。ややラフな整理になるが、見取図として示しておこう。

戦後日本の政党政治は、敗戦直後から一九五五年までの時期には、おおむね三党の鼎立状態であった。[19] それぞれ名称は頻繁に変わるものの、吉田茂や緒方竹虎が中心の自由党、重光葵らを擁し後年には岸信介も合流した民主党（改進党）、片山哲や西尾末広などが属した社会党である。これらの政党はいずれも戦前の政党とのつながりを持っており、自由党の源流の一つが政友会と戦中の非翼賛議員、民主党とつながりが深かったのが民政党と翼賛議員、社会党は社会大衆党の後継政党といえた。もっとも、戦後間もない時期には公職追放や複雑な政治勢力の離合集散があったため、戦前と戦後の政党を直接結びつけるべきではない。たとえば、岸は保守合同時点では民主党に属していたが、戦後初めて衆議院議員に当選したときは自由党所属であった。このほか、暴力革命を標榜して国会にはほとんど勢力を確保しなかったものの、共産党も無視できない存在であった。

これらのうち、近代主義左派は当然ながら社会党などの革新勢力との関係が深かった。革新勢力の「革新」とは、戦前の社会秩序を改め、進歩させることを意味しており、近代主義とのつながりは明白であろう。人的にも、社会党には和田博雄や勝間田清一ら戦前から戦中に革新官僚であった政治家がいるなど、当初は近代主義左派のカラーが強い政党であった。近代主義右派は、とりわけ吉田茂が池田勇人や佐藤栄作などの官僚出身者を大量に入党させ、国会議員にしてからは、自由党とのつながりが強まった。戦前のエリートである官僚出身者にとって、開国以来の近代化は依然として国家的課題であり、戦後の国際環境の下でそれを実現させることが最大の関心事であった。保守主義は、近代主義右派が強まった自由党との対抗関係があり、かつ戦前の帝国議会からの伝統をより強く継承していた民主党において、最も濃厚であった。

一九五五年に保守合同によって自由党と民主党が合併し、自由民主党（自民党）が結成されたことは、近代主義右派と保守主義が同じ政党に合流することを意味していた。その後の自民党においては、官僚派と党人派といった人的あるいは派閥間の対抗関係の形をとりながら、両者の潜在的対立が長く続くことになる。

なお、近代主義右派を自由主義と同一視すれば、自由主義と保守主義が一つの政党にまとまる傾向は、たとえばイギリスにおける自由党の衰退や西ドイツにおけるキリスト教民主・社会同盟の結成など、戦後の各国において見られた。ただし、西ヨーロッパ諸国の場合には、戦後日本の近代主義左派に当たる位置に社会民主主義が存在した。社会民主主義はマルクス主義の立場をとらず、自由主義や資本主義の枠内で社会保障の拡充をはじめとする福祉国家建設と再分配政策を追求する考え方である。日本の場合には、近代主義左派がマルクス主義と重なり合う面があまりに大きく、社会民主主義は社会党右派と民社党の双方に分裂した上、政党政治全体から見れば少数派に止まることになった。

最近では、一九八〇年代以降の自民党が一貫して保守化傾向を強めていたとする論者もいる。[20] 八二年に発足した中曽根政権の下で明治憲法体制やその下での価値観を重視する政治家が自民党の中枢を占めるようになり、彼らに近い考えを持つ知識人たちが重用されるようになったことが、その端緒だというのである。確かに、それ以前の佐藤政権や三木政権などに比べれば、中曽根政権期にそのような傾向が全くなかったとはいえないだろう。

しかし、中曽根自身が読売新聞の政治記者として早くから親米反共路線を打ち出していた渡邉恒雄と旧友であり、首相在任中には新自由主義の経済学者として知られた加藤寛を第二次臨時行政調査会の幹部に登用したように、左派とは対決的だが保守主義にのみ立脚していたわけではない。また、中曽根以後の自民党においても、宮沢喜一や加藤紘一のように官僚出身で復古傾向を好まない政治家、橋本龍太郎のように行政の合理化に強い関心を持つ政治家、野中広務や古賀誠のように戦争体験や遺族としての立場から防衛力強化に慎重な政治家、さらには小泉純一郎のようにそもそも戦前への関心が薄い政治家が活躍してきた。とりわけ、橋本や加藤らは本書が対象とする政治改革の過程でも大きな役割を果たした。二〇一二年に始まる第二次安倍晋三政権の下で保守主義の勢いが増しているように見えるが、自民党における近代主義右派の系譜は途絶えておらず、中曽根政権から第二次安倍政権までを直結させる理解には明らかに無理がある。

近代主義右派とは誰か

最後に、戦後日本の近代主義の担い手についても述べておこう。戦後初期においては、戦前に教育を受けた知的エリートが言論を担った。先に述べたように、たとえば一九四六年に岩波書店が『世界』を創刊したときには、安倍能成らオールド・リベラリストがその中心であった。オールド・リベラリスト、すなわち戦前の自由主義者は、明らかに近代主義右派の源流となる人々である。

しかし、彼らは短期間のうちに退き、代わって近代主義の新しい担い手として台頭してきたのが、丸山眞男、大塚久雄、川島武宜、清水幾太郎らであった。このなかでもとくに、やがて全面講和論や安保反対論を打ち出す丸山こそが最重要人物である。[21] 丸山はマルクス主義者ではなかったが、恐らくは明治憲法体制との徹底対決という観点から、戦後日本の近代化には左派の台頭が必要であると考えていたのであろう。ここに一九五〇年代から六〇年代初頭にかけての近代主義における左派の優越が確立される。他方、自由主義を重視する近代主義右派は、河合栄治郎の薫陶を受けた木村健康《たけやす》や猪木正道らが担い手となったが、当時の東西冷戦の文脈では反共主義を前面に押し出す形となり、近代主義の立場は必ずしも強調されなかった。自民党と社会党（あるいは共産党）という政党間の対立構図に落とし込まれてしまい、保守派として一括りにされる傾向があったことも否めない。

状況が変化し始めるのは、高度経済成長とともに自民党政権が安定し、自由主義と共産主義、あるいは自民党と社会党・共産党の対立が現実的意味合いを弱めるようになった一九六〇年代半ば以降のことである。六四年二月号の『中央公論』に、高坂正堯の「宰相吉田茂論」が掲載された。高坂は京都学派の哲学者・高坂正顕を父とし、猪木正道や田岡良一の指導を受けた国際政治学者である。前年に「現実主義者の平和論」を同じく『中央公論』に公表し、全面講和論から続く理想主義的な国際政治観を批判して注目を集めていた。その高坂が、それまでエリート主義的な政治姿勢や再軍備問題などをめぐって否定的な評価が一般的だった吉田茂に、戦後日本の政治外交の礎石を築いた人物として高い評価を与えたのであった。アメリカの理論動向を把握しつつ、一九世紀ヨーロッパ外交や戦間期アメリカの対中政策を事例として国際政治学の研究を進めていた若き高坂を『中央公論』への寄稿へと導いたのは、編集者の粕谷一希であった。

粕谷の周りには高坂のみならず、山崎正和、永井陽之助ら、気鋭の論客たちが集った。彼らは常連寄稿者として中央公論社で定期的に集まって自由な意見交換を行っており、それは「中公サロン」と呼ばれていた。[22] 高坂、山崎、永井はいずれも、戦後になってから大学を卒業し、一九六〇年代前半にアメリカ東部の名門大学で在外研究を行ったという経歴上の共通点があった。それは、五〇年代に登場した近代主義左派の担い手たちが、戦前に研究歴をスタートさせており、主としてヨーロッパの知的影響の下にあったこととは対照的であった。

彼らは、戦後日本の自由民主主義体制や国際秩序を前提としながら、そこで展開される政治や政策、社会経済のあり方、および個々人の生き方を近代化あるいは合理化することに、大きな意味を見出していた。すなわち、個人を尊重する新しい憲法体制と自由主義にコミットする日米同盟関係を基本的に肯定し、その上に築かれた日本の繁栄の基盤を拡充することを重視していたのである。これは、明治憲法体制から出発するオールド・リベラリストとも、自由主義を重視しない近代主義左派とも異なった立場であった。ここに戦後日本における近代主義右派、すなわち自由主義を基調とした近代主義の成立を見るのは、あながち牽強付会ではあるまい。また人的にも、高坂は早くから吉田との面識があったが、六〇年代後半の佐藤政権の時代になると、山崎らとともに楠田實首相秘書官の下で沖縄返還交渉などの政策立案に関与するようになった。[23]

一九七〇年代末に首相であった大平正芳が組織した、いわゆる大平研究会においては、近代主義右派と香山健一や佐藤誠三郎らの保守主義の立場が人的に混淆していた。この点について、政治学者の宇野重規は、大平研究会が「コミュニティ・市民社会志向の保守主義」と「国家主義的な保守主義」の併存だったと指摘している[24]。本書の分類に即していえば、おおむね前者が近代主義右派、後者が保守主義ということになるだろう。両者が共同して政策についての検討を行う会合は、内閣調査室（八六年以降は内閣情報調査室）が関与する形で、佐藤政権の末期から行われていたようである[25]。

しかし、一九八二年に首相になった中曽根は、どちらかといえば保守主義の論者を重用した。高坂や山崎、永井らは、八〇年代の中曽根政権前半期を最後に政策立案への関与からはおおむね退いていた[26]。官僚出身でありながら、民主党系・党人派といわれる人々に近かった中曽根にとっては、吉田茂にはじまり池田・佐藤・大平・宮沢と続く自由党系・官僚派とともにあった近代主義右派への依存を弱めておきたかったのかもしれない。そのため、佐藤政権末期や大平研究会に見られた混淆は八〇年代には引き継がれず、政策過程への関与や時の政権への助言という点では、近代主義右派に人的な断絶が生まれることになる。また、この時期にはソヴィエトを中心とした共産主義諸国の影響力や魅力が低下し、親米や反共といった冷戦下の外交・安全保障をめぐる対立軸が実質的意味を失ったことも大きい。

その結果として、中曽根政権期を挟んで近代主義右派の担い手は次の世代に移り、彼らこそが政治改革の知的原動力になっていく。政治改革は近代主義右派のプロジェクトであったが、その中心にいたのは、牛尾治朗や小林陽太郎といった海外経験が豊富な経済人であった。確かに、選挙制度改革以降の多くの改革に関与した政治学者の佐々木毅や、内閣機能強化や司法制度改革に大きな役割を果たした憲法学者の佐藤幸治のような人物もいた。だが、たとえばかつての佐藤政権ブレインの多くが大学に籍を置いていたことと比べた場合、一九九〇年代の改革に占める学界の存在感は大幅に低下していたというべきであろう。選挙制度改革にはじまる諸改革の過程では、経済同友会や日本生産性本部といった経済団体、それらを基礎とした社会経済国民会議などの組織が、主要なアイディアの源泉になったといっても過言ではない。後の章で具体的に論じることになるが、冷戦終結後に進められた政治改革においては、その原動力の一つが、八〇年代の日米経済摩擦の激化など国際政治経済の構造変化に関する認識だったことが、こうした傾向を生み出したのである。

各領域の「自律」が生み出した改革の土着化

政治改革が近代主義右派のプロジェクトとして括られるとしても、一つのアイディアが広範な領域に及ぶ諸改革を直接に規定したと見なすのは、いささか無理があるだろう。序章でも述べたように、全体を貫くアイディアが存在している場合にも、個別の領域における改革案が導かれるに際しては、その領域における主要アクターに受け入れられ、改革後にはその成果が定着するように、アイディアの土着化が生じる必要がある。土着化とは、それまで当該領域において認識されていた課題への対応策として、あるいは当該領域において強い利害関心を持つアクターにとって受け入れ可能な方策として、改革アイディアが具体化されることを指す。この過程を経ることで、改革の推進に必要な多数派形成が可能になるのである。

近代主義は、日本の政治行政や経済社会をより近代的で合理的なものにしていくことが基本的な発想である。このような発想が個別改革領域において多数のアクターから支持を得るのは、各領域において改革以前に何らかの前近代的あるいは非合理的な要素が顕著に存在していると、関係するアクターが認識していることを意味する。それは、具体的にはどのようなものだったのだろうか。詳しくは各章での叙述に譲るが、ここでは主要な改革領域を取り上げて、簡単に概観しておこう。

まず、中央政府における非合理的要素は、与党である自民党政治家の大多数と、それに協力する官僚が持つ、強い現状維持志向である。長期単独政権とその下での経済成長、そして冷戦という国際環境の存在は、国家としての日本をどうするのかについての長期ヴィジョンを生み出す能力を、自民党や官僚制から失わせた。むしろ、自らの当面の利益を確保するためには、短期的な利益配分政治に専念することが最も効果的であった。その意味で、現状維持志向は当初から非合理的であったわけではない。

ところが、日米経済摩擦の激化や冷戦の終結といった一九八〇年代後半以降の国際環境の変化、バブル崩壊後の社会経済環境の変化は、そのような利益配分志向や現状維持志向の合理性を失わせた。それは客観的に継続が困難であるというよりも、主要政党の政治家、官僚、経済界、労働界、マスメディア、そして政治行政や社会経済を対象とする学界において、そのように認識する人が多くなったということである。個々の議員と省庁が、支持者や関係業界の狭く個別的な利害を表出しているだけでは、新しい環境に適合的な政策を迅速に打ち出すことは不可能であると考えられるようになった。有権者からの明確な負託を受けた政治指導者が、より広く大局的な視野からマクロな方向性を打ち出し、それを強力なリーダーシップによって個別の政策へと具体化していくことが期待された。選挙制度改革や内閣機能強化は、このような認識を出発点として、中央政府の集権化による新しい課題への合理的な応答能力の向上を目指して行われた。

地方自治体や日本銀行の場合にはどうだったのだろうか。ここでも、根底にあった認識は合理的な応答能力の向上であったのだろう。しかし、その方策は中央政府の場合とは異なっていた。すなわち、中央政府からの介入や統制をできるだけ排除し、地方自治体や日本銀行が本来果たすべき役割を適切に発揮させることが、直面する課題への応答能力の向上につながると考えられたのである。背景にあったのは、地方自治体や日本銀行に対する官僚の統制を排除し、自らの判断に従って政策を展開させれば、中央政府によって強いられてきた現状維持志向から脱却できるという、すでにそれぞれの領域では広く浸透していた見解であった。結果として、同じように応答能力の向上を目指していながら、集権化を進めた中央政府の場合とは異なり、中央政府からの自律性（独立性）の向上すなわち分権化が目指されることになったのである。もちろん実際には、地方自治体や日本銀行が自律性を高めれば非合理的な現状維持志向から脱却できるかどうかは未知数だったが、そのように主張する当事者や論者が多かったことは確かであった。

司法制度改革は、先にも述べたように、選挙制度改革や行政改革と並ぶ中央政府の変革である。

したがって、そこには新しい社会経済環境への応答能力を向上させるための合理化という意図があったことは間違いない。ところが、その具体的な方策として選択されたのは、地方分権改革や日本銀行改革と同様に、中央政府の政治や行政からの自律性強化であった。その背景には司法の現状と将来についての、大きく三つの認識があったのだろう。一つには、自民党や官僚の意向を意識する余り、社会経済的課題への応答能力が低すぎたという認識である。もう一つは、司法の自律性すなわち独立性を高めるだけでは応答能力の向上には不十分であるため、社会（市民）との結びつきを強める必要があるという認識である。裁判員制度や法科大学院制度は、そのような認識の制度的表現であった。

第三には、司法部門（裁判所）内部の集権的統制に対する信頼である。司法の独立性が強まる一方で、法曹人口の拡大や裁判員の参画が進められた場合、最も懸念されるのは「素人くさい」司法になってしまうことである。公選されるわけではない部門としての司法は、専門性によって存在意義を確保している。相互に矛盾のない精緻な法解釈論を構築し、それを具体的な訴訟の場で的確かつ安定的に適用することによって、全体として専門家に委ねておけば安心だと有権者に思ってもらう必要がある。このような安心感を維持しつつ応答能力を向上させるには、司法部門内部における専門家の優越が確保されねばならない。司法制度改革における土着化の鍵は、この点に求められよう。

このような土着化が、各領域において異なった事情によって起こったことは、広範な改革につながるとともに、改革の具体的方向性の違いを招いたのである。

第2章　選挙制度改革

1　改革の背景

選挙制度はなぜ重要か

選挙制度改革は、一九九〇年代以降の政治改革の最初期に行われ、その後の日本政治に対して決定的な影響を与えた。既に述べてきたように、政治改革の対象は広範囲に及んだ。その中で、選挙制度改革がなぜ決定的な意味を持つのだろうか。選挙制度などよりも、有権者の見識や「民度」、あるいは政治家の「質」を上げることが大切ではないのか。やや抽象的になってしまうが、まずはこのことを考えておく必要があるだろう。[1]

鍵は、選挙制度が民主主義体制にとって根幹に当たる有権者と政治家の間の関係を規定するところにある。すべての政治体制には、公共部門（政府）の運営に日々携わる統治エリートと、携わらないマスが存在する。民主主義体制は、マスである有権者が投票を通じて統治エリートである政治家を選任することで、一時的かつ間接的にではあるが、有権者にも公共部門の運営に関与させるという特徴を持つ。理論的には、選挙以外の方法で有権者が政治家を統御すること（投票外政治参加）や、有権者が公共部門の運営に直接携わること（直接民主主義）も、民主主義体制を考える上では大きな意味を持つ。[2] しかし、ここでは最も一般的であり、現代日本でも採用されている代議制民主主義（間接民主主義）に限定して議論を進める。

代議制民主主義の下では、有権者が選任した存在であるがゆえに、政治家が行う政策決定は正統性を持ちうる。有権者による政治家の選任方法を具体的に定めるのが、選挙制度である。すなわち、選挙制度はマスと統治エリートの関係を定め、民主主義体制の基本的特徴を生み出し、根幹を支える最も重要なルールなのである。

より単純かつ端的にいえば、選挙制度が変われば、有権者も政治家も行動準則を変えざるを得ない。たとえば、一つの選挙区から一五人が当選する選挙制度（大選挙区制）の場合と、一人しか当選しない選挙制度（小選挙区制）を比べて考えてみよう。現代日本では、前者は政令指定都市以外の市町村議会などに見られ、後者は衆議院の小選挙区や参議院の一人区が当てはまる。

大選挙区制のように、多数の議員が一つの選挙区から当選する制度の下では、当選に必要な得票率のボーダーラインが低下する。計算式は省くが、一五人当選する大選挙区制の場合だと、おおむね六％強の得票率で十分である。このような場合、有権者の一部だけが支持する政策や考え方を掲げても当選できるので、政治家はマイナーな方針に基づく政党への所属や無所属での立候補が容易になる。少数派の有権者から見ても、妥協することなく自らの考えに近い候補者に投票しても、当選する可能性は十分にある。しかし、一人だけが当選する小選挙区制では、そうはいかない。当選のボーダーラインとなる得票率は五〇％に達するので、マイナーな関心や考え方だけでの当選は難しい。この場合、政治家は「小異を捨てて大同につく」行動をとらざるを得ないし、有権者は「次善の選択」を迫られる可能性がある。

選挙制度と政策

そして、有権者と政治家の行動準則が変わるとき、公共部門の意思決定過程やその帰結としての政策にも、変化が生じる可能性が高い。選挙制度は、議会での多数派形成の違いをもたらし、政策のあり方にも大きな影響を与えるのである。

大選挙区制のようにマイナーな考え方で当選が可能な選挙制度の場合、選挙後の議会には小政党や少人数会派が数多く存在することになる。これらの勢力は、もともと「小異」を強調するところに存在意義があることから、議会内で妥協により多数派に加わることを良しとしない。議会での立法には当然ながら多数派が必要なので、なかなか妥協してくれない勢力を取り込まねばならないが、これには長時間の議論や説得が必要になる。結果として、意思決定には時間がかかり、かつ小政党などの意見も取り入れた政策になる傾向が強まる。小選挙区制の場合には選挙が終わった段階で議会内に単独過半数の議席を確保するような大政党が存在することが多いため、多数派形成は大政党内部で完結することになり、小政党の意見は切り捨てられる。

政策への影響について見ておこう。たとえば経済政策であれば、次のような違いになる。大選挙区制の場合、小政党が何に関心を持つかにもよるが、社会全体にとってのマクロな合理性や普遍性よりも、ミクロで個別的な満足や納得が重視され、キメは細かいが利益誘導的な政策につながりやすい。業界ごとや地域ごとに違う個別補助金や、職種ごとに違う年金制度などが、その典型例である。これとは反対に、小選挙区制のように当選のボーダーラインが上がる選挙制度の下では、マイナーな考え方や少数派の関心は切り捨てられ、ミクロに対してマクロが優越した政策が、大政党の主導により次々と決まっていく傾向が生じる。個別補助金ではなく地方自治体への包括的な財源移譲を行ったり、全国民に共通した年金制度を確立する方向性が強まる。

このように、選挙制度の違いが持つ意味は大きいので、その違いをできるだけ分かりやすい尺度で理解できれば好都合である。そこで今日の比較政治学では、選挙制度の違いを測定し理解するために、選挙制度の「比例性」という概念を用いることがある。比例性は、議会での各政党の勢力分布が有権者の投票先政党の分布とどの程度近似しているかによって測定される。[3]

おおむね、一つの選挙区からの当選者が少ないよりも多い方が、多数代表制（選挙区を数多く設定して個々に当選者を決める）よりも比例代表制（有権者の投票先に比例させて各政党に議席を配分する）の方が、政党ごとの議会の勢力分布と有権者の投票先分布は近似する。このような近似が見られるほど、選挙制度の比例性は高いということになる。逆に比例性を低下させる要因は、大政党が有権者の支持に比べて過大に代表され、小政党が過少に代表されるところにある。有権者の三割程度の支持を得た政党が六割の議席を得る一方で、二割の支持を得た政党は一割の議席も得られない場合、選挙制度の比例性は低いというわけである。

この概念を使って先に述べたことを言い換えるならば、比例性の高い選挙制度の場合には有権者や議会の少数派の意向が重視され、比例性の低い選挙制度の下では多数派の意向を重視して、政策が決まる。比例性の高い選挙制度は社会を構成する人々や集団の違いや個別性に注目した政策につながり、低い選挙制度は社会を構成する人々や集団の共通性に注目した政策につながる、といってもよい。人々や集団の違いを重んじる政策を「個別主義」、共通性を重んじる政策を

「普遍主義」と呼ぶこともある。個別主義はそれぞれの集団などから見れば政策への満足度が高くなるが社会全体の合理性は失われやすく、普遍主義は全体の合理性を確保しやすいが個々人や個別集団の満足度は低くなりやすい。

中選挙区制という問題

前置きともいうべき理論的な話が長くなってしまったが、一九九〇年代初頭の時点で、国政の選挙制度の問題は広く認識されていた。とくに、衆議院の選挙制度である中選挙区制への批判は強まっていた。

第1章でもふれたように、中選挙区制とは一つの選挙区から二〜六人程度の当選者を出す選挙制度で、理論上は多数代表制のうち大選挙区制に分類される。日本の場合には、選挙区当たり三〜五人の当選者であることが多く、かつ有権者は一人の候補者にのみ投票できる（単記非移譲制）という制度であった。単記非移譲制と組み合わされた中選挙区制は、当選に必要な得票率のボーダーラインが一〇％台にまで下がることが多い。その結果、政党間の勢力バランスは比例代表制に近くなり、選挙制度としての比例性は高い一方で、単独過半数政党を作るためには一つの選挙区から複数の当選者を出す必要がある。比例性の高さから、政策は個別主義志向が強まると考えられるが、利益誘導政治の温床にもなりやすい。

このような選挙制度は世界的にもあまり類例がなく、当時の日本政治のあり方、とくに利益誘導政治や政治腐敗は、中選挙区制の影響が大きいと見なされていた。

たとえば、政治学者の山口二郎は自民党政権に批判的な立場から選挙制度改革論を唱えた代表的な論者だったが、当時広く読まれた著作において次のように論じた。すなわち、中選挙区制は「同一政党から複数の候補者が立つことによって、政党間の選択という意義が曖昧になってしまう」のであり、かつ「候補者同士の間で激しい競争が繰り広げられる。そして、金を使った不正な競争も横行するのである。その意味で、中選挙区制はもっとも腐敗を助長しやすい」のである。[4]

同じような議論はアメリカの政治学者も行っていた。マーク・ラムザイヤーとフランシス・ローゼンブルースは、原書が一九九三年に公刊された著作において、中選挙区制が自民党候補者相互間の競争を誘発することで、「想定できる他の多くの選挙制度下で予想されるよりも自民党がより利益誘導的政策を採用することになってきた」と指摘した。[5] このような研究は、世界中の政治学者の共通認識を作り出すとともに、海外メディアや政策当局者の日本政治観に影響を与え、間接的に日本国内での議論にも跳ね返ってきたと考えられる。

対応すべき課題

この時期、日本政治の課題とは何だったのだろうか。それは、大きく分けると二つであった。

一つは、国際政治経済環境の変化である。戦後の日本は、敗戦によって膨大な人的・物的ダメージを蒙り、海外植民地のすべてを失い、さらに国際機関などからも完全に閉め出され、アメリカを中心とする戦勝国に占領されるところから出発した。しかし、占領期もそれ以降も、冷戦下におけるアメリカの対日政策は総じて寛容であり、同盟関係のジュニアパートナーとして処遇しつつ、日本がアジアにおける自由主義諸国の先頭に立つことを期待した。その手助けで日本は徐々に国際社会に復帰し、一九五〇年代末から七〇年代前半の高度経済成長期を経て、世界第二位の経済規模を持つ国として先進国の仲間入りを果たした。

この間、自由主義に基づく戦後の国際政治経済秩序を作り上げたアメリカの影響力は次第に低下し、一九七〇年代後半以降になると日本を含む他の先進諸国に相応の責任分担を求めるようになった。八〇年代に、日米経済摩擦や日本の防衛力強化要請などの形で具体化していたのは、このような変化であった。しかし、日本ではそれをアメリカの対日圧力（外圧）として認識する傾向があり、圧力が一時的に緩和されることを目指して小出しの譲歩を繰り返していた。

その傾向は、一九八〇年代末に冷戦が終わるとより強まった。冷戦下では、日本が憲法の戦争放棄条項を持ち出して防衛力増強を最小限に止めても、工業産品の輸出に関して自由主義経済の恩恵を享受しつつ国内的には農業や流通業などの産業保護を行っていても、共産主義諸国というより大きな「悪」と対峙するために、アメリカはそれをほぼ黙認していた。しかし、もはやそのような「悪」は存在しない。むしろ、地域紛争や民族対立の激化を防ぐために、また旧共産圏諸国の経済的自立を支えるために、先進国は協調する必要があった。

先進国協調の必要性に日本政治が応答できないという問題は、一九九一年に起こった湾岸戦争によって顕在化した。前年のイラクによるクウェート侵攻という事態に直面し、常任理事国である五大国（アメリカ・ロシア・イギリス・フランス・中国）の一致によって国連決議などがなされたにもかかわらず、日本は資金援助を数回行っただけであった。従来の憲法解釈では、たとえ国際合意があったとしても、軍事的側面を伴う海外での活動には一切参加できないことになっていたことが最大の理由だが、野党はもちろん、与党の中にも「アメリカの戦争に巻き込まれる」という認識が依然強かったことも無視できなかった。

もう一つの課題は、政治腐敗や投票価値の不平等の深刻化である。古くは疑獄や瀆職などと呼ばれた政治スキャンダルは、日本政治において戦前から珍しいものではなかった。より一般的にいえば、政治権力が存在し、財政資源や許認可権限の行使に関わっているところでは、腐敗と無縁でいることはできない。しかし、それがどの程度大規模なものか、あるいはどの程度まで国民の耳目を引きつけるかは、状況によって異なる。

戦後日本の場合、恐らくは一九七〇年代半ばのロッキード事件以降、自民党長期政権下での政治腐敗に対する有権者の視線は厳しくなったように思われる。高度経済成長が終わり、経済規模や社会の安定度の面では先進国の一員になったにもかかわらず、政治のあり方は遠く及ばないという認識や、自民党が農村部への利益誘導政治に熱心で、それが権力維持の基盤になっているという認識が、その背景にあったのであろう。衆院選や自民党総裁選といった特別な機会はもちろん、後援会など支持者への日常的なサーヴィス供給も相まって、必要な政治資金が増大していることも知られるようになり、批判の対象とされていた。八〇年代末に発覚したリクルート事件は、いわば充満していた批判のガスに火をつけたといえよう。

衆院選における「一票の格差」すなわち有権者一人当たりの投票価値の不平等も深刻であった。アメリカの連邦議会下院や州議会において、投票価値の平等が厳格に求められるようになったのは、一九六〇年代のことであった。日本でも六〇年代以降、地方議会を含め定数不均衡訴訟が提起され、七六年の最高裁判決によって衆院選での投票価値の平等が憲法上の要請であると認められた。[6] 七〇年代半ばには、おおむね議員一人当たりの人口格差が三倍程度までなら許容されるという「相場観」が形成され、国会と最高裁には事実上共有されていた。しかし、三倍の根拠が不明であることや、是正策がしばしば衆院定数の単純増に求められたことへの批判は強まった。政治腐敗への批判的視線は、国会議員の「お手盛り」不均衡是正への厳しい評価にもつながっていたのである。

2　政治の近代化を目指して

複数の方向性

国際政治経済環境の変化と、政治腐敗や定数不均衡の深刻化。これら二つの課題のいずれを重視するかによって、目指すべき変革の方向性も異なっていた。

前者は日本政治の応答能力が不十分であることに、最大の課題を見出していた。ここでいう応答能力とは、直面する課題に対して、短期的に適切なだけではなく、中長期的にも妥当な対応を検討し、政策として決定する能力を指す。

冷戦、日米同盟、そして自民党の長期単独政権が所与の条件となり、国際環境の変化に伴う外交・安全保障政策の転換や、利益誘導政治に代わる内政路線を追求する動きは強まらないままであった。このことは、「ジャパン・アズ・ナンバーワン」という言葉やバブル景気に酔いしれた一九八〇年代には顕在化しなかったが、年号が昭和から平成に替わってほどなく、日本政治に難題を突きつけることになった。のちに多くの領域において改革を唱道することになる政治学者の佐々木毅は、八七年に『いま政治になにが可能か』という著作を上梓し、日本政治が惰性に流され、経済摩擦などの新しい政策課題に緩慢で不十分な対応しかできていないことを鋭く指摘した[7]。この著作は吉野作造賞を受賞するなど高く評価され、刊行後短期間に版を重ねた。さらに、湾岸戦争に際して政策決定に時間がかかり、ようやく決めた対応も国際的には評価されなかったという経験は、佐々木が行った批判的な指摘が妥当であることを、小沢一郎ら自民党中枢の政治家たちにも実感させることにつながった[8]。

応答能力を高める上での鍵は、政党間競争の活発化、すなわち政権交代を伴う緊張感のある政党政治に求められた。一九五五年に社会党統一と保守合同によって生まれた五五年体制は、自民党と社会党の二大政党制と当初喧伝されたが、実際には自民党が社会党の二倍程度の議席を確保し、長期単独政権を続けるものであった。その過程で社会党は政権獲得の意思を事実上失い、外交・安全保障政策について原理的な批判を行うことに自らの存在意義を求めるようになっていった。一方、長期単独政権に慣れきった自民党は、高度経済成長に伴うパイの分配、すなわち利益誘導政治にうまみを見出した。自民党に批判的だが社会党には満足できない有権者は、公明党・民社党・共産党といった小政党に議席を与えたが、これらの勢力は自民党か社会党との協力がない限り政権への参画も政策の実現もできない以上、果たしうる役割は限られていた。

このような政党政治の沈滞と分業の固定化が生じるのは、先にも述べたように、中選挙区制によるところが大きいと考えられた。中選挙区制は比例性が高い選挙制度であるため、政党間の勢力関係が変化しにくい。そこに保守合同により自民党が単独過半数政党として登場したため、政権を巡って政党が競争するという関係が著しく弱められたのである。比例性の高さは自民党以外の政党の多党化にもつながる。その結果として、非自民各党は常に多くの政党が加わった連立政権を構想するしかなく、政策的な不一致や対立が顕在化しやすい状況におかれた。当時はまだこのように整理された理解ではなかったが、ここで述べてきたことの原型となるような認識から、中選挙区制の廃止を出発点とした選挙制度改革が模索されていくことになる。

後者、すなわち政治腐敗や定数不均衡を問題にする立場からは、政治家や政党に自浄能力が乏しいことが最大の課題であると認識されていた。先にも述べたように、腐敗は政治の歴史に常につきまとう問題であり、多くの場合に汚職に対する罰則の強化や政治資金規正の変革によって対応がなされてきた。そうであれば、公職選挙法の連座制強化など問題を起こした政治家への厳しい制裁と、政治資金の収支の透明化と使途制限などの制約強化が重要だということになろう。定数不均衡についても、参議院のように半数改選制や比例区への定数配分を行っていて是正が困難な場合と比べて、衆議院であれば適切な区割りを行うことで「一票の格差」は大幅に縮小できるはずであった。現実的であるかどうかはともかく、定数不均衡の是正は都市部の議席が大幅に増えることを意味するので、農村部への利益誘導の過剰という問題は解決されうるし、都市部での有権者の政党支持から考えて政権交代の可能性も十分に高まるという主張は可能であった。したがって、追求されるべきは現行制度の枠内での法改正だと考えられた。

政治改革大綱による理念の選択

日本政治に足りないのは応答能力か、自浄能力か。この点に関する認識が、選挙制度改革に踏み込むかどうかの大きな分岐点となり、その後の政治改革の全体に連なる決定的な選択にまでつながった。政治全体として応答能力が足りないのであれば、それは個々人の政治家の資質の問題ではなく、政党間関係を含む構造的あるいは制度的問題に原因があると考えざるを得ないからである。自浄能力が不足しているのなら、世界各国で取り組まれてきた腐敗防止や政治資金規正の方策を見習い、中選挙区制の下での定数不均衡の是正を大規模に行うことが先決となるだろう。

選択の鍵を握っていたのは自民党であった。単独与党として国会の衆参両院で第一党の地位を占める自民党が賛成しなければ、いかなる変革も実現しないことはもちろんだが、自民党議員が課題として認識しない限り、どれほど理論的に意味のある改革案も部外者の空論に過ぎないからである。この点について佐々木毅は後年、改革の原動力になったのは「「このままの政治ではやっていけない」という素朴な感覚であった」と論じている[9]。問題は「このままの政治」とは何か、いかなる意味で「やっていけない」のか、である。それを端的に述べたのが、自民党の「政治改革大綱」であった。[10]この文書は一九八九年五月二三日付で発表されたが、作成において中心的役割を果たしたのは、八八年一二月二七日に創設された政治改革委員会であった。会長は元官房長官の後藤田正晴が務めた。

政治改革大綱には、いくつかの顕著な特徴がある。

一つは、直接的にはリクルート事件に端を発する有権者の政治不信や自民党批判に応えるという体裁をとりながら、実質的には選挙制度改革を提唱したことである。大綱は冒頭で「政治倫理は…個人の自覚によるべきであるとの信念」を強調しつつ、「多額の政治資金の調達をしいられる政治のしくみ、とくに選挙制度のまえには自己規制だけでは十分でないことを痛感した」と述べ、「したがってわれわれは、諸問題のおおくが現行中選挙区制度の弊害に起因しているとの観点から、これを抜本的に見直すこと」を主張したのである。先にふれた「このままの政治」とは「金のかかる政治」であり、「やっていけない」のは中選挙区制の下での政治活動だ、というわけである。

もう一つには、中選挙区制から小選挙区中心の選挙制度への変革が、自民党の組織的近代化と結びつけられていることである。自民党における近代化は、一九六〇年代以降繰り返し唱えられてきたもので、具体的には派閥の解消などにより、ドイツの社会民主党やイギリスの労働党が典型である近代組織政党に移行することを目指す。[11]大綱の党近代化についての記述においては、派閥や族議員の弊害が語られるとともに、議員候補者の選定も「はばひろく有能な人材に政治への道をひらき、新人の発掘、登用を可能とするあたらしいルールづくりが必要」とされ、「とくに選挙区制の抜本改革にあたっては、党公認候補者の決定におけるよりきびしい基準の確立と、非公認当選者への毅然たる対応措置」を追求するとされた。

第三の特徴は、応答能力の不足については論じられていないことである。政治改革大綱は八九年前半に準備されたことが明らかだが、のちにこの年を特徴づけることになる国際的な諸事件は、すべて大綱の公表後のことであった。すなわち、中国の天安門事件は六月、ベルリンの壁の崩壊は一一月で、大綱を準備している時点では冷戦後の世界はまだ姿を見せていなかったのである。応答能力の問題とは、結局のところ政権交代の可能性を認めるかどうかと密接にリンクする。新しい環境条件に対して、政党政治が全体として複数の異なった選択肢を示す能力の問題だからである。それゆえに、いかに大綱といえども自民党内の文書でそれを主張するのは難しかったのかもしれない。

論理性の補完

政治改革大綱が示した、自浄能力の問題から出発しつつ選挙制度改革を提唱するという議論の組み立ては、自民党議員の実感を媒介項として挟み込むことで成り立っていた印象があり、その論理性に疑問が残るものであった。先にも述べたように、自浄能力が足りないのであれば、政治資金規正法の厳格化や腐敗防止法の制定で対処できる、という議論も十分可能である。定数不均衡の放置も自浄能力の欠如を示すものなのだから、衆議院の定数削減と選挙区ごとの議席配分の大規模な変更によって解決できるはずである。もちろん、先に取り上げた山口二郎やアメリカの政治学者たちの見解のように、中選挙区制が自浄能力を低下させるという考え方もできるが、それが注目されるようになるのは、九〇年代に入ってからのことである。

しかし、冷戦の終結という世界史的出来事が、不足していた論理性をすぐに補った。ベルリンの壁の崩壊直後、一九九〇年四月二六日付で提出された第八次選挙制度審議会第一次答申には、その萌芽を見ることができる。

選挙制度審議会は設置法に基づく内閣総理大臣の諮問機関だが、しばしば開かれない時期があり、このときも一七年ぶりの再開であった。会長は元自治事務次官で日本新聞協会会長・読売新聞社社長の小林與三次、副会長は憲法学者の佐藤功、選挙制度の基本的なあり方を扱う第一委員会の委員長には政治学者の堀江湛《ふかし》が就任した。いずれも選挙制度への造詣が深い人物であり、堀江は小選挙区制導入論者としても知られていた[12]。

答申は「今日、我が国は、山積する国内的諸問題の解決を迫られており、また国際的にも、世界の平和と繁栄のための積極的貢献を求められている」という一文で始まる。国内外の環境変化への応答能力が意識されていることは明らかであろう。その上で、具体論として「現在の我が国内外の情勢の中で、時代の変化に即応する政治が行われるためには、民意の正確な反映と同時に、民意の集約、政治における意思決定と責任の帰属の明確化が必要である。また、活力ある健全な議会制民主政治のためには、政権交代により政治に緊張感が保たれることが必要である。このような要請を満たすうえで、小選挙区制と比例代表制とを比較するとき、小選挙区制がこれらの要請によりよく適合する」と述べる。

このような認識は、一九八九年一〇月九日に初会合が開かれた「政治改革フォーラム」の趣意書とも重なる。政治改革フォーラムは、民間経済団体である社会経済国民会議が中心になり、超党派の国会議員や民間人・学識者が参加して結成された組織で、選挙制度改革を推進する重要勢力となった。政治改革フォーラムの趣意書では「ここ数年来の課題であった行政改革や財政再建、あるいは税制改革、高度情報化や国際摩擦への対応」のためには、「戦後の政治の仕組み全般を総点検し、二一世紀を展望した抜本的な改革をおこなうこと」を主張していた。

これらの文書に示された、期待される政治像には、大きく二つの特徴がある。一つは、社会に深く根を下ろし、多数の一般党員から少数の幹部党員までのピラミッド構造に支えられた有力な近代組織政党が複数存在することである。もう一つは、それらの政党間の競争によって政権が生み出され、与党になった政党が掲げる一貫性のある方針に基づいて打ち出された政策を迅速に決定することである。そして、これら二つの特徴を組み合わせれば、政治全体の応答能力を高められると考えられていた。イメージされていたのは、理念型としての二〇世紀後半のイギリス政治、すなわちウェストミンスター型議院内閣制であっただろう。

裏返せば、戦後の日本は議院内閣制を採用し、政党が中心的役割を果たすことになったはずなのに、前近代的な体質を色濃く残す自民党と、政権獲得の意思を失った社会党その他の野党が、緊張感と応答能力に欠ける政治を行ってきたという認識が、選挙制度改革を導く出発点であった。そこで提唱されている理念は、自民党だけではなく日本政治全体の近代化に他ならない。恐らくは一九八九年の後半から九〇年の前半に、「このままの政治」とは派閥や族議員などの存在感の強い前近代的な自民党組織と、その自民党が長期単独政権を続け緊張感を欠いた政党間競争のあり方を指すようになり、応答能力の不足が「やっていけない」理由になったと考えられる。

3　小選挙区比例代表並立制という土着化

具体的な選択肢

かくして理念は選択された。だが、選挙制度改革は現職の政治家にとって死活的利益に直結する事柄であり、具体的な選択肢も多いことから、特定の制度を選択するための多数派形成には著しい困難がある。そのため、選挙制度改革については専門家の提言をそのまま受け入れることを定める国もある。また、いわゆる党利党略に基づく制度変更という批判を受けないためにも、超党派での改革が望ましいという考え方も存在する。選挙制度が有権者から統治エリートへの委任の根幹をなすルールであり、実質的意味の憲法の一部を構成する以上は、国会議員のみならず、改革に対する有権者の理解と支持も得られることが望ましいであろう。事実、一九五〇年代の鳩山一郎内閣や七〇年代の田中角栄内閣における小選挙区制導入の試みは、いずれも野党の強い反対とマスメディアからの党利党略批判を受けて頓挫している。一九八〇年代末に始まる選挙制度改革の場合にも、与党である自民党が単独で押し切るべきではないという認識は、広く共有されていた。

当時、実現可能性のある選択肢として考えられていたのは、大きく次の三つであった。細部には多岐にわたるヴァリエーションがあるが、それぞれの制度の概略を述べておこう[13]。一部は既に述べたことと重なるが、繰り返しを厭わずにまとめておきたい。

一つは小選挙区制である。小選挙区制は、衆議院の全議席を定数一の選挙区に割り振り、有権者は自らの居住地域の選挙区において立候補している人物に投票して、その票数が最も多かった候補者が当選人となる仕組みである。この方式の場合、一つの選挙区から一人の当選者しか出ないので、立候補者が絞り込まれがちなこと、さらに当選のボーダーラインが高くなることから、強力な政党組織や広い支持基盤を持つ大政党に有利だとされる。また、第二位以下の候補に投じられた票は死票になること、政党間の勢力分布の変動が比較的大きくなることも特徴である。なお、「小選挙区制」と呼ばれるのは選挙区が地理的に「小さい」ことに由来していると思われるが、この名称は世界的には標準的ではなく、一般には「単一当選者選挙区制（single-member district system: SMD）」といわれる。

第二の選択肢は、小選挙区制と比例代表制を組み合わせるが、両者を全く別々に集計する仕組み、すなわち小選挙区比例代表並立制である。この方式は、衆議院の定数を小選挙区と比例代表にあらかじめ分けておき、有権者は一票を小選挙区の候補者に、もう一票を比例代表の政党に投じる。集計と当選者決定も小選挙区と比例代表では別個に行う。小選挙区の欠点ともされた大政党の有利さを、比例代表によって小政党にも議席獲得の機会を与えることにより、ある程度まで緩和するとともに、政党間の勢力分布の変動幅も小さくすることにつながる。有権者は二票を与えられるため、自分の行った投票が何を意味するのかの把握が容易であることも利点である。ただし、小選挙区における死票の問題は解決されない。小選挙区比例代表並立制は、一九八〇年代末から九〇年代初頭に選挙制度改革を行ったイタリアや韓国で導入された。比較政治学では「混合多数制（mixed-member majoritarian system: MMM）」と呼ばれることが多い。

もう一つの選択肢が、同じく小選挙区制と比例代表制を組み合わせるが、小選挙区の得票は議員になる人物の決定にのみ用い、議会における政党間の勢力分布は比例代表によって行うという方式である。この仕組みは小選挙区比例代表併用制、あるいは「混合比例制（mixed-member proportional system: MMP）」と称され、戦後のドイツ（西ドイツ）などが採用している。有権者は小選挙区と比例代表の二票を持ち、小選挙区では候補者に、比例代表では政党に投票し、集計も別々に行われる。その上で、まず集計結果に基づく議席配分が比例代表部分により行われる。この時点では各政党の当選者は決まっていない。それを決めるために小選挙区の得票が使われ、立候補した小選挙区で一位を獲得した候補者に議席が与えられることになる。ただし、比例代表で獲得した議席をすべて充足するだけ小選挙区で一位になった候補者がいない政党は、政党側で用意したリストにしたがって当選者を出す。逆に、小選挙区で一位になった候補者数が比例代表で獲得した議席を上回る場合には、議会の総定数を増やして対応する「超過議席」ルールを置く場合がある。選挙結果は、誰が実際に議員になるか以外については、すべての議席を比例代表制によって決める場合と同じになる。

政党ごとの議席配分に注目すれば、これら三つの制度の比例性は、小選挙区比例代表併用制が最も高く、小選挙区制が最も低い。それはとりもなおさず、小政党は併用制を、大政党は小選挙区制を好みやすいことを意味していた。選挙制度審議会が推奨したのは、両者の中間に当たる小選挙区比例代表並立制であった。

多数派の形成

選挙制度審議会は設置法に基づく公的諮問機関であり、その答申には私的諮問機関や各種の検討会議の結論よりも重みがある。しかし、政治家と政党にとっての死活的利益に直結する選挙制度について、審議会答申がそのまま短期間に実現するほど甘くはない。法的にも、選挙制度審議会設置法には答申の尊重義務などが規定されているわけではなく、答申を受けた首相や各政党は、それを無視してしまうことも可能なのである。実際にも、選挙制度審議会の答申が尊重されて改革が行われた前例は、それまで多いとはいえなかった。

かくして、小選挙区比例代表並立制の導入を提唱した答申の後に、多数派形成の過程が始まることになる。序章で導入したアイディアの土着化という概念が、ここで重要になる。すなわち、基本的なアイディアが存在していたとしても、それが個別領域における改革案として多数派からの支持を得るためには、当該領域におけるアクターにとって得心のいく具体案にならねばならない。これが土着化である。選挙制度改革における主要アクターは、与野党の政治家と、マスメディアや改革を推進しようとした団体である。以下では、土着化のあり方に注目しながら、多数派形成の過程について簡単に述べておこう。[14]

一九九〇年四月の選挙制度審議会第一次答申を受けとった首相は海部俊樹であった。海部は答申に基づいた選挙制度改革に意欲を示し、自民党幹事長の小沢一郎も同様の方針をとっていた。小沢の提示したスケジュールは、九〇年一一月末までに自民党内で成案を得て、九一年の通常国会で改革法案成立というものであった。しかし、選挙制度改革法案について担当する自民党の政治改革合同総会（政治改革本部・選挙制度調査会の合同総会）では、改革の内容とスケジュールの両面について異論が出された。九〇年夏にはサダム・フセイン政権のイラクによるクウェート侵攻で湾岸危機が勃発したこともあり、選挙制度改革の動きは次第に不透明になっていく。

結局、一九九〇年一二月二五日に自民党は小選挙区比例代表並立制の導入を柱とする政治改革基本要綱をまとめた。これは選挙制度審議会の答申のみならず、前年の政治改革大綱に沿ったものとされたが、党内の反対は収束する気配がなかった。徐々に制度改革への支持は生まれてきていたものの、全体的には野党側の受け入れ機運も高まらなかった。[15] 九一年四月の東京都知事選において、自民・公明・民社各党が推薦した元NHKニュースキャスターの磯村尚徳が現職の鈴木俊一に敗北し、小沢がその責任をとって幹事長を辞職したことも痛手となった。同年六月末に自民党はようやく党議決定を行い、七月には政治改革法案を国会に提出したものの、九月末には成立を断念せざるを得なかった。海部は衆議院解散の決意を示唆して法案を成立させようとしたが、かえって党内の批判は高まり、内閣総辞職に追い込まれた。

同じような展開は続いて首相になった宮沢喜一の下でも続いた。宮沢は自らも選挙制度改革が日本政治にとってプラスにはならないと考えていたこともあり、小沢ら竹下派の意向を踏まえて政治改革法案を重視した改革を唱えてはいたが、実際にはそれほどの熱意を持ってはいなかった。そうなると自民党内の反対派は勢いづく。ただし同時に、いかに反対派といえども、現状維持を正面から主張することもできなかった。かくして、一九九二年末には衆議院に比例代表制との組み合わせを行わない単純小選挙区制の導入が党の方針になった。とはいえ、野党の賛成が得られる可能性は皆無であり、かつ当時は既に参議院で与野党の勢力が逆転していたから、事実上の現状維持を目指したものであった。幹事長であった梶山静六がこの流れを作り出したが、その背後には竹下登がいると見られた。派内で竹下よりも金丸信に近かった小沢や羽田らは、九二年末に竹下派を離れ、羽田派を結成した。

この間、野党はどのような動きを見せたのだろうか。社会党・公明党・民社党など、共産党を除く当時の主要野党の間には、中選挙区制を廃する選挙制度改革が必要だという認識は存在した。しかし、新しい選挙制度としては、小選挙区比例代表並立制よりも比例性が高い併用制や、併用制に近い連用制が望ましいという考え方が強かった。[16] 社会党の一部には、中選挙区制継続の立場をとる議員もいた。社会党にとっては、中選挙区制であれば多くの選挙区でほぼ確実に一議席は獲得できる上に、単独政権樹立の意欲は遠い過去に失われていたから、二人以上の候補を擁立して激しい党内競争が起きる危険性も乏しかった。中選挙区制は、社会党から見て都合のよい制度だったのである。

それでも、選挙制度改革を推進する連合（日本労働組合総連合会）やマスメディアの影響もあり、社会党と公明党はまず併用制を共同提案し、一九九三年四月に政治改革推進協議会（民間政治臨調）が連用制を提唱すると、それに同調した。自民党の金権政治や腐敗を強く批判してきた野党であったが、議論の焦点が日本政治の応答能力向上とリンクされると、一部とはいえ小選挙区制の要素を組み込んだ選挙制度の支持に向かうしかなくなる。また、労働界は八九年に社会党系の総評と民社党系の同盟などが統一して連合を結成していたから、政党側でも野党の統一がなされ、政権獲得が望ましいと考えるようになっていた。このような土俵の上で議論が展開する限り、比例性の高い選挙制度である併用制や連用制を採用する改革になるとは考えづらい。

決定打としての金丸逮捕

一九九三年三月、自民党副総裁を務め、竹下派の最高幹部として小沢一郎や羽田孜の後見役だった金丸信が、東京地検特捜部により逮捕された。逮捕容疑は、日本債券信用銀行発行の割引債を購入するなどして収入を隠したことによる脱税である。割引債の購入原資には東京佐川急便からなされたヤミ献金も含まれると見られた。このヤミ献金事件は前年に発覚していたものの、地検は軽い処分にとどめており、社会的批判を浴びていた。今回は、所得税約四億円の脱税という形をとっているが、事実上は政治資金規正法違反や個人蓄財が対象であることは、誰の目にも明らかであった。
金丸の逮捕は政治腐敗に対する有権者の怒りを強めた。政治学者の谷口将紀がいうように、「金丸逮捕を契機に、世論の政治改革断行への強い風圧が急速に高まり…政治改革はあたかも鉄の輪のように政党政治を締めつけ始め、各党の逃げ場は急速にせばまった」のである。[17]また同時に、金丸と関係が深かった小沢らにとっては、自分たちも同じように腐敗した自民党政治家であるという印象がつきかねない出来事でもあった。
この事件は政治資金規正の不十分さの帰結であり、それが選挙制度改革に結びつくのはおかしいという主張には理がある。だが、あるアイディアが優勢になる過程では、このような飛躍、あるいは他の選択肢が十分に検討されないまま捨て去られる現象が起き、それによってそのアイディアが「異論なき正義」として多数派に受け入れられることもまた珍しくない。たとえば、日本国憲法の第九条は、本来は第二次世界大戦の惨禍と一九二八年調印の不戦条約を踏まえ、侵略抑止の具体化として構想されたものであった。不戦条約は軍事力を認めていないわけではなく、ある国家が侵略しないようになるための方策も本来は多様である。しかし憲法第九条が持つ平和主義の場合には、戦後間もない時期にすべての軍事力を放棄する絶対平和主義としての解釈が登場し、それが新生日本の象徴としての意味合いを帯びることで、広く国民の間に定着したのであった。[18]
一九九三年五月二六日の衆議院「政治改革に関する調査特別委員会」の理事会に提示された論点整理資料においては「政治改革の眼目」に「新しい時代の環境のなかで責任ある意思決定を行

いう政治の実現」と「政権交代の可能性の高い、緊張感ある政治制度の確立」が含められた。それは、政治改革と新しい選挙制度の導入が等号で結ばれ、選挙制度改革が「異論なき正義」となって、他の選択肢という「逃げ場」が狭まったことの、具体的な表れであった。[19] 同じことは、実現しないことを狙って小選挙区制のみを唱える自民党にも当てはまった。選挙制度の比例性の低さを応答能力の代理指標とできるのであれば、確かに小選挙区制に一本化することは理にかなう。だが、それが選挙制度改革そのものの実現阻止を目指した提案であった以上、「逃げ場」と見なされてもやむを得なかった。

その後の展開については、よく知られている。「強い風圧」を受けた宮沢は選挙制度改革の優先順位を上げようとしたが、それはもはや付け焼き刃の印象しか与えないものであった。結局のところ宮沢は幹事長である梶山に押し切られるように、一九九三年六月二〇日に会期末を迎える予定だった通常国会での法案成立を断念するに至った。これに対して、小沢や羽田ら自民党内の選挙制度改革賛成派は、六月一八日に宮沢内閣不信任案に賛成して離党し、二三日に新生党を結成した。彼らにとっては、金丸逮捕後にもなお改革派としての旗印を維持するには、選挙制度改革の実現に賭けるしかなかった面もあっただろう。分裂した自民党は、解散総選挙後にはなお比較第一党の座を確保したが、単独では衆議院の過半数に大きく及ばず、五五年の結党後初めて与党の座を失ったのである。

一九九三年八月に発足した非自民連立の細川護熙内閣の下、与党になった社会党の一部が参議院で造反するなどの曲折はあったが、最終的には九四年一月二八日、細川と河野洋平・自民党総裁の会談によって、小選挙区比例代表並立制の導入は事実上確定した。法案の成立は翌二九日であった。細川政権の下でもなお他の選択肢が追求される可能性があったという見解も存在する。たとえば、政治学者の岡崎晴輝は、選挙制度改革関連法案の国会における審議に際して、首相である細川護熙が次第に政権交代を実現させるための改革という立場（政権選択論）に傾斜し、それが小選挙区の割合を高める形での自民党との妥協につながったと指摘する。[20] 細川個人にそのような変化があった可能性はあるだろう。しかし、仮に細川が政権選択論以外の立場を主張していたとしても、連立与党内では明らかに少数派だったであろうし、小沢ら自民党出身者との連携を重視した細川がその立場を堅持できたとは思われない。やはり、細川政権が成立した時点ですでに大枠の選択は終わっていたと見るべきだろう。主要政党間の最終合意を形成するには細川内閣の成立を待たねばならなかったが、実質的な選択は宮沢内閣末期までになされていたのである。

有権者は同調していたのか

このような動きに対して、有権者はどのように反応していたのだろうか。序章でもふれたが、選挙制度改革に対しては、有権者の意向とは乖離したところで小沢一郎ら特定の政治家の利害関心のみを反映して進められたという評価がある。世論調査などに見られる有権者の意向と、ここまで述べてきたような制度変革の過程が噛み合っていないのであれば、その指摘は確かに妥当するということになるだろう。『朝日新聞』の記事データベース「聞蔵Ⅱビジュアル」を使って、この点を検討しておこう。

政治改革への期待は、リクルート事件が注目されるようになるまで、ほとんど語られてはいなかった。記事データベースで「政治改革」をキーワードに検索を行っても、一九八七年や八八年前半の記事はほとんどがソヴィエトのペレストロイカなど海外諸国を扱っていた。この時期には、世論調査において回答者に示される重要な政策課題の選択肢にも入っていない。リクルート事件発覚後も八八年後半はまだ記事は少なく、一一月二三日付朝刊で「選挙制度や政治資金、諮問機関設け見直し　倫理確立へ首相意向」という見出しの記事がようやく登場する。諮問機関は、最終的に第八次選挙制度審議会として設置された。二六日朝刊には「「政治改革」検討を要請　竹下首相、後藤田氏と会談」という記事がある。こちらは自民党政治改革委員会につながる。『朝日新聞』は二七日付社説で「年内に政治改革の第一弾を」と論じて、これらの動きを基本的に支持した。

世論の関心も、恐らくはこれらの報道の影響もあり、この時期から強まり始めたようである。一九八八年一二月一〇日付朝刊で報じられた世論調査結果は、竹下内閣の支持率が大幅に低下したことを伝えるが、その主因は消費税導入と並んでリクルート事件で喚起された「政治倫理」であった。ただし、政治家の倫理に問題があり、それを確立することが重要だとしても、具体的な方策については考えを持ち合わせていないのが実情であった。竹下にせよ後藤田にせよ、自民党の幹部クラスの政治家の間では、当初から政治倫理問題と選挙制度の変革が結びついていたが、この時点でそうした連関が有権者に意識されていたかどうかは疑わしい。有権者の関心は、やや抽象的に認識された、自浄能力の欠如にあったと見るべきだろう。

しかし、次第に選挙制度改革と政治倫理の確立が課題として肩を並べるようになっていく。一九八九年三月中旬の朝日新聞社世論調査では、政治改革で最も力を入れてほしいこととして「政治倫理の確立」が二九％、「選挙制度の見直し」が二四％となった。この傾向は、竹下の首相辞任、八九年七月の参議院選挙での与野党逆転、九〇年二月の衆議院選挙での社会党躍進などを経て、いったんは収まる。有権者は竹下に続く宇野宗佑や海部俊樹の政権では政治改革が進まないと見る一方で、大きな制度変革を伴わない政治資金規正の強化や「政治家のモラルの確立」などを求めるようになったからである。

様相がさらに変わるのは、一九九一年一一月に宮沢喜一が首相の座に就き、最初の通常国会を迎えていた九二年三月頃からである。三月初旬に行われた世論調査では、政治改革を進める具体的な手段として「選挙制度を含めた抜本的な改革をする」が四二％で一躍トップの選択肢となり、その後も「政治倫理の確立」に近い数字が出ることが珍しくなくなった。この傾向は、九二年に東京佐川急便事件が発覚して竹下と暴力団のつながりが明るみに出て、さらに九三年には同じ事件に関係して金丸が逮捕されるに至り、いっそう強まっていった。

確かに、宮沢政権末期の九三年四月下旬の世論調査でも、政治改革で最も力を入れてほしいこととしては「政治腐敗防止の罰則強化」が四九％でトップであり、「選挙制度の改革」は一六％にとどまっていた。しかし、それは宮沢政権下で制度変革が進まない可能性が高く、それに拘泥するよりもまずできることを、という有権者の意識の表れだったように思われる。五月末の調査では、選挙制度改革を開会中の通常国会で成立させるべきだという意見が五七％に達したのである。またこの時期になると、政治腐敗防止や政治倫理確立のためには中選挙区制の廃止が必要だという見解は、広く流布されて注目されるようになっていた。

その傍証となるのが、細川政権成立後の世論の変化である。一九九三年九月初旬の調査では、政治改革の中で最も注目するのは「政治資金の流れの透明化」としつつ、小選挙区比例代表並立制への制度変革への支持は五三％に達した。さらに、紆余曲折を経ながらも政治改革四法が成立した直後の九四年一月末には、改革を全体として「大いに評価する」と「ある程度評価する」の回答が合わせて六六％、新しい選挙制度について「よい」と答えた有権者が三九％で、「よくない」の二三％を大きく上回った。政治資金への関心は強いが、それらは改革四法において無視されていたわけではなく、政党助成制度の創設や政治資金規正の強化なども行われていたことを考えると、制度変革が有権者に支持されておらず、一部の政治家の独走であったと見るのは妥当ではないだろう。ただし、選挙制度改革が日本政治の応答能力向上という文脈で有権者に受け入れられたと見ることは、質問の立て方の影響もあり、世論調査結果から判断する限りでは難しい。

4　何が起こったのか

想定された帰結

衆議院に一九九六年総選挙から導入された小選挙区比例代表並立制は、当初は総定数五〇〇で、うち小選挙区により三〇〇議席、比例代表により二〇〇議席を選出する方式であった。定数はその後何度か減らされ、二〇〇〇年からは総定数が四八〇（小選挙区三〇〇、比例代表一八〇）に、二〇一四年には総定数が四七五（小選挙区二九五、比例代表一八〇）、さらに二〇一七年には総定数四六五（小選挙区二八九、比例代表一七六）へと改められた。ただし、総定数に占める小選挙区議席数の割合は六〇％から六二・五％の間で変動しているに過ぎず、選挙制度としての基本的特徴は一貫している。有権者は二票を持ち、うち一票は小選挙区、もう一票は地域ブロックごとの比例区において投票するのは、現在まで変わっていない。

導入が提唱されたときから、この制度は小選挙区中心の選挙制度であると考えられてきた。たとえば、先にもふれた第八次選挙制度審議会第一次答申においては、以下のように述べられている。少し長くなるが引用しておこう。

現在の我が国内外の情勢の中で、時代の変化に即応する政治が行われるためには、民意の正確な反映と同時に、民意の集約、政治における意思決定と責任の帰属の明確化が必要である。また、活力ある健全な議会制民主政治のためには、政権交代により政治に緊張感が保たれることが必要である。このような要請を満たすうえで、小選挙区制と比例代表制とを比較するとき、小選挙区制がこれらの要請によりよく適合するものと認められる。

しかしながら、小選挙区制、比例代表制それぞれのみでは、先に述べたような問題もあるので、小選挙区制と比例代表制を組み合わせる方式によることが適当であると考えられる。

（中略）

本審議会としては、民意の集約、政治における意思決定と責任の帰属の明確化及び政権交代の可能性を重視すべきであること、少数意見の国政への反映にも配慮する必要があること、制度としてできるだけわかりやすいものが望ましいことなどを考慮して、小選挙区比例代表並立制をとることが適当であると考える。


ここに明確に見られる理解は、本来であれば小選挙区制が望ましいが、それだけでは少数意見の反映に弱点があるから、比例代表制を並立させて補う、というものである。より端的には、先の多数派形成過程の検討からも明らかなように、第一党である自民党にとって有利だと見られがちな小選挙区制だけでは第二党以下の各党が賛成してくれる可能性がないので、比例代表部分の存在をいわば「のりしろ」にしたということであろう。これこそが土着化であった。そして、二大政党間に政権をめぐる競争が生じ、主として小選挙区部分の動向によって結果が定まって、勝利を収めた政党が単独政権を樹立することが想定されていた。有権者もまた、政権を委ねたい政党の候補者であるかどうかを決定的な、ほぼ唯一の基準として投票を行うようになると予想されていた。

政党間競争が二大政党による政権をかけた戦いになれば、政党内部の組織構造もそれを反映して変化する。中選挙区制が派閥や族議員を生み出し、同一政党内部の候補者間競争が利益誘導政治につながりやすいという認識は、既に「政治改革大綱」においても見られた。イギリスやドイツなど、ヨーロッパの近代政党を政党組織のモデルとし、それに近づくことが政党の「近代化」だという理解は、政治学者だけではなく当事者である政治家の間にも珍しいものではなかった。五五年体制下においても自民党はたびたび、派閥解消による党近代化を目指してきたのである。

したがって、一九九三年五月に民間政治臨調が「新しい政党のあり方に関する提言」を行い、選挙制度改革後には「党の意思決定の仕組みを明確にし、責任の所在を明らかにする必要」があり、「何について、どのような手続きで、どの段階で意思統一を図るかを明確にし、政治活動の自由と政党の規律とを両立させる努力を従来にもましておこなわねばならない」と述べるとき、想定されていたのは執行部への集権化が従来よりも遥かに進み、党としての方針に従ってトップダウンで運営される政党組織であった。[21]ただし、主たる関心が政党間競争のあり方に向けられていたことや、恐らくは当時の選挙制度に関する国際的な研究水準も反映して、提言されている政党組織がいかに生み出されるのかについての因果メカニズムと個々の構成員にとっての誘因構造は曖昧であった。

予想通りの展開

実際に生じた各政党の動向も、このような理解に基づくものであった。政党間競争に関しては、第二党の動きが従来とは全く異なるようになった。すなわち、一九九四年には社会党を除く細川内閣与党が中心になって新進党が結成され、九六年の総選挙直後の議席占有率が三一・二%となって、戦後の衆議院第二党としては五八年の社会党（三五・五%）に次ぐ数値を記録した。新進党が解党した後には民主党が台頭し、二〇〇三年総選挙直後には、ついに戦後の第二党として最高の議席占有率三六・九%にまで達した。その後、民主党が二〇〇九年には政権を獲得したことは、改めて述べるまでもないであろう。二〇一二年に自民党が公明党との連立により政権を奪回したことを含め、政党間競争による政権交代という構図は、少なくともいったんほぼ実現したのである。

有権者の投票行動についても、新しい選挙制度初期にはそれほど明確ではなかったが、次第に政党を基準にした投票が主流となっていった。今日の有権者は、候補者個人に対する評価ではなく、その候補者を擁立した政党に対する評価によって投票先を決めている。二〇〇五年総選挙で「小泉チルドレン」、〇九年に「小沢ガールズ」、そして一二年初当選の「安倍チルドレン」といった言葉がマスメディアに躍るようになったのは、候補者ではなく政党への評価で当選した新人議員が多数出現したことを物語る。裏返せば、このような揶揄的な表現には、候補者個人が重視されていた中選挙区時代と、そこで繰り広げられていた政局密着取材型の政治報道へのノスタルジーが窺える。また、アメリカの政治学者であるダニエル・スミスは、有権者の投票行動の変化によって政党が知名度の高い候補を擁立する傾向を弱め、世襲議員の減少につながっていることを指摘している。[22]

大政党では組織構造にも重大な変化が生じた。予期されていた集権化である。中選挙区制時代の自民党は、選挙は個人後援会依存、政策は政調部会からのボトムアップ、党内昇進や入閣などのキャリアパスは派閥と当選回数に基づく横並び、という組織的特徴を持っていた。総裁や幹事長といった党執行部の世話にはならずに当選し、議員活動を進めることが相当程度まで可能であり、党執行部は所属議員たちをコントロールできない場面も珍しくなかった。だがそれは、選挙制度改革によって一変した。当選のためには党公認が不可欠であり、政党助成制度の導入などが政治資金の流れを変えるようになると、議員は党執行部に多くを依存するようになった。その裏返しとして、党執行部は議員の生殺与奪の権を握り、執行部の意向に従わない議員を冷遇し、場合によっては公認候補から外してしまうことによって制裁を加えることもできるようになった。小泉政権期の二〇〇五年に行われた衆議院選挙において、小泉が唱えた郵政民営化に反対する自民党候補者の公認が剝奪されたのは、その最も鮮明な事例である。

このような集権化は、政党間競争における党首の重要性を高め、その政党が唱える政策への評価が党首の責任に直結するという構造も生み出した。一九九九年に国会に党首討論が導入され、二〇〇三年衆議院選挙からは政権公約（マニフェスト）を作成して政党としての基本方針を有権者に明示する政党が多くなったのは、このような変化と連動した動きである。それは同時に、党首がよく練られていない政策や実現可能性の低い政策を唱えたり、執行部が党内の異論を抑えられなくなる場合には、大政党であっても危機的な混乱状況に陥ることにもつながっている。二〇〇六年から〇九年にかけての自民党や、二〇〇九年からの民主党などは、いずれも混乱によって政権を失うまでに至った例だといえよう。

政策面でも、中選挙区制から小選挙区比例代表並立制への移行によって選挙制度の比例性が低下すると、ミクロ志向で個別主義的な政策から、マクロ志向で普遍主義的な政策への変化が生じると考えられていた。与党内部での集権化とも相まって、このような変化が実際に起こっていると指摘する論者は、海外を中心に多い。

たとえば、アメリカで活躍する比較政治学者のマルガリータ・エステヴェス＝アベは、一九九〇年代末頃から日本の社会保障政策には、普遍主義への大きな方向性の変化があり、その背景には選挙制度改革があったという。その典型例が、国民誰でもが同じ算定基準による保険料を支払い、サーヴィスが受けられる介護保険制度の導入である。従来の保険や年金は、勤務先によって加入する制度が異なり、家族構成によって給付水準も同じでないなど、個別主義的な色彩が極めて強かった。介護保険制度の場合には居住市町村による保険料算定や要介護認定に若干の違いがあるに止まり、勤務先や家族構成の違いは考慮されない。それは、従来の日本の社会保障制度とは根本的に異なった発想になっているというのである。[23]

同じくアメリカの比較政治学者である、フランシス・ローゼンブルースとマイケル・ティースも、農業や中小企業などを手厚く保護してきた「利権のパイプライン」は選挙制度改革によって断ち切られる一方で、国民年金・厚生年金・共済年金と職域ごとに分立していた年金が一本化の方向に動き出すといった政策変化が生じていると述べる。[24] 民主党政権期に目指された所得制限のない「子ども手当」や、第二次安倍政権になって締結した環太平洋経済連携協定（ＴＰＰ）も、そのような普遍主義志向を持った政策だったといえよう。また、やはりアメリカで研究を行っている政治学者のエイミー・カタリナックは、外交や安全保障のように、かつては票にならないとして軽視されていた政策分野への関心を持つ政治家が、選挙制度改革によって増えたことを指摘している。[25] 候補者個人の評価による集票の効果が低下したために、選挙区の有権者からの評価には直結しない政策課題に取り組む余地が大きくなったのである。

いくつかの重要な想定外

しかし、このように小選挙区制の導入が想定された効果を生み出す一方で、比例代表制が並立されていることの影響については、過小評価されていたというべきである。選挙制度改革が進められた当時、並立制を採用する事例は世界的にもまだ少なく、それがなにをもたらすのかについての研究は十分発展していなかった。そのために、並立制であれば小選挙区制と比例代表制それぞれが持つ特性が別個に表れると考えられたのである。だが実際にはそうではなく、比例代表が存在することで、単に「少数意見の国政への反映」というに止まらず、政党と有権者の行動に複雑な影響を与えた。

一つの影響は、並立制によって小政党が徐々に衰退するのではなく、むしろ大政党の分裂を促したことである。衆議院で単独過半数を目指すような大政党は、当然ながら党内にさまざまな考え方が併存し、分派が生まれやすい。党内少数派である議員やその支持者たちは、比例代表が存在しているために、党内での妥協ができないと判断した場合には党を分裂させる行動をとる余地が生まれる。二〇〇九年の政権獲得後の民主党が消費増税への賛否をめぐって分裂したこと、およびその後継政党である民進党が安保法制への態度をめぐって亀裂を深め、最終的には小池百合子らが創設した「希望の党」への合流問題で分裂したことは、いずれもそのような例である。民進党から分裂して野党第一党の地位を確保した立憲民主党が、小選挙区制であれば最も効果的な非自民勢力の結集を政党の合同によって行おうとしないのは、その方が理念に純粋な政党として有権者に評価されるという認識と、民主党・民進党での経験を踏まえれば大政党の維持が困難であるという認識の両方によるのであろう。

もう一つの影響は、比例代表での議席獲得を目指す小政党が、いわゆる票の掘り起こしのために小選挙区にも候補の擁立を続け、それが大政党の競争の構図を変えるところに表れる。典型例は共産党の行動である。共産党は二〇一七年総選挙に至るまで、現在の選挙制度において小選挙区での議席獲得が累計でも四議席しかないにもかかわらず、多くの小選挙区に候補擁立を続けてきた。このことは、政策面で自民党と共産党の間に位置づけられる大政党にとって、明らかにマイナスに作用したと考えられる。共産党が候補者を擁立しなければ得られる、自党よりも左派側の票の多くを失うことで、自民党の候補者に競り負ける結果につながるからである。最近になって、共産党は衆議院の小選挙区や参議院の一人区において候補者を擁立しないようになってきているが、少なくとも近年まで擁立が自民党を利する結果になっていたことは間違いない。現象としてはほとんど生じていないが、同じことは自民党よりも右派側にある政党が台頭する場合にも起きる可能性がある。大阪以外における日本維新の会の候補者擁立は、潜在的には同じ影響を持つ。このような作用は、政治学では「汚染効果」あるいは「連動効果」と呼ばれる。[26]

政策面での転換についても、マクロ志向や普遍主義化が徹底しているとまでは言い難い。確かに、社会保障政策を中心に複雑化しすぎてコスト高になった制度の整理再編が進められたり、農業や流通など従来は業界保護が目立っていた分野の構造変革が行われた。それは専門家や一部官僚がかねて合理的だと考えていた政策の実現であった。しかし、二〇一九年一〇月の消費増税に際して軽減税率制度が導入されるなど、業界や業態を細分化して適用するルールを異ならせる個別主義的な政策は依然として珍しくない。郵政民営化には、郵便貯金制度のように国際標準との整合性が乏しい業態、郵便局と配達のネットワークのように不採算になっている業態を整理する意図があった。マクロ合理性を優先させた事例の一つである。しかし、郵貯も郵便局ネットワークも、その骨格は後年の政治判断によって改革前に近いまま維持されている。このような場合、かつては業界団体などが自民党政治家や所轄省庁と連合することで政策転換を阻むことが多かったが、今日では連立政権内部の政党間関係の影響を受ける傾向が見られる。[27]それは結局のところ、選挙制度改革が目指した二大政党による競争と単独与党政権の交代という帰結がもたらされていないことによるところが大きい。

連動性への関心の乏しさ

衆議院の選挙制度改革は大幅なものであり、汚染効果など混合制であることの影響は無視できないものの、政党間競争と政党組織の双方に対して顕著な変化をもたらした。しかし、序章でふれたマルチレヴェルミックスの考え方に基づけば、選挙制度の連動性についても目を向ける必要がある。

具体的には、日本政治のあり方を規定しているのは衆議院だけではなく、参議院や地方政治についても考慮に入れなければならないのである。日本国憲法の下では、衆議院と参議院の関係は対等に近い二院制となっている。首相指名における優越により、政権の形成は衆議院多数派の意向のみによって可能である。だが、参議院は予算案以外の法案の成立について衆議院と対等であり、首相や閣僚への問責決議案によって内閣不信任に近い効果を得られるなど、政権の存続には参議院多数派の意向を踏まえねばならない。地方政治も、地方自治体が政府歳出の七割を担って大きな役割を果たしており、中央政府との関係が融合的であることに加えて、地方組織や議員系列の存在が国政政党の運営に無視できない意味を持ってきた。参議院や地方政治において政治家がどのように選出されるのか、すなわち参議院や地方の選挙制度に対しては、衆議院の選挙制度と比肩する関心が払われるべきであった。[28]

参議院の選挙制度については、現状に問題があるという認識は存在していた。一九八八年一一月一日付で参議院制度研究会が議長の諮問に答えて「参議院のあり方及び改革に関する意見」を提出している。[29]また九〇年七月三一日付で、第八次選挙制度審議会の第二次答申として「参議院議員の選挙制度の改革及び政党に対する公的助成等についての答申」が出された。しかし、いずれも衆議院とは異なる参議院の「独自性」を重視する結果として、衆議院が政党間競争の場になるのとは違った存在であるための選挙制度を提言していた。[30]具体的には、都道府県を単位とした選挙区選挙と拘束名簿式比例代表制による比例代表区選挙の組み合わせを、前者の選挙区選挙のみに一本化する、あるいは比例代表区を非拘束名簿式に改めて有権者が政党ではなく候補者に投票できるようにする、といった内容である。いずれも、実現していれば候補者への評価を基準とした投票が主流となり、政党への評価を基準とした投票が中心の衆議院とは異なった結果になる可能性が高い。

当時は、参議院は衆議院と同質の議員によって同じ内容の審議を繰り返しているだけだという「カーボンコピー」論が根強かったため、独自性や差異化に焦点を合わせるのはやむを得ない面があった。そして、衆議院との差異化を図るという観点だけを取り上げれば、このような提言は理解できないわけではない。拘束名簿式から非拘束名簿式への変更は、比例代表区に与えられている定数が小さいため効果は限定的にならざるを得ず、実際に二〇〇一年に導入されてからも大きな影響は見られないが、実施前にそこまで見通すことは困難だったであろう。

だが、マルチレヴェルミックスの効果を考慮すべきだという現在の視点からは、これらの議論はいずれも出発点において見当違いだったという印象は拭えない。参議院について改革を進めるとすれば、選挙制度を異ならせて衆参両院の差異化を図るのなら対等に近い両院の権限関係についても改める、あるいは権限面での対等性を維持するのなら選挙制度はむしろ同質化して両院の意思が食い違いにくくする、いずれかの選択が必要であった。対等な両院が異なる選挙制度によって異なった多数派を形成するとき、何が起こるのかについての真剣な検討が行われた形跡はない。改革案として唯一この点を意識していたと思われるのが、二〇〇〇年の「参議院の将来像を考える有識者懇談会」意見書だが、憲法改正まで含んだ提言だったためか、正面から取り上げられないままに終わった。[31]

参議院制度研究会の報告書などからは、参議院における党議拘束の緩和など、いわゆる「良識の府」になることによって多数派形成を流動化し、問題に対処するつもりであったことが窺われる。しかし、その実現の方途については各政党に委ねてしまっており、何ら具体的な道筋は示されていない。二院制が政策過程に何をもたらすのかの研究は当時まだ少なかったことも事実だが、参議院の改革に衆議院議員は介入すべきではない、という判断があった可能性も否定できない。

そして実際には、当事者たちの時間的制約や関心の乏しさから、提言内容すら部分的にしか実現せず、参議院の選挙制度の骨格にも両院の対等性についても全く手つかずのまま、衆議院の選挙制度改革の影響が表れるようになった。そのことは一九九〇年代末以降の連立政権の構成や「ねじれ国会」の出現など日本政治に大きな影響を与えた。

地方の選挙制度についても、一九九〇年代以降の政治改革において意識されていなかったわけではない。たとえば、民間政治臨調の発足総会において採択された九二年四月二〇日付の「政治改革に対する基本方針」では、「これまで検討が不十分であった地方の選挙制度、地方議会制度のあり方についても本格的に検討する。とくに衆参両院に新たな選挙制度が導入された場合の、都道府県、市町村議会の選挙制度のあり方、国会議員と地方議員の責任と役割の明確化について検討する」とされていた。[32] しかし、この項目は全六項目の「基本方針」の末尾に置かれており、その後の地方政治関連の改革は中央政府と地方自治体の関係の変革、すなわち地方分権に圧倒的な関心が向けられた。地方の政治制度は、憲法や地方自治法が定めていることであるにもかかわらず、地方自治体が自ら決定すべきものだという認識があったのかもしれない。

本来であれば、地方分権が進められて地方自治体が自律性を高めるのであれば、それに見合った統治機構はどうあるべきかが並行して検討されるべきであった。だが、実際にはそのようにはならず、合理的で効率的な政府の運営や、政治権力者に緊張感をもたらす政党間競争あるいは抑制均衡関係が確立されないままに、権限や財源が地方に委ねられることになった。しかも、分権改革が進められたとはいえ、日本が連邦制国家ではなく単一主権国家である以上、中央政府と地方自治体の協働、国政と地方政治の連動は残らざるを得ない。このことについても、十分に検討されたとは言い難い。今日、在日米軍基地の立地や原子力発電所の再稼働をめぐる中央と地方の不一致が目立つ。地方自治体の政策がどのように決められるべきか、政治的立場はいかなる意味を持つべきかについて、政治改革の過程で検討を十分に行えなかったことは否定できない。

第3章　行政改革

1　改革の背景

行政国家の登場

社会に対する国家あるいは政府の役割に関して、一九世紀は夜警国家、二〇世紀は福祉国家、といった表現が用いられることがある。夜警国家ではなく消極国家、福祉国家の代わりに社会国家や積極国家という語が使われることもあるが、基本的な意味はそれぞれ同じである。すなわち、外交・安全保障や国内治安維持など、その国で暮らす人々が社会生活を送る上での必要最低限の役割を果たすのが一九世紀の国家であり、社会保障制度の確立などによって人々の暮らしぶりに積極的な介入を行うのが二〇世紀の国家だと考えられている。なお、夜警という言葉は今日もはや死語に近いが、防犯などのために夜間に見回りをする役割の人を指す。

一九世紀はヨーロッパ諸国やアメリカで産業革命が起こったが、その際の政府の役割は限定的であり、むしろ自由放任によって社会経済の自律的な成長を制約しないことが常識であった。当時の各国政府は主たる歳入源を関税に求めていたので、社会経済的課題に積極的に取り組むには財源も不十分であった。関税は間接税であり、歳入を増やすために高関税を課せば経済活動（通商）に悪影響を与えて、期待したような財源増大にはつながらないからである。それより少し遅れて産業革命が始まった日本の場合、近代化や国民国家形成と同時並行であったために、明治政府による殖産興業など国家の役割は相対的に大きかった。しかし、その程度は今日から見れば小さいというべきで、とりわけ初期の担い手であった繊維産業の発展の自律性は高く、また産業革命の進行に伴う環境問題や労働問題への対処は後手後手に回った。

様相が大きく変化するのは、二〇世紀前半のことである。一方で産業革命の結果として大きな貧富の格差や労働条件の悪化といった課題が発生し、他方においては多くの国で男子普通選挙制が確立したために、政府が社会経済的課題に取り組むよう求める声が政治過程に表出されやすくなった。歳入の中心も関税から個人所得税や法人税へと移行して、累進課税方式も一般化したことにより、政府が使える財源も大幅に拡大した。増大した歳入は、当初は二度の世界大戦など軍事・安全保障に向けられる場合が少なくなかったが、次第に内政支出も大きくなっていった。

また、二度の世界大戦の時期には、退役軍人や遺族への年金が世界的に広がり、一九世紀末のドイツに起源を持つ労働者への年金制度を導入する国も多くなった。ドイツにおいて労働法が確立し、各国に波及していったのも、この時期のことである。第二次世界大戦後になると、それ以前から部分的には存在していた医療保険制度を大幅に拡充する国が増えていく。皮切りとなったイギリスでは、一九四二年に経済学者のウィリアム・ベヴァリッジがまとめた「ベヴァリッジ報告」に基づき、戦後すぐに国民保健サーヴィス（NHS）を確立した。その後、六〇年代にはフランスや日本でも国民皆保険が実現した。年金と医療保険を中心とするこれら社会保障制度の整備、すなわち福祉国家建設に加えて、公共事業など景気循環に対抗する経済政策、中長期的な国家の発展に資する教育政策や産業政策、さらには主要産業への政府出資など、政府の役割は飛躍的に拡大したのである。

社会経済的課題に政府が積極的に取り組むようになることは、それを所管する組織や人員の膨張を不可避的に伴っていた。各国政府の主な歳入源は、経済成長や景気循環に応じて税収が変化しやすい直接税に移行していたこともあり、第二次世界大戦後に長く続いた経済成長の時期には財源を確保しやすかった。そのため、政府の規模拡大は主要国がほぼ例外なく経験する事柄となったのである。規模拡大とは、とりもなおさず政府の業務範囲の広がりであり、公務員数の増大を意味していた。

日本の場合も例外ではなかった。第二次世界大戦後の占領期である一九五〇年の国家公務員数は一五八万人だったものが、六〇年には一七〇万人、さらに六五年には一九一万人へと増加していった。地方公務員二二三万人を合わせると、公務部門雇用者数が就業人口に占める割合も六五年には八・六％に達した。ただし、しばしば指摘されるように、これらの数値は他の先進国を大きく下回っており、たとえば六五年段階でも、イギリスは公務部門雇用者数が六一六万人（就業人口に占める割合は二四・三％）、西ドイツが四九二万人（一八・三％）といった状況であった。[1] そうであったとしても、公務員が次第に増えていることに間違いはなかった。

課題としての行政改革

ここに、肥大化する行政部門をどうするかという課題、すなわち行政改革の必要性が認識されることになる。日本においては、政府の活動範囲の拡大傾向について再考するのではなく、公務員数増大に歯止めをかけるべきだという議論として、早くも一九六〇年代には登場することになった。

　なぜ公務員数の増大をとくに問題視する発想が受け入れられたのかについては、いくつかの理由が考えられる。一つには、政府が担うべきだが実現されていない業務がなお多く存在するという認識、言い換えれば政府による課題解決の不十分さへの意識が、当時は依然として強く存在したからであろう。業務の量や範囲の縮減には向かいづらい状況であった。一九六〇年代半ばの日本は高度経済成長の真っ盛りではあったが、なおその恩恵を受けられない、あるいは経済成長の弊害に直面する人々や地域は珍しくなかった。もう一つには、公務員を職業ではなく身分に近いものとして扱っていた戦前の理解が残り、それに反発する意識が底流に存在したのかもしれない。解雇の恐れがなく、時間的にゆとりがあり、退職後の年金給付などについても厚遇されるという公務員像は、それが実態に反したものであったとしても、決して特異なものではなかった。当時の人事院は公務員給与引き上げに積極的であったが、行政部門の肥大化を避けつつ給与水準を上げようとすれば、人数を増やさずに業務量の増大に対応することにつながった。

　池田勇人内閣期の一九六二年に設置された臨時行政調査会（第一次臨調）は、当時の行政部門が直面していた多くの課題を取り上げて答申を行っているが、実現に至ったのは各省の局削減と定数削減のみであった。ただし定数削減については、国家公務員の総数を単一の法律で定める、いわゆる総定員法が六九年に制定されたことで、その後の国家公務員数の増大に対する強力な歯止めとなった。旧自治省や内閣府で長く官僚を務めた岡本全勝は、第一次臨調の時代の行政改革を「組織や人員の膨張抑制と総量規制」として特徴づける。[2] 総定員法に典型的に示されているのは、政府が担う役割には手を加えず、公務員給与の水準の引き上げを図りつつ行政部門の運営を効率的に進めることで、職員数の増大を避けようという発想である。それは、この後も長く日本の行政改革論議における標準的な考え方になったと、行政学者の前田健太郎は指摘する。[3]

人員の単純な増減ではなく、むしろ政府の活動範囲の広がりを抑制する動きは、一九七〇年代末から各国に見られ始め、八〇年代には世界的潮流となった。「小さな政府」論である。アメリカのロナルド・レーガン政権、イギリスのマーガレット・サッチャー政権、ドイツのヘルムート・コール政権などがその代表的担い手だとされる。

この考え方は、直接的には財政赤字など政府の活動範囲拡大に伴う問題に対処しようとするものであったが、より大きな文脈では、政府に対する社会経済の自律性、とりわけ自由な市場経済の役割を強調するところに特徴があった。そのため、市場経済の活動と機能を重視するという意味で新自由主義と呼ばれる。[4] ヨーロッパの主要国は一九六〇年代末頃から安定財源としての消費税を導入して、福祉国家の財政需要をまかなおうとしていた。しかし、七三年の石油危機は第二次世界大戦後の経済成長を終わらせ、政府の役割そのものの変革が不可避になっていった。サッチャーはそれを最も劇的に体現した人物であり、七九年に首相に就任すると、野党である労働党はもちろんのこと、与党である保守党の内部からの批判や反発を押し切って、電信電話や航空の民営化などを断行して「鉄の女」と呼ばれた。

日本でも、一九八二年に発足した中曽根康弘政権の時代に、人員ではなく活動範囲をコントロールしようとする動きが出現する。政権は第二次臨時行政調査会（第二次臨調、第二臨調）の答申に基づいて、国鉄・電電（電信電話）・専売（タバコと塩）の三公社民営化などを行った。現業部門からの一部撤退による政府の活動範囲縮小である。社会保障制度の抜本改革には至らなかったが、七三年から続いていた老人医療費の無料化を取りやめるなど、制度の拡充傾向に歯止めをかけた。また、続く竹下登政権の下で八九年に消費税導入が行われ、遅ればせながら歳入に占める間接税の比率を高める方向へと舵を切った。岡本はこの時期を「小さな政府を目指した時代」としてまとめている。[5]

2　真に目指されたものは何か

新しい方向性の出現

一九九〇年代に進められた行政改革も、八〇年代の「小さな政府」志向に基づく新自由主義改革として位置づけられることがある。たとえば政治学者の中野晃一は、政治改革を全体として日本政治の右傾化として捉える立場をとることは序章でも言及したが、行政改革についても「中曽根、小沢、橋本と新右派転換のリレーが行われていった」と述べる。[6]

しかし、新自由主義あるいは「新右派」の考え方が、実際に一貫していたかどうかについては疑わしい。第一に、人的なつながりという点で説得力を欠く。中野によれば「新右派転換のリレー」をしたはずの小沢一郎と橋本龍太郎は、行政改革が始められた時点において、一九九二年の竹下派分裂以来激しい対立を続けており、それぞれ新進党と自民党を率いる党首というライヴァル関係であった。もともと同じ自民党の同じ竹下派にいたのだから政策的な立場も変わることなく一貫している、という強い仮定を置かない限り、直接的な意味で両者の「リレー」を見出すのは難しいだろう。橋本自身の政治理念についても、いわゆる社労族の代表格として台頭してきたこともあり、新自由主義よりも社会民主主義に近い要素が強いとされる。[7]

また「新右派」のさきがけとされる中曽根康弘は、橋本が進めようとした行政改革に積極的に関与した形跡はない。改革案を検討した行政改革会議の顔ぶれを見ても、一九八〇年代の第二臨調とは全く異なっており、連続性を見出すのは困難である。とくに省庁再編については、発想の出発点を九〇年代初頭（一九九〇～九三年）に置かれていた第三次臨時行政改革推進審議会に求める議論は存在する。[8] そうであったとしても、時期的には中曽根政権期よりも後のことになり、第二臨調や中曽根の方針を引き継いだということはできない。

第二に、基本的な着想という点でも、中曽根政権期に進められた行政改革とは大きく異なっている。行政改革会議は一九九七年一二月に最終報告を提出したが、そこに示されているのは、政府の人員や活動範囲を縮減するというよりも、よりよく機能する政府を目指すという志向性であり、政府そのものが問題だという認識は見られない。それは明らかに、政府そのものを悪と見なす傾向の強い新自由主義とは異なっており、むしろ政府には果たすべき重要な役割があることを前提にして、それをいかに担わせるかに関心が向いている。

最終報告の冒頭に置かれた「行政改革の理念と目標〜なぜ今われわれは行政改革に取り組まなければならないのか〜」は、以下のような目標を掲げる。[9]

1 従来日本の国民が達成した成果を踏まえつつ、より自由かつ公正な社会の形成を目指して「この国のかたち」の再構築を図る。

2 「この国のかたち」の再構築を図るため、まず何よりも、肥大化し硬直化した政府組織を改革し、重要な国家機能を有効に遂行するにふさわしく、簡素・効率的・透明な政府を実現する。

3 そのような政府を基盤として、自由かつ公正な国際社会の形成・展開を目指して、国際社会の一員としての主体的な役割を積極的に果たす。

この文章は、会議メンバーの一人であった憲法学者の佐藤幸治が、通産省から内閣官房に出向し会議の事務局を務めていた官僚の松井孝治らと、緊密な協議を続けて書き上げたものだという。中曽根や小沢との人的な連続性は、ここでも切れている。佐藤は選挙制度改革において大きな役割を果たした第八次選挙制度審議会のメンバーではなく、佐々木毅らが加わっていた政治改革フォーラムにも関与していない。松井もまた、一九八三年に通産省に入省しており、八〇年代末から九〇年代初頭にはアメリカ留学中で、選挙制度改革には直接関係していない。松井は後に民主党で参議院議員となり、鳩山由紀夫内閣で官房副長官を務めたが、一貫して鳩山ら旧民主党（新進党が存続していた一九九六年に結党された前身政党）グループであって、二〇一二年の小沢離党後も民主党に所属し続けた。ここからも、中曽根とも小沢とも異なるルーツから、橋本政権期の行政改革は進められたことが分かる。

政治改革の一部としての行政改革

橋本行革は本書にいう政治改革の重要な一部であり、この時代の改革としての特徴が刻印されていたことも間違いはない。それは、日本が直面する社会経済環境や国際環境が大きく変化し、一九八〇年代までの成功体験に頼るわけにはいかなくなったという強い危機意識である。いささか長くなるが、再び行政改革会議最終報告を引用しよう。

長年にわたる効率的かつ模倣的な産業社会の追求の結果、この国は様々な国家規制や因習・慣行で覆われ、社会は著しく画一化・固定化されてしまっているように思える。われわれは、敗戦の廃墟のなかから立ち上がり、経済的に豊かな社会を追求する過程で、知らず知らずに、実は新たな国家総動員体制を作りあげたのではなかったか。右肩上がりの経済成長が終焉し、社会の成熟化に伴い、国民の価値観が多様化するなかで、かつて国民の勤労意欲を喚起し、社会に活力をもたらした同じシステムが、現在ではむしろ、もたれあいの構造を助長し、社会の閉塞感を強め、国民の創造意欲やチャレンジ精神を阻害する要因となりつつあるのではないか。

日本の官僚制度や官民関係も含めた国家・社会システムは、一定の目標を与えられて、それを効率的に実現するには極めて優れた側面をもっているものの、独創的な着想や新たな価値体系の創造、あるいは未曾有の事態への対応力という点では、決して第一級のものとはいい難い。最近日本の国家・社会を襲った様々の出来事は、われわれにこのことを痛感せしめているのではないか。

今回の行政改革は、「行政」の改革であると同時に、国民が、明治憲法体制下にあって統治の客体という立場に慣れ、戦後も行政に依存しがちであった「この国の在り方」自体の改革であり、それは取りも直さず、この国を形作っている「われわれ国民」自身の在り方にかかわるものである。

今回の行政改革の基本理念は、制度疲労のおびただしい戦後型行政システムを改め、自律的な個人を基礎としつつ、より自由かつ公正な社会を形成するにふさわしい二一世紀型行政システムへと転換することである、と要約できよう。

ここには、ほぼ純粋型とさえいえるような、戦後日本政治に対する近代主義的理解が提示されている。個々人の自律や社会経済の政府からの自律を阻む「もたれあいの構造」が存在し、それが「独創的な着想や新たな価値体系の創造、あるいは未曾有の事態への対応力」を弱めてしまっている。必要なのは行政機構に局限された変革ではなく、「行政に依存しがちであった「この国の在り方」自体の改革」すなわち「「われわれ国民」自身の在り方」の変革だ、というのである。そして目指されるべきは、「自律的な個人を基礎としつつ、より自由かつ公正な社会を形成するにふさわしい」政府だとされる。それは、単に規模や活動範囲を縮小した政府ではなく、直面する新しい課題に適切に応答できる政府だと言い換えることができよう。

政府の活動範囲が既にある程度まで縮小されていることを前提にしつつ、それでもなお残されている領域において、応答性や課題解決能力を高めることが行政改革であるという考え方は、「新しい公共管理（New Public Management: NPM）」と呼ばれる。それは、イギリスなどにおいて既に注目が高まっていた理念であった。一九九〇年代の日本政治の文脈だと、それは近代主義右派の理念と重なる。

そして、効率的で応答能力の高い行政部門を実現するために必要不可欠だとされたのが、内閣機能強化であった。その必要性について、最終報告は以下のように述べる。

「行政各部」中心の行政（体制）観と行政事務の各省庁による分担管理原則は、従来は時代に適合的であったものの、国家目標が複雑化し、時々刻々変化する内外環境に即応して賢明な価値選択・政策展開を行っていく上で、その限界ないし機能障害を露呈しつつある。いまや、国政全体を見渡した総合的、戦略的な政策判断と機動的な意思決定をなし得る行政システムが求められている。

これを実現するためには、内閣が、日本国憲法上「国務を総理する」という高度の統治・政治作用、すなわち、行政各部からの情報を考慮した上での国家の総合的・戦略的方向付けを行うべき地位にあることを重く受け止め、内閣機能の強化を図る必要がある。

明治憲法体制において首相が各大臣と横並びの存在であり「同輩中の第一人者」であると位置づけられてから、首相のリーダーシップには大きな制約が加わる状態が続いてきた。それは、明治憲法の分権的な政策決定構造に起源を持つが、戦後は中選挙区制下の単独過半数与党という特異な存在であった自民党に必要なボトムアップの意思決定メカニズムと結びついた。各省庁に影響力を行使できるのは、首相はもちろん、分担管理原則の下で想定された大臣ですらなく、自民党の族議員たちであった。内閣機能強化とは、首相のリーダーシップ確立を通じて、この構造を抜本的に変革し、中央政府の運営を合理化する試みだったのである。それが、選挙制度改革において想定されていた、政党間競争や政党内部組織の変化と整合的であったことは間違いない。

「小さな政府」と「強力な政府」の間で

しかし、近代主義右派の理念、すなわち個々人の自律性を高めつつ公共部門が合理的に運営されることで政策課題に対する応答能力を高めるという発想のみが、行政改革会議や橋本行革を形成したと見るのは、あまりにもナイーヴというべきだろう。

先にも述べたように、戦後日本における行政改革とはまずもって人員削減や組織縮減として位置づけられており、一九八〇年代の中曽根行革においてはそれに政府の活動範囲の絞り込みが加わっていた。これらの経緯を無視して、社会経済的ニーズや国際環境に応答する能力を高め、よりよく機能する行政部門の存在を謳いあげたとしても、誰もが支持してくれるわけではない。

行政改革会議の最終報告において「肥大化し硬直化した政府組織」の改革が唱えられているのは、このような文脈においてである。直後に「重要な国家機能を有効に遂行するにふさわしく」とあるのだから、政府組織の改革としては「硬直化」の打破に重点が置かれていることは明らかだが、「肥大化」という表現には、従来の行政改革との連続性に対する意識あるいは腐心が見てとれる。また、経済界やマスメディア、世論からの支持を確保する上でも、このような側面は不可欠であっただろう。具体的にも、最終報告には「行政機能の減量(アウトソーシング)、効率化等」と題された章が置かれ、「国の行政の役割を見直す基本的な視点は、「官から民へ」」、「国から地方へ」」にある」とされた。

ここで扱われているのは、第一に政府現業部門の改革であり、郵政・国有林野・造幣・印刷の各事業が対象とされ、明瞭ではないが最終的には民営化を視野に入れた改革が想定されている。

もっとも、この時点では首相の橋本をはじめとして自民党の大多数の政治家は郵政民営化に反対であり、郵政民営化は報告全体の論理性を確保するために打ち出された可能性が高い。また、行政の役割を政策立案と実施に分け、現業以外の政策実施部門について独立行政法人の創設が提唱されたことも、大きな特徴となっている。独立行政法人は、政府の介入に対して一定の自律性を保ちつつ、事業の採算性などを問われ、職員については非公務員にすることも可能な組織形態である。これは先に触れた、イギリスのＮＰＭ型行政改革に範を求めたものであった。

「行政機能の減量」という観点は、中央省庁についても適用されている。最終報告は、中央省庁が「総合性、機動性、効率性、透明性、国際性等の各側面において」より機能を高めていくためには、という大前提を置きつつも、「規制緩和や地方分権、官民の役割分担を徹底し、民間や地方にゆだねられるものは可能な限りこれにゆだね、行政のスリム化・重点化を積極的に進める必要がある」とする。その具体的な方向性として打ち出されるのが、中央省庁が持つ政策立案機能と実施機能の組織的分離である。分離の後に、実施機能については独立行政法人に委ねることは先に述べたが、政策立案機能についても現状維持ではない。省庁の配置について、政策課題ごとの編成、大括りの編成などが提唱され、他省との総合調整の必要性や審議会の整理統廃合も強く打ち出された。

3　土着化の手段としての省庁再編

政党間競争の渦中で

行政改革とは文字通り行政部門の制度変革だが、だからといって多数派形成が不要なわけではない。内閣機能強化にせよ省庁再編にせよ、その根拠は立法に求められる以上、国会で過半数の議員が支持を与えることは不可欠である。より具体的には、与党内部での支持を確保せねばならなかった。橋本政権発足時の与党は自民党・社会党・新党さきがけだったが、一九九六年一〇月の総選挙後に社民党（九六年一月に党名変更）と新党さきがけは閣外協力に転じていたので、行政改革をめぐり最後に鍵を握ったのは自民党内部の動きであった。しかし、橋本行革を理解する上では、政党間競争が影響を与えていたことも無視できない。

橋本が行政改革を主要政策として掲げたのは、一九九六年総選挙後の第二次政権発足に際しての所信表明演説においてである。そこでは、行政改革、経済構造改革、金融システム改革、社会保障構造改革、財政構造改革を「五つの改革」としてまず提唱し、翌年一月に教育改革を含めた「六つの改革」を訴えた。これらの改革に対しては中曽根康弘が「帳場を広げすぎたのではないか」と評価したように、その多くについては道半ばで挫折する結果に終わったが、行政改革は橋本政権の成果として歴史に刻まれたのである。[10]

その前史は一九九六年一〇月の総選挙にあった。選挙には、羽田政権与党であった各党（新生党・日本新党・公明党・民社党など）を中心に、政権獲得を目指して自民党に対抗することを目指す新進党が登場した。新進党党首である小沢一郎の「五つの契約」の一つとして「大胆な行政改革、地方分権、規制撤廃を断行し、国と地方の経費を二〇兆円以上減らします」と主張していた。小沢は「中央省庁をまず一五省庁に整理し、最終的には一〇省に再編成します。国家公務員は約二五％削減します。なかでも高級官僚は半分に減らします」とした上で、そのような改革は自民党や社民党にはできない、と断じていた。[11]後年の民主党の政権公約につながる主張の萌芽が既に見られる。これに対して自民党も、総選挙では省庁半減を含む行政改革を進めることを公約した。すなわち、新進党の特徴を打ち消すために唱えられた行政改革という性格を帯びていたのである。[12]

省庁削減をめぐる政党間競争が出発点となり、一九九六年の総選挙でも争点化したことから、橋本政権が進めた行政改革の初期の焦点は、もっぱら省庁再編の在り方や各省庁の権限と影響力をいかに削ぐかだと見なされていた。同時代の評価も、その点に強い関心を寄せていた。

たとえば、行政改革会議が中間報告を行った一九九七年九月の段階で、政治学者の信田智人は「行革をめぐる［公務員の］雇用の問題で社民党の反発は必至で与党が一丸となる可能性は低い。［橋本政権に閣外協力していた］社民党との関係で自民党内も揺れ動くとなれば、行革を推し進めるには官僚の中の官僚と言われる大蔵省の協力が必要」と指摘した。その上で、橋本は官僚の権限や影響力を低減する改革に本格的に取り組むことはできず、第二臨調が明確な理念に基づいて進めた中曽根行革に比べて不十分なものに終わってしまうだろうという見通しを述べていた。[13]

省庁再編や官僚の権限と影響力低減に注目が集まっていたのは、自民党内部においても同様であった。各省庁もこの段階で自民党議員と協力し、中間報告からの変更を試みた。とりわけ、行政改革会議の中間報告が省庁の「大括り再編」を強調し、文部省と科学技術庁の統合、建設省・運輸省・農林水産省の再編によって「国土開発省」と「国土保全省」を創設すること、郵政省の三分割と簡易保険事業の民営化、郵政事業のエイジェンシー化を唱えたことは、強い反応をもたらした。なお、この時点でのエイジェンシーとは、後年の独立行政法人と同じ制度とまでは定まっていなかったが、政府から切り離すという点では共通していた。

中間報告への世論の評価は悪くなく、かつ一九九七年九月には自民党総裁に無投票で再選された橋本だったが、その直後の内閣改造で大きな失敗を犯してしまう。七〇年代のロッキード事件への関与が取り沙汰され、それゆえに当選を重ねても入閣できずにいた佐藤孝行を、行政改革に深く関わる総務庁の長官に起用したのである。佐藤は自民党行政改革推進本部長を務めており、行政改革に精通していたことは間違いなかったが、党内事情によるところも大きかったという。佐藤は、社民党との関係を嫌い、新進党との連立を志向する旧渡辺派の重鎮で、そのバックにいた中曽根を含めて懐柔する意図があったともされる[14]。

いわゆる「灰色高官」の入閣は強い批判を浴び、その機に乗じて自民党内からは中間報告への反対論が高まった。具体的に目指されたのは、建設省や郵政省の解体を伴う省庁再編の阻止であった。いずれも、公共事業や特定郵便局の存在を通じて、自民党の支持基盤と深く結びついてきたことは、改めて指摘するまでもないだろう。当時はまだ、五五年体制下に築かれた自民党議員と官僚、関係団体の密接な関係は残っていた。最終報告において、建設省は一体のまま運輸省や国土庁などと国土交通省を形成し、郵政省もやはり分割されずに総務省へと合流した。簡易保険事業の民営化も回避された。[15]

最終報告の直後である一九九七年一二月初旬の時点で、政治学者の曽根泰教は「中間報告の理念的な部分も消えてしまったということで全くの竜頭蛇尾」という厳しい評価を与えた。その理由は、行政部門の活動の範囲や量の精査を伴わない省庁再編は「羊羹の総量を変えずに切る幅を変えた」に過ぎないことと、背景にある「大蔵、通産でだいたいこのシナリオを書いちゃった」ことに求められた。[16]

内閣機能強化の実質的「温存」

このように省庁再編や官僚の権限と影響力の縮減に関心が向かったことは、一方において橋本政権期の行政改革が中曽根政権期と同じ系譜、すなわち「小さな政府」志向の変革として位置づけられたことを意味するが、他方においてはもう一つの柱である内閣機能強化の意味が十分に吟味されないままになることにつながった。言い換えれば、多数派形成の過程において省庁再編や「小さな政府」志向が前景化されることで、「強力な政府」志向の内閣機能強化は行政改革会議の最終報告後の政治過程を生き抜き、実現できたのである。[17]

しかし、本書の分析枠組みから見れば、省庁再編という柱が存在したことで、異端的要素である内閣機能強化が温存されたということになるだろう。戦後日本の行政改革論議を形作っていたのは、肥大化した行政組織の縮減や人員の削減こそが中心的要素であるという見方であった。この見方との折り合いをつけることで、橋本行革が持つ新しさであった内閣機能強化は、行政改革という一つのパッケージの中に土着化することができたのであった。

もちろん、内閣機能強化が新しい重要な動きであることは、当時から認識されていた。いくつか具体的な例から見ておきたい。先も紹介した曽根泰教は、最終報告に対して厳しいコメントをしながらも、「内閣機能の強化は評価できると多くの人が言っている」という観察を述べていた[18]。さらに、最終報告に依拠した立法である中央省庁等改革基本法の制定に、中央省庁再編等準備委員会の参与として関与した行政学者の森田朗は、「行政改革会議の一つの焦点は、「官」から「政」へ政策形成の主導権をシフトさせようというもの」だと指摘し、分担管理原則を緩和して首相が各省庁の官僚に対して直接的な指揮監督が行えるようになることは、政策決定における政治主導につながる重要な変化であると論じた[19]。

しかし、これらの論者も行政改革会議が目指した変革が実現できると見ていたわけではない。先ほど名前を挙げた論者の見解に再び耳を傾けよう。曽根によれば「内閣機能の強化というのは立派な議論だけれど、議院内閣制という問題を無視している。議院内閣制というのは何かというと、政党党首と首相の関係なんですね。……政党との関係を解決できることができるなら、それは内閣機能が強化され、首相のリーダーシップが発揮できる」のであって、他の閣僚や官僚との関係で首相の権限や役割を拡充するだけでは不十分だというのである[20]。

森田が疑問視するのは、内閣府や総務省が省庁の壁を超えた調整を担いうるかどうかである。

すなわち「内閣に、そして究極的には国会で選出された内閣総理大臣に、各省庁の政策を統合し、内閣として一体的、体系的な政策を形成実施する権限と責任が帰属していることは、内閣制度の構成原理として当然のこと」だが、そのような統合や省庁間調整を担うはずの内閣府について「最終報告書における記述は、そのような内閣の下に置かれた省庁組織の管理機関というイメージからは、かなり後退したもの」になり、総務省も「省庁の組織管理機能を有する機関が、一般の他の省庁の上位ではなく、それらと横並びの地位に置かれている」以上、首相や内閣の政治的意向を受けて行動するのは難しいと見ていた。内閣府の場合、担当大臣が首相の意向に沿った政策を各省庁の大臣や官僚の頭越しに実現させていく余地があり、行政改革会議最終報告の時点ではそのことが明瞭だったが、その後の立法化などの過程で曖昧になってしまったという批判も行っている。[21]

これらの点は、内閣機能強化が最終報告後の政治過程を生き残った事情を示唆している。大きく見ればそこには三つの理由があったのだろう。一つには、内閣機能強化は行政部門に対する政治部門の全般的な優越を確保する手段だと見なされたため、立法過程において政治家側からの修正が出にくい対象になったことである。実際にはそうではなかったのだが、中曽根政権期の行政改革の延長線上で、橋本政権期の改革を「小さな政府」あるいは「小さな行政部門」を目指す改革だと位置づけ、内閣機能強化とは行政部門の相対的弱体化の試みであると理解すれば、それに当時の政治家が反対する理由は乏しい。

このことを裏返せば、第二の理由として、修正は官僚側から自民党を経由して試みられるものにほぼ限られたが、官僚は大規模な省庁再編などを前にした組織防衛に追われていたことが指摘できる。組織・人事・予算といった各省庁の基本構造に関わるところにメスが入れられようとしているとき、権限の問題の優先順位が下がるのは当然であっただろう。しかも、その権限は省庁間調整に関わると理解されており、組織再編をうまく回避できれば十分に対応可能だと考えられていたのだから、なおさらである。そして第三に、首相や内閣が政策過程において主導的役割を果たす上での制約になっていた与党との関係については、行政改革会議の最終報告に基づいた改革の直接的な対象ではなかったため、内閣機能強化を行っても効果に乏しいと考えられたのであろう。選挙制度改革との連動性は、当時まだ広く認識されてはいなかったのである。

4　何が起こったのか

内閣機能強化の決定的効果

橋本政権下で進められた行政改革は、一九九八年に中央省庁等改革基本法として立法化され、二〇〇一年一月から内閣府の創設を含む省庁再編が実施された。内閣府は「主任の大臣」が首相であることが、設置法で規定された。内閣法も改正され、首相は閣議の主宰者として「内閣の重要政策に関する基本的な方針その他の案件を発議することができる」ことが明確に定められた。また、首相補佐官の上限人数の引き上げや内閣官房の組織整備が進められた。[22]これらの変革が行われた二〇〇一年一月時点では森喜朗が首相を務めていたが、同年四月には小泉純一郎へと交代し、行政改革の成果はまず小泉政権で試されることになった。小泉政権期には首相官邸も新しい建物へと変わり、内閣機能強化を体現するに見合う規模になった。

従来とは全く異なった政策過程が小泉政権下で出現したことについては、改めて多言は要しないであろう。その最大の特徴は、首相主導あるいは官邸主導であった。[23]

小泉は、内閣機能強化によって首相に与えられた資源である内閣府を活用し、経済財政諮問会議を主舞台とした社会経済の「聖域なき構造改革」路線を打ち出していった。経済財政諮問会議には、経済財政担当の内閣府特命大臣として会議を実質的に率いた竹中平蔵、経済界と学界から参画した四人の民間議員、さらに会議事務局に岩田一政や大田弘子といった政治任用（国家公務員試験を経ない任用）による内閣府政策統括官も加わり、政策立案を進めた。[24]毎年度の予算編成についても経済財政諮問会議によりいわゆる「骨太の方針」が示され、それに基づいて進められるようになった。財務省は首相秘書官や経済財政諮問会議事務局に官僚を出向させていたとはいえ、その影響力が大幅に低下したことは否めなかった。[25]政策面で構造改革が志向されたこともあり、財務省以外の各省庁、とりわけ国土交通省や農林水産省など、かつては公共事業によって存在感を示していた省庁の凋落は明らかであった。

こうした官邸主導と呼ばれる政策過程は、小泉が二〇〇六年に退任した後には、いったん目立たなくなった。安倍晋三（第一次）以降の六人の首相は、与党が自民党中心であるか民主党中心であるかを問わず、ほぼ一年のみの在任で、政策面での特徴をほとんど打ち出せなかったからである。しかしその間にも、福田康夫が長らく課題とされてきた消費者行政の一元化を目指す消費者庁の創設に大きな役割を果たしたり、鳩山由紀夫が従来の政策的積み上げを無視して沖縄県の米軍普天間基地の県外移設を提唱し混乱を招いたりと、首相の意向が政策過程に与えた影響は決して小さくなってはいなかった。内閣提出法案に占める内閣官房あるいは内閣府を主管官庁とする法案の数、内閣府の分担管理業務、職員数はいずれも著しい増加傾向にある。そのため民主党政権の末期である二〇一二年頃から、業務過大を緩和するために一部の業務を各省に移管すべきだという議論もなされるようになった。[26]

二〇一二年末に第二次安倍政権が発足してからは、ときに「安倍一強」などと揶揄されるほどに、官邸主導が強まったとされている。かつて「省庁の中の省庁」といわれた財務省ですら、その影響力の低下は明らかである。[27]二〇一四年には国家安全保障局が新設されて、外交・安全保障政策についても首相直属化がいっそう明確になった。さらに同年には内閣人事局が設置され、各府省の審議官クラス以上の幹部人事の一元的管理が進められることになった。それ以後、人事が決定的かつ不可逆的に変化したと見るのは早計であろうが、官邸に対する官僚の「忖度」が話題になったように、集権化を強める効果が表れている可能性はある。また、二〇一五年成立の安保法制の立法過程では、集団的自衛権に関する憲法解釈をめぐり、内閣法制局長官が交代して安倍政権の方針に即した解釈変更を進めたことも指摘された。かつては内閣の内部にありながら専門性に基づく自律性を確保していた法制局は、その役割を大きく変えた印象がある。[28]

安倍政権の場合、経済財政諮問会議など内閣府に設置された会議体を活用した小泉政権期の官邸主導とはやや様相が異なり、官房長官や首相秘書官ら、内閣官房を中心とした少人数での政策立案を好むところに特徴が見出される。しかし、それを可能にしている制度的資源は橋本政権期の行政改革によって与えられたという点では共通する。内閣機能強化は、実施前の懐疑的な評価とは裏腹に、中央政府における政策過程を大きく、そして決定的に変えることにつながったのである。

ただし、政策過程が首相主導、官邸主導になったことは確かだが、それがすべて内閣機能強化の帰結であると見なすのは早計である。首相は与党第一党の党首でもあり、大政党の党首として持つ権力が強化された首相権限と重なり合うことで、政策過程に大きな影響力を行使できるようになっている。[29] 党首としての権力の在り方を規定しているのは、与党の内部組織であり、その背景にあるのは選挙制度である。すなわち、前章で見た選挙制度改革の帰結として、政党組織の集権化が生じるようになった。[30] 国会議員を目指す人にとって、小選挙区比例代表並立制の下では大政党の公認候補になるのが当選の早道である以上、公認権を持つ執行部の意向には抗いがたい。党首である首相はその頂点にいる人物だから、首相の方針に異を唱えることは、与党議員にとって大きなリスクなのである。内閣機能強化は、同じ志向性を持つ選挙制度改革と組み合わされることによって、政策過程を変えたというべきなのであろう。

見かけの「小さな政府」化

橋本行革による省庁再編はどのような帰結をもたらしたのだろうか。既に見たように、行政改革会議の最終報告は省庁の政策立案機能と実施機能の分離および「大括り化」によって、中央政府の行政部門は重要な国家的課題に多面的に対応するための政策立案に専念することを求めた。あわせて、政策実施については独立行政法人（エイジェンシー）に担わせて「小さな政府」を実現することを想定していた。政策立案と実施の分離については、中間報告段階では「垂直的減量（アウトソーシング）」とされていたが、「垂直的」という表現に語弊があると考えられたからか、最終報告では単に「行政機能の減量」という言葉に改められている。いずれにしても、「大括り化」と「アウトソーシング」あるいは「エイジェンシー化」が、省庁再編の鍵概念であったことは疑いがない。

このうち「大括り化」については、厚生省と労働省の統合により厚生労働省が、総務庁・自治省・郵政省の統合により総務省が、文部省と科学技術庁の統合により文部科学省が、そして運輸省・建設省・国土庁・北海道開発庁の統合により国土交通省がそれぞれ設置されるなど、組織上は大きな変化が実施に移された。さらに、総理府・経済企画庁・沖縄開発庁などを統合して内閣府が新設されたことは、政策の省庁横断的な調整を目指す上では非常に大きな変化であった。内閣府の場合、単に統合前の各省庁の業務を一括して担うようになったというよりも、首相を主任大臣とし、かつ首相の方針によって特命担当大臣を置き、官房長官も事務に関与することで、まさに首相主導の政策過程の原動力になった。先に少し述べたように、経済財政諮問会議や総合科学技術会議（現在は総合科学技術・イノベーション会議）も内閣府に設置されており、とりわけ首相や政権としての関心が強い事柄について、これらの会議体が政策アイディアの源泉となり大きな政策転換を主導することは、今日もはや常態になっている。

その一方で、大括り化が旧省庁の横断的政策立案を生み出すという正の効果よりも、業務量が過大になるという負の効果を招いたという指摘もなされている。典型的なのは厚生労働省である。医療や社会保障を担う厚生省と、雇用や労働を担う労働省を統合することで、人生を「働いているとき」と「働いていないとき」に分けることなく政策を立案することを目指したわけだが、少子高齢化やそれに伴う社会保障制度の健全性確保、女性の社会進出支援など、近年重視されるようになった政策課題が集中する形となった。そのため、自民党の行政改革推進本部は二〇一八年九月、厚生労働省の分割を念頭に置いた案を首相（総裁）に対して提言するに至った。[31]

もう一つの鍵概念「アウトソーシング」についてはどうだろうか。エイジェンシーは独立行政法人という組織形態をとることになり、一九九九年に独立行政法人通則法が制定された。それに基づき、二〇〇一年四月に五七の独立行政法人が設置された。さらに、小泉政権期の特殊法人改革によって、〇三年一〇月には三四法人が三二の独立行政法人へと移行した。これらの大量設置の時期以外にも細かな増減は続いており、二〇年四月現在では八七の独立行政法人が存在する。[32]

このほか、二〇〇四年には国立大学法人法という個別法によって、国立大学がすべて独立行政法人化された。しかし、特殊法人からの移行が独立行政法人の相当数を占めていることや、従来から運営の自律性が高かった国立大学が独立行政法人とされていることからも分かるように、中央省庁の本来業務のうち実施部分を新たにアウトソーシングするという行政改革会議の構想が実現したとは言い難い。むしろ、既に実質的にはアウトソーシングされていた公共部門の業務について、その担い手を公務員ではなくしたことが最大の効果というべきであろう。

それは、一方において見かけの公務員数を削減することにつながり、「小さな政府」を目指した動きと整合的であるようにも思える。しかし、公務員数を問題にする意義はかなり以前に失われており、削減には象徴的な意味しかないことが分かっていて進められたのであろう。むしろ、独立行政法人化によるアウトソーシングには想定外の負の効果が目立つのが実状である。すなわち、実質的に公共部門が担う業務を行いながら、非公務員型の雇用形態をとる独立行政法人が引き受ける事例が少なくないこと、所轄する省との関係のみが強まってしまい、独立性も高まらず、かつ説明責任の確保も難しくなる傾向が生じている。

高等教育に関連した独立行政法人化は、その典型例である。国立大学に加えて、大学の入学者選抜に大きな役割を果たしている大学入試センター、学術振興に不可欠な研究費配分や関連事業を行う日本学術振興会、さらには大学への予算配分などに関係する大学改革支援・学位授与機構などは、すべて非公務員型の独立行政法人であるが、政策実施を担うという位置づけの下に、いわゆる天下りの受け入れを含め、文部科学省からの極めて強い影響を受けて運営されている。しかし、文部科学省そのものとは切り離されているため、これらの独立行政法人の業務について説明責任を確保するためのルートは、文部科学省を介した間接的なものにならざるを得ない。また逆に、所轄する独立行政法人に多くの実施業務を委ね、かつ統制しているにもかかわらず、これらの法人に関わる問題について文部科学省が説明責任を負っていると広く理解されているわけでもない。近年の高等教育政策や大学入試制度には明らかに混乱が見られるが、有権者の注目度が高く、政権からの介入を受けやすいことに加えて、こうした業務分担のあり方も一因となっている可能性がある。

このように考えてみると、「大括り化」と「アウトソーシング」を目指した省庁再編は、橋本政権下での行政改革を従来の文脈に土着化するために不可欠だった公務員数の削減と、内閣機能強化という改革の本来的な意図に合致した部分のみが、効果をもたらしたことが見えてくる。省庁再編は、そのままではあまりに斬新であった改革案を生き残らせるためのオブラートとしての役割を果たしたというべきなのであろう。橋本行革は「小さな政府」ではなく「強力な政府」を目指すことを主眼にしていた。背景にあったのは、権力を作り出して使いこなす意識を持った有権者の存在であり、そのような有権者が与えた正統性に依拠する政府という像である。それは選挙制度改革と同じ発想と見なすべきもので、だからこそ行政改革は一九九〇年代の政治改革の重要な一部となったのである。

第４章　日本銀行・大蔵省改革

1　改革の背景

中央銀行の役割

中央銀行には大きく二つの役割があるとされる。今日最も標準的だとされるマクロ経済学の教科書は、以下のように説明する。一つは「銀行を規制し、銀行システムの健全性を維持すること」であり、もう一つは「経済において利用可能な貨幣量、すなわち貨幣供給を調節する」ことである。[1]

前者は金融システムの安定性維持であり、日本の一般向け解説ではしばしば「銀行の銀行」と呼ばれる役割を指す。すなわち、中央銀行は民間銀行の経営を監督し、金融機関相互間の決済システムを運用するほか、信用秩序の維持のために「最後の貸し手」として金融機関への貸付を行うこともある。後者については「通貨を発行する銀行（発券銀行）」という言い方をされることもあるが、実質的には金融政策を意味する。歴史的に見れば、紙幣を供給する発券銀行が複数ある国家は珍しくなく、その価値は金や銀との交換（兌換）性により確保された。しかし、今日では価値の確保は政府と発券銀行の信用に依存しており、銀行券発行は中央銀行の独占業務になるとともに、その価値を維持するための方策としての金融政策が大きな意味を持つようになった。以上の二つに加えて、中央銀行は「政府の銀行」の役割も担うという説明がなされることもある。

政府からの預金を受け入れたり、政策に必要な費用を払い出したりする役割である。

これらの役割を果たすことで、物価と通貨価値の安定、雇用の維持、およびそれらを基盤とするマクロ経済の安定を通じて経済成長に貢献することが、中央銀行の基本的な機能とされる。そのための中心的な手段が金融政策による通貨（貨幣）供給量の調節である。代表的なものとして、債券などの買い取りや放出によって市場（社会）に流通する通貨の供給量などをコントロールする「公開市場操作」や、中央銀行から民間銀行への貸付金利である「基準貸付利率」（いわゆる公定歩合）の上げ下げが挙げられる。ごく簡略化してしまえば、債券・不動産などの買い取り（買いオペ）や基準貸付利率の引き下げは市場への通貨供給量を増やす。通貨供給量が増えれば、投資や消費を促して雇用の拡大を含む景気刺激になる一方で、その通貨の相対的価値は下落するから物価を上昇させることにつながる。逆に、通貨供給量を減らせば、景気を冷やすとともに物価が安定する効果が生じると考えられている。

金融政策がマクロ経済の安定に資することを目的としている以上、財政政策など政府が担う他のマクロ経済政策との整合性は常に問題となりうる。たとえば、財政政策として公共投資の拡大などにより景気刺激を目指しているときに、金融政策として基準貸付利率を高い水準で維持することになれば、その効果は相殺されてしまう。しかし、景気刺激策に同調しすぎると、通貨の価値が下落するとともに物価が上昇して、国民生活や対外信用に打撃を与えかねない。マクロ経済の安定という金融政策の目標を達成するために、政府と中央銀行がどのような関係にあることが望ましいのか、という議論は長らく続けられてきた。

この問題は、先進諸国の財政状況が軒並み悪化し、景気循環に対抗する財政政策の有効性が疑問視されるようになった一九七〇年代以降、各国において改めて意識されるようになった。マクロ経済に対する政府の責任を果たすために、金融政策を活用する動きが強まったからである。このような動きは、経済学者ミルトン・フリードマンらが唱えたマネタリズム（貨幣主義）という考え方によっても支えられた。マネタリズムは、マクロ経済変動に対しては財政政策ではなく通貨供給量のコントロールを中心とした金融政策こそが有効だと主張し、金融政策の活用を理論的に正当化したのである。

戦時立法としての日本銀行法

日本における中央銀行は、改めていうまでもなく日本銀行（日銀）である。日銀は、明治政府きっての財政通であった松方正義のイニシアティヴにより、一八八二年に創設された。その後、八四年の兌換銀行券条例によって銀行券の発券業務を独占するようになり、中央銀行としての地位を確立した。兌換銀行券条例が発効する以前には、国立銀行条例に基づいて許可を受けた多くの国立銀行が銀行券を発券しており、政府も紙幣を発行して西南戦争の戦費などを賄った。しかし、これらの銀行券の多くや政府紙幣は金や銀に交換できない不換紙幣だったために、紙幣の価値は安定せず、信用秩序が揺らいでいた。日銀の発券業務独占は、これら不換紙幣の回収につながり、信用秩序の確立にとって大きな意味を持った。

そうはいっても、当時の日銀の機能は「政府の銀行」と狭い意味での「発券銀行」が中心であった。明治国家は後発近代化の過程で富国強兵や殖産興業に努めたとされる。しかし、それは今日的な尺度で見れば「小さな政府」であり、とくに景気循環をはじめとするマクロ経済変動に対して負う責任は限定的であった。そのため、財政政策と金融政策の整合性が問題となる場面も限られていた。

事態が大きく変化するのは、第二次世界大戦の最中であった。真珠湾攻撃により日米戦争が勃発した直後の一九四二年二月二三日に日本銀行法が公布され、五月一日に日銀は同法に基づく法人となった。今日では旧日銀法あるいは単に旧法と呼ばれることの多いこの法律は、戦時立法としての特徴を色濃く持つものであった。すなわち、旧法は第一条において日銀の目的が「国家経済総力の適切なる発揮を図るため国家の政策に即し通貨の調節、金融の調整及び信用制度の保持育成に任ずる」ことと規定し、第二条で「日本銀行は専ら国家目的の達成を使命として運営せらる」べきことを定めた(法文中のカタカナと一部の漢字はひらがなに改めた)。もちろん、それ以前から日銀に今日的な独立性があったかどうかは疑問であり、たとえば当時の金融政策にとって最も重要な紙幣の兌換性確保についても、金本位制とするか銀本位制とするか、あるいは兌換そのものを行うかどうかは、政府によって判断されていた。旧法が日銀の主務大臣を大蔵大臣とした上で、第三〇条において「主務大臣は…銀行券の発行限度を定むべし」と規定したのは、そのことを確認したともいえる。だが、旧法が日銀の機能を「国家の政策に即し」て「国家目的の達成を使命」とするものとして定めたことは、政府に対する中央銀行の従属ないし服属を規定したといいうしかなかった。

第二次世界大戦での敗北は、ハイパーインフレとの戦いの始まりでもあった。既に戦時中に軍需をはじめとする政府債務の増大を通貨乱発でまかなう傾向が生じていたが、敗戦後にもそれを遮断することができず、終戦直後の数ヶ月で通貨供給量は大幅に増大した。敗戦の少し前から第一次大戦後のヨーロッパ諸国におけるインフレについて研究を進めていた日本銀行は、預金封鎖や新円切り換えなどによって通貨供給量の縮減を図ったが、経済復興のための積極財政や物資不足のために通貨価値は安定せず、インフレ抑制に対して十分な効果は得られなかった。最終的には、いわゆるドッジ・ラインによる厳しい緊縮政策の採用まで、インフレ抑制は待たねばならなかったのである。[2]

このような経験は、日本銀行にインフレ抑制を中心とした物価安定を重要視させることにつながったが、旧日銀法の改正を求める動きは部分的にとどまった。理由はいくつかあったのだろう。一つには、日銀が一万田尚登や佐々木直らの有力幹部を抱え、一九四九年に旧法の一部改正によって創設された政策委員会を従属させていたことである。政策委員会を盾にしつつ、日銀内部の役員集会（重役会議）で金融政策を決めることができるので、実質的な独立性が確保できた。総裁についても、五六年から六四年までの山際正道を除くと、七四年まで大蔵省出身者は起用されず、一万田や佐々木らが日銀内部から就任した。関連して、大蔵省や一部の政治家が日銀の独立性を低下させる方向へと旧法の改正を試みていたため、独立性を高めるためのさらなる改正の機運は強まらなかったことも指摘できよう。日銀にとっては、四九年改正の成果を守ることが優先であった。

もう一つの理由は、高度経済成長期だったことである。一九六〇年代後半には財政赤字が生まれるようになったものの、その規模はまだ小さく、財源は相対的に豊かであった。各地のニュータウン造成、東海道新幹線や東名高速道路の建設、東京オリンピック・大阪万博のための都市インフラ整備など、中央政府や地方自治体による公共投資が正の効果を生み出しているという認識も一般的であった。マクロ経済政策の手段としては財政政策が重視され、金融政策との連動性や不整合が厳しく問われる場面も少なかった。国際金融における固定相場制とも相まって、日銀は政府や大蔵省と正面切って対決する必要はあまりなく、もっぱら国内の物価安定を意識した金融政策を展開できたのである。

一九七〇年代半ば以降、日本銀行と政府の関係は新たな局面を迎える。財政赤字が恒常化し、規模も拡大したため、政府は国債の消化に苦慮するようになった。民間銀行に対する監督業務を担う大蔵省は、その影響力を行使して金融機関に国債引き受けシンジケート団を結成させ、外形上は市中消化の原則を維持していた。しかし、シンジケート団が引き受けた国債は満期前に日銀が買いオペによって購入するという構図は既に六〇年代後半には成立しており、この構図の下で国債の発行量が増えると通貨供給量に波及し、インフレを昂進させることにつながった。インフレを抑止するための公定歩合引き上げについても、日本列島改造を唱えて積極財政を展開しようとする田中角栄首相に抑止されたといわれる。政府の方針ゆえにインフレ抑制を意図した金融政策をとれないという問題は、八〇年代終盤のバブル経済の時期にも再び生じた。バブル期の場合、増税なき財政再建を進めるという政府側の方針もあり、景気刺激策が金融緩和に求められた結果、激しい資産インフレにつながった。日銀にとっては痛恨の事態であった。[3]

大蔵省と金融業界の不祥事

金融政策の担い手は日本銀行だが、関係が最も深い民間銀行や保険会社などから構成される金融業界は、戦後長らく大蔵省と密接なつながりを形成してきた。銀行や証券会社といった金融機関、生命保険会社や損害保険会社など、金融業界に含まれる法人の設立には政府の許認可や登録が必須であり、商品開発や日常業務においても政府との意見交換や交渉が必要だったからである。大蔵省と金融機関の間にはまた、信用秩序の維持のために金融機関の業務を大蔵省が定期的に検査するという監督関係も存在していた。日銀も金融機関に対しては同様の考査を行っていたが、それ以外の関係は大蔵省に比べて希薄であった。中央銀行の役割としての「銀行の銀行」あるいは金融システムの安定は、日銀よりも大蔵省によって担われる面が大きかったのである。

金融業界側から見ても「省庁の中の省庁」と呼ばれた大蔵省と良好な関係を築くことは、経営上大きな意味を持っていた。一九七〇年代までの金融機関は、世界規模で資本移動が起こる時代にはまだ遠く、海外で活動する余地はそれほど大きくなかった。各社とも国内こそが経営の基盤であり、いわゆる護送船団方式によって競争を大幅に制約する規制を受け入れたり、奉加帳方式と呼ばれる各社横並びの負担を飲んだりすることも、それ以外に選択肢がなく、かつ長期的にはプラスになるという判断に基づいていた。六〇年代後半に政府が国債発行に踏みきった際に、国債引き受けシンジケート団を結成したのも、同様の理由であった。さらに、各社は「ＭＯＦ担」

と呼ばれた要員を配置して、大蔵省からさまざまな情報を収集するとともに、自社に好都合な政策や規制がなされるよう働きかけを行ってきた。大蔵省の英語名称 Ministry of Finance からMOF担と呼ばれた彼らは、しばしばキャリア官僚と大学の同窓といった条件を満たすエリート社員であり、MOF担になることは出世コースに乗ることを意味しているとされた。[4]

一九八〇年代になると、それまで強い行政規制の下で万事横並びであった金融の世界は、少しずつ変化を経験し始めていた。企業活動の国際化によって、従来は銀行からの融資で資金調達を行っていた民間企業は、海外での社債発行などを通じた資金調達の比率を高めるようになった。国内においても、七〇年代後半以降に大量発行されるようになった国債は、シンジケート団方式で購入した民間金融機関が保有するには多すぎたため、大蔵省は日銀の買いオペに加えて、満期前の市場での売却を許容した。結果として、ここにも金利規制の及ばない債券市場が生まれたが、規制された預金金利との差は銀行にとっての脅威であった。ときに「二つのコクサイ化」とも呼ばれるこれらの動きによって、金利自由化などの規制緩和が徐々に始まったのである。[5]

バブル経済を生み出した金融緩和は、規制緩和によって業界に競争が生まれつつあった時点で進められた。低金利で資金が調達でき、かつ競争が強まるという状況下で、金融機関は不動産業界や建設業界などに巨額の融資を行うとともに、新しい金融商品の開発を進めた。その過程で、大蔵省と金融業界の間の関係はさらに深まった。高収益を上げていた金融機関は潤沢な交際費を使って、大蔵官僚への接待を繰り広げた。そこでは、金融機関への検査に手心を加えて、自社の融資が不良債権化していることを見逃すよう求めるといった、明らかな違法行為や不正行為につながる動きも出現した。金融システムの安定性を損ねかねない行動であった。

当時の官僚には、性善説に近い考え方で実効性ある倫理規程がなかったこともあり、接待は大手銀行や証券会社のＭＯＦ担社員だけではなく、バブルの頂点を過ぎて行き詰まりつつあった不動産業界やノンバンクにも広がるようになった。なお、ノンバンクとは、自らは預金の受け入れをすることなく、銀行など他の金融機関から調達した資金を貸し出すことを専業とする企業である。バブル期には、銀行からノンバンクへの融資は資金運用として活用されており、両者は当然ながら密接な関係にあった。

大蔵省は、一方において一九九〇年三月から金融機関に対する行政指導により不動産融資の総量規制を行っていたが、他方ではバブルの弊害に対して感度が鈍かったことは疑いがない。九五年に至り、大和銀行ニューヨーク支店の巨額損失隠蔽問題、そしてノンバンクである住宅金融専門会社（住専）が抱える巨額の不良債権の不透明な処理の問題が立て続けに明るみに出た。それは、バブル期の大蔵省が組織として規律を失っていたことの表れであり、マスメディアや有権者の間には大蔵省への強い批判が広がった。[6]

2　二つの方向性

世界的な潮流

ここまで述べてきたように、日本銀行・大蔵省改革は、いずれもバブル期の失敗に端を発していたとはいえ、異なる二つの方向性を含んでいた。

一つには、バブルを生み出してしまった過度な金融緩和（低金利政策）が、金融政策決定に関する日本銀行の独立性の欠如あるいは不十分さによるという認識から、それを変革しようとする方向性である。ここからは、日銀法改正を中心とした中央銀行制度の改革が重視されることになる。もう一つは、大蔵省と金融業界の関係が密接になりすぎており、それがバブル崩壊後の不良債権処理の遅れや不適切さ、ひいては金融システムの安定性低下につながったという判断に基づく改革志向である。この立場は、大蔵省の改革を通じて金融業界との関係を変えることを重視する。両者の違いは、日本銀行改革と大蔵省改革のいずれが「本丸」と考えるかの違いでもあった。

政府と中央銀行の関係を改革し、中央銀行の独立性を高める動きは、一九九〇年代における先進諸国の常識になりつつあった。[7] 先進諸国の多くは七〇年代の石油危機後に、経済成長なきインフレ、すなわちスタグフレーションを経験したが、その一因となったのが中央銀行の政府への従属だったと考えられたからである。

本来、中央銀行には物価（通貨価値）の安定とマクロ経済の安定という二つの目標が与えられていることは既に見たが、マクロ経済を重視して政府に従属すると物価の安定は脇に追いやられやすく、財政政策などによって景気刺激を試みる政府と歩調を合わせて金融緩和をしてしまいやすい。ここで一九七〇年代のように財政政策の有効性が低下している場合、過剰な金融緩和は一般的な物価上昇を招いてスタグフレーションにつながるか、あるいは不動産など特定分野への資金流入によってバブルにつながるか、いずれかにならざるを得ない。こうした認識が深まった結果として、八〇年代末になると中央銀行の独立性を高める改革に取り組む国が増えたのである。八九年のニュージーランドとアイルランドを皮切りに、九〇年にはポルトガル、九二年にイタリア、九三年にフランスとベルギー、九四年にはカナダとスペインなどが、その具体例であった。[8]

このような世界的潮流に棹さして日本銀行法改正を提唱したのが、橋本龍太郎首相が私的諮問機関として設置した中央銀行研究会であった。研究会設置が決まったのは、一九九六年六月の連立与党（自民党・社民党・新党さきがけ）の大蔵省改革プロジェクトチーム会合だったという。それ以前にも、同年三月下旬の与党プロジェクトチーム会合において、日銀法改正はテーマに浮上していた。しかし、三月段階で取り上げられたのは政策委員会の活性化や日銀による金融機関への検査（日銀考査）の法定化などに限られていた。[9] 恐らくは中央銀行制度が持つ専門性の高さにより、後でふれる大蔵省改革の場合に比べて、与党プロジェクトチームが果たした役割は小さく、研究者らによる検討が必要とされたのであろう。

中央銀行研究会

中央銀行研究会は「研究会」という名称ではあったが、実質的には日銀法改正に関する基本的な方向性を検討し、政府に提言するための審議会で、慶應義塾大学教授で塾長の鳥居泰彦が座長を務めた。他の委員には、商法学者の神田秀樹、憲法学者の佐藤幸治、財政学者で金融制度調査会会長の館龍一郎、金融論を専攻する経済学者の須田美矢子、経済界から福川伸次と今井敬が加わった。さらに、専門がやや遠い鳥居の慶應義塾大学における同僚で、金融論を専攻する吉野直行が専門委員として補佐する陣容であった。大蔵省から出向していた田波耕治が、内閣内政審議室長(現在の内閣官房副長官補)として事務局を取り仕切った。田波は後に大蔵省に戻り、事務次官になった人物である。研究会は一九九六年七月末に第一回が開催された後、月に二〜三回という異例の頻度で開かれ、早くも一一月一二日付で最終報告書をまとめた。[10]

中央銀行研究会の最終報告書は「中央銀行制度の改革——開かれた独立性を求めて——」と題されている。それほど分量が多いわけではないが、課題認識と対応策は明確であった。

すなわち、まず中央銀行を取り巻く課題として、バブル崩壊と不良債権問題、金融のグローバル化、経済構造改革や行政改革との連関が挙げられる。その上で「こうした中、我が国の金融政策を担う日本銀行のあり方について、近来の内外の経済・金融諸情勢の変化に対応したものとなっているかという疑問が呈されており、与党においても、日本銀行のあり方を見直すことが提案された」ことが研究会の出発点であり、「二一世紀の金融システムの中核に相応しい中央銀行のあり方について検討を行う」ことが役割であったとする。日銀が直面する具体的な制度的問題点としては、日銀法に定める日銀の目的や運営理念、独立性の確保が不明確なことが「時代にそぐわないものになっている」。それだけではなく「現在の日本銀行の金融政策の決定過程については、何が議論され、どのようにしてそのような政策が選択されたのか、国民一般はもちろんのこと、マーケットの金融専門家にとってもわかりにくい」ことも問題だと指摘する。

このような課題と制度的問題点への対応策として、日銀が独立性と政策運営の透明化という二つを確保すべきだと、研究会最終報告は提唱する。これらを合わせたものが「開かれた独立性」である。日銀法改正によって、金融政策の最も重要な目標が物価の安定であることを明確にし、それを達成するために「政府による広範な業務命令権は廃止し、金融政策の決定に際して、政府との関係を明確化した上で、政策委員会が最終的な判断を行うこととすべき」であり、かつ「金融政策決定過程の透明性の確保の方法としては、まず、政策委員会の議事要旨を一定期間経過後速やかに公開することが適当である。さらに、議事録自体を相当期間経過後に公開することが望ましい」とした。

金融政策にとって大きな意味を持つ政策委員会のメンバーは、日銀の幹部に加えて「現在のような業界代表ではなく、経済・金融に高い識見を有する者」から構成されるべきだとした。そして「金融政策運営については、日本銀行の金融政策と政府の経済政策との整合性を確保するための明確な仕組みを用意する必要がある。このため、金融政策に関する意見が異なる場合には、政府が政策委員会に対してその判断を一定期間留保するよう求めることを含めて、政府の意見を政策委員会に提出することを確保する方式を用意すべき」だとして、政府が関与する余地を一定程度残すニュアンスになっていた。

中央銀行研究会の最終報告は、政府への従属が色濃く残されている日本銀行法を全面的に改正し、当時の先進諸国において標準的になりつつあった政府と中央銀行の関係に変化させることを基本的な方針にしていた。政府の関与の程度については曖昧さがあったものの、全体としての方向性は明快である。すなわち、戦後日本の金融政策決定のあり方を抜本的に変革し、政府や「業界代表」の意向を受けつつ不透明な意思決定がなされていたのを、理論的で体系的な知見に基づき、国際化した市場参加者にも理解できる合理的な意思決定にしようというのである。研究者メンバーが自らの専攻に即して議論を主導したことが窺われ、どちらかといえば理論的あるいは理念的な見地からの妥当性を重視した感が強い。そして、「開かれた独立性」という言葉が含意する国際主義と合理主義は、本書にいう近代主義の理念の表れだということができよう。

大蔵省改革のアジェンダ化

バブルの形成と崩壊が金融政策の帰結であり、そこに独立性が十分に確保されていない日本銀行の問題があったことは確かであろう。だが、金融をめぐる有権者やマスメディアの関心は、大蔵省と金融業界の密接な結びつきに、より強く向けられていた[11]。

理由はいくつか考えられる。一つには、一九九五年から九六年の時点において、バブル崩壊とそれに伴う不良債権問題が深刻であり、日本の社会経済に長期的ダメージを与えるという理解は、まだ十分ではなかった。バブルによる不動産高騰によって収益を上げた金融機関や「バブル紳士」たちが痛い目に遭うのは当然であるという雰囲気が、日本社会に横溢していた。それゆえに、八九年から九四年まで日銀総裁を務め、公定歩合引き上げなどを通じて金融引き締めを図った三重野康は、バブルを退治した「平成の鬼平」として喝采を浴びたのである。[12] 九八年に大蔵省の接待汚職事件が刑事立件された際に日銀からも逮捕者が出たことからも分かるように、実は日銀もバブル期の問題と無縁ではなかった。だが日銀は、当時明らかに善玉、それも十分な権限も与えられない中で頑張る健気な善玉だと見なされていた。

もう一つには、「官庁の中の官庁」としてキャリア官僚の最優秀層を集めていた大蔵省に対する従来からの鬱屈した感情が、不祥事とともに噴出したことが挙げられよう。キャリアとは、国家公務員I種試験（当時）に合格し、各省庁に採用された官僚をいう。試験自体が狭き門だが、合格者のすべてが採用されるわけではない。文科系（法律職・行政職・経済職など）のキャリア官僚として就職できるのは一つの省につき最大でも年二〇人程度、そのほぼ全員が東京大学法学部をはじめとする最難関大学社会科学系学部の出身者である。大蔵省の場合、キャリアは採用後数年の二〇歳代で税務署長になるなどエリートとして処遇され、最低でも四〇歳代で本省課長級まではほぼ全員が昇進し、同期の最優秀者は事務次官にまで登りつめる。その後も、政府系特殊法人や関係業界への天下りによって、老後まで手厚く保障されていた。

激しい省内競争や過労死寸前の厳しい勤務を経験しつつではあるが、このような特権的な処遇が許されてきたのは、キャリア官僚が能力的に極めて優秀であるという評価と、民間企業よりも安い給与でひたすら国益のために働くという清廉なイメージによってであった。しかし一連の不祥事は、拝金主義が強まったバブルの最中、あるいはそれ以前から、官僚が裏では私益を追求していることを明らかにした。日銀の独立性を制約し、バブルの後始末を先送りしていることを含め、大蔵省は悪玉、あるいは巨魁であった。もちろん、不良債権問題をソフトランディングさせる方がマクロ経済には有益だった可能性はあり、大蔵省はその方策を探っていたという面もあったであろう。だが、当時のマスメディアにそのような論調はほぼ皆無であり、有権者の理解を得ることは不可能に近かった。

かくして、大蔵省改革が政治アジェンダとして登場することになる。自民党にとっては、世論の動向に加えて、大蔵省改革に取り組む理由があった。すなわち、一九九三年に非自民連立の細川護煕政権が誕生した際に、大蔵省が細川や小沢一郎に接近し、消費増税（国民福祉税導入）を目指そうとしたという記憶は鮮明であった。政権交代に際して長年の蜜月関係を無視した行動をとられたことで、自民党の内部には大蔵省を庇う必要はないという雰囲気が強まっていたのである。行政学者の真渕勝は、自民党と大蔵省の関係が政権交代を機に「パートナー」（同居人）から「ネイバー」（隣人）へと変化したと論じた。[13]

改革案の形成

一九九六年六月一三日に与党プロジェクトチームがまとめた文書には、「厳正な金融機関の検査・監督を行うため」に金融行政と検査・監督を組織的に分離するという考え方が登場した。大蔵省は、組織分離をできるだけ小規模に、かつ実質的な変化がないようにするために、検査部門だけの分離や検査・監督の外局化を自民党には訴えたという。[14] だが、連立政権を組む新党さきがけには、菅直人や五十嵐ふみひこら、予算編成機能の首相直轄化などを含む大蔵省解体論者までおり、プロジェクトチームにおいても検査・監督の完全分離を主張した。与党プロジェクトチーム座長を務めていた社民党の伊藤茂も、実現可能性と大蔵省の実質的な改革という両面から考えて、検査・監督の完全分離論者だったという。自民党の内部にも、幹事長の加藤紘一を筆頭として、金融に関する部門（銀行局、証券局、国際金融局の金融三局）を完全に分離すべきだという見解も存在していた。[15]

政党間競争も重要な要素であった。小選挙区比例代表並立制の下で初めて迎える一九九六年総選挙において、行政改革は主要論点の一つであった。[16] 第3章においても見たように、野党第一党として政権獲得を目指していた新進党は、既得権益と結びついた自民党にはできない改革として行政改革を強調する傾向にあった。このように、政党間競争の過程で相手党ではなく自党が取り組みを得意とする課題だと主張し、有権者がそれを認識することを、政治学ではイシュー・オーナーシップと呼ぶ。[17]

もともと知名度や注目度が高い上に、自らもバブルの負の側面を代表してしまった大蔵省は、新進党がイシュー・オーナーシップを打ち出せる格好の対象であった。不良債権処理のための住専会社への公的資金投入に対しても、税金の無駄使いであるとともに、大蔵省が農水省と交わした不透明な約束事に問題があるという強い批判を加えていた。住専会社には農協の資金が多く貸し付けられて不良債権化しており、農協とその組合員（農業従事者）を直撃する恐れがある住専の破綻は、農水省にとって絶対に避けたいことであった。一〇月の総選挙を前に、経団連の「企業人政治フォーラム」が実施したシンポジウムにおいて、新進党の鹿野道彦は「行革プロジェクトチームとしては、まず行政の頂点である大蔵省改革に着手したい」と明言していた。[18]

当然ながら、自民党も大蔵省改革にはさらに前のめりにならざるを得ない。新進党が大蔵省改革を主張していたのと同じ頃、自民党内は検査・監督の完全分離論でまとまった。しかもその分離は、国家行政組織法第三条に基づく、公正取引委員会のように独立性の高い行政委員会（三条委員会）の設置によって進められるとされた。その際に用いられたのが「財政と金融の分離」という言葉である。金融行政に関する企画立案機能は大蔵省に残すとされたが、そこに存在した意図は明らかに大蔵省への制裁であり、制度設計上の合理性は二の次であった。ジャーナリストの清水真人は、自民党の改革論は「どんな金融行政を目指すか」よりも大蔵省の組織改編に主眼が置かれており、行政改革と似通っていたと指摘する。[19]

3 「本丸」はどちらなのか

行政改革としての土着化

前節に述べてきたところから明らかなように、一九九〇年代における中央銀行改革とは、日本銀行法の全面改正と大蔵省改革という二本立てであった。これら二つの異なる改革がいかにして進められたかを検討するのが、次の課題である。

改革案が立法化され、実施に移される過程でも、焦点は大蔵省改革に向けられていた。一九九六年一〇月の総選挙後、社民党と新党さきがけは閣外協力に転じたが、法案化は選挙前の与党プロジェクトチーム最終報告にある改革案を出発点として進められた。その過程は、大蔵省が最大限の努力で巻き返しを図ろうとしたが、うまく行かなかったとまとめられる。

すなわち、大蔵省は改革をできるだけ小規模なものにとどめ、検査・監督機能の分離を避けるか、やむを得ず分離する場合にも国税庁のように大蔵省に設置する庁にすることを目指した。これに対して、社民党や新党さきがけは分離を当然視し、組織形態についても独立性の高い三条委員会としたいと考えていた。分離のタイミングや進め方も論点であり、できるだけ遅いタイミングか、あるいは金融検査機能のみの先行分離というのが、大蔵省の望んでいたことである。大蔵省は、もちろん自らが前面に出るわけにはいかないので、蔵相や政務次官が与党内で発言することなどを通じて影響力を行使しようと試みた。幹部による関係議員へのインフォーマルな「ご説明」も、数限りなく行われたであろう。

だが、既に総選挙の争点となり、マスメディアによる注目と監視も強まっていた大蔵省改革について、与党政治家と大蔵省幹部が内輪の話し合いによって方向性を変えることは、もはや困難であった。総選挙前からこの問題に取り組んできた自民党幹事長の加藤紘一らから見れば、政権は維持したとはいえ新進党との二大政党間競争が本格化している政治状況を前に、マスメディアや有権者の関心が強い大蔵省改革について、後退した印象を与えられるわけはなかった。

加藤は、組織形態について三条委員会よりは独立性が弱いが大蔵省からは完全に切り離す、総理府設置の庁という案を出した。これは折衷案というよりも、迅速な意思決定が必要な場面がありうる金融行政の場合、合議制の独立委員会ではうまくいかないという理由によるものであった。検査機能の先行分離については、加藤の盟友であった山崎拓が提唱したこともあったが、蔵相を務めていた三塚博が執着しなかったために、結局のところ与党内部で大きな流れにはならなかった。何よりも首相である橋本龍太郎が、検査・監督を一体にした早期完全分離という、与党プロジェクトチーム最終報告が打ち出した大蔵省改革の基本的な方向性にコミットしていた。橋本が九六年一二月二日にこの方針を改めて表明したことで、大蔵省改革の行方はほぼ固まった。

その後、新たに総理府に設置されることになった「金融検査監督庁」と大蔵省の関係や、金融危機が発生した場合の意思決定の方法などについて、社民党や新党さきがけを交えた協議が行われるとともに、一〇月の総選挙で第三党として登場していた民主党にも協議を呼びかけるといった局面もあったが、最終的には一二月二四日に与党合意が成立した。新庁と大蔵省の人事交流は原則として行わないことや、当面は残すとされた金融行政の企画立案機能も最終的には新庁に移管することが含まれるなど、大蔵省から見れば組織防衛に完全に失敗したというしかない内容であった。[20]

大蔵省改革の過程は、行政改革における省庁再編の過程と似ている。いずれにおいても、選挙制度改革後の最初の衆議院選挙であった一九九六年一〇月の総選挙において、政党間競争の重要な争点になり、その際に示した公約が選挙後にも橋本政権と自民党を拘束し続け、以前であれば考えづらい大規模な組織改編が実現した。その意味で、より的確な見方としては、大蔵省改革は日本銀行改革とセットになったものではなく、清水真人が指摘するように行政改革の一部だったのであろう。それは、金融行政のあるべき姿をめぐる議論を伴わなかったという点では不十分で、大蔵省に対する懲罰という色彩が強い、理念なき改革であったかもしれない。[21]

だが、他の省庁を含む行政改革の一部として扱われなければ、本書にいう日本銀行・大蔵省改革全体が現状維持に極めて近いものに止まった可能性も高い。中央銀行や金融行政のあり方は専門性が高く、有権者とマスメディアの関心を惹きにくい。少数のエリートによる改革方針の策定であれば、大蔵省はその影響力を駆使して、専門家に主張を弱めさせ、日銀を威圧し、そして自民党政治家を説得することで、改革を最小限に押さえ込んでいたであろう。大蔵省改革は、行政改革の主要部分として政党間競争の渦中に投げ込まれることによって、世論やマスメディアの注目を集め、日本銀行改革を含む全体を土着化させる効果を持っていたのである。

生き残る「開かれた独立性」の理念

日本銀行法改正を中心とした改革は、与党プロジェクトチームと大蔵省の綱引きが目立った大蔵省改革と比較した場合に、多少の紆余曲折はありつつも中央銀行研究会が打ち出した専門的見地が基調として維持されたところに、その最大の特徴がある。

中央銀行研究会の最終報告を受けて日銀法改正をさらに検討したのは、金融制度調査会であった。調査会は日銀法改正に関する小委員会を設置して、とくにこの問題を扱うことにした。調査会の会長は金融政策論や財政学を専門とする館龍一郎であり、小委員会の委員長も兼任した。館は中央銀行研究会のメンバーでもあったが、金融制度調査会自体は大蔵大臣の諮問機関であって、事務局も大蔵省銀行局が担うことから、基本的には大蔵省の意向を反映させやすい場だと理解されていた[22]。

検討の焦点になったのは、一つは政策委員会の構成や政府との関係であった。政策委員会に日銀の幹部が入るのは当然としても、それが何人で、全体の何割にするのか。委員にはしないが、政府代表の出席を認めるかどうか、認めるとすれば何人か。政府が政策委員会について何らかの意見具申を行うとして、それは意見具申があったら直ちに委員会の議決が延期になる「議決延期権」なのか、あるいは意見具申とともに議決の延期も要求できるに過ぎない「議決延期請求権」なのか。この場合、政府とは事実上大蔵省のことを意味する。これらの論点はいずれも中央銀行研究会の最終報告では曖昧だったが、政策委員会に日銀と大蔵省がそれぞれどのような影響力を行使できるか、すなわち金融政策決定における日銀の独立性を具体化する上では大きな意味を持っていた。
もう一つの焦点は、大蔵大臣による日銀の監督権と予算認可権であった。旧日本銀行法は、日銀に対して大蔵大臣が一般監督権、業務命令権、立入り検査権、日銀監理官を通じた監督権などを持つと規定していた。そこでは、まさに日銀が大蔵省に従属しながら、政府の一部として活動を行うことが想定されていた。予算認可権は、組織の活動の計画書であるという予算の基本的性質上、そのような政府・日銀関係から考えれば、いわば当然の規定だというべきだろう。同時に、戦時立法としてこれらの規定が置かれたにもかかわらず戦後も存続した理由として、監督権や予算認可権が政府に与えられないのであれば、金融政策の決定や実施という行政的な活動を担う日銀に何らの民主的統制が及ばないことを意味してしまい、憲法上の疑義があるという立場が存在した。この立場に対して日銀は後年、行政法学者の塩野宏や商法学者の神田秀樹らが参加して、日本銀行金融研究所に設置された「公法的観点からみた中央銀行についての研究会」報告書により反論を加えている。[23]
いずれのポイントについても、金融制度調査会の当初の方向性としては、政府の関与を多めに残すというものであった。すなわち、政府には政策委員会における議決延期権を与え、一般監督権や予算認可権も大枠は維持することが基本方針であった。
この方針には、大蔵省の意向を受けた館会長の考えが強く反映されており、日銀側の不満は大きかった。マスメディアも総じて批判的で、調査会の検討内容は改革の後退であると指摘した。恐らくはこのようなマスメディアからの批判を受けて、与党からも金融制度調査会に任せて大蔵省が望む小規模改正に終わらせてしまうわけにはいかない、という声が上がり始めた。とりわけ、社民党と新党さきがけの姿勢は強硬であった。それが、金融制度調査会の総会直後である九七年一月二四日に、与党による金融制度調査会関係者からの事情聴取が行われることにつながった。その場では、中央銀行研究会の最終報告や、その前提である与党プロジェクトチームの合意から逸脱しないようにとの釘がさされたという[24]。

マスメディアや与党からの批判の効果は大きかった。金融制度調査会および小委員会にも、大蔵省の意向を反映した小規模改正は望ましくないという立場のメンバーがいたこともあり、議論は次第に軌道修正されていくことになる。政策委員会における政府の意見具申に伴うのは議決延期請求権とされ、予算認可権についても蔵相に残るものの、不認可の場合には理由を付与すること、また認可対象となる予算の範囲も限定されることになった。監督権については、適法性の監督のみが残され、それ以外はすべて廃止することが決まったのである。この過程は、自らのホームグラウンドを活用して巻き返しを図った大蔵省の試みの挫折という面を持つ。

しかし、二つの点に注意が必要であろう。一つには、具体的な点についての曖昧さが残っていたとはいえ、中央銀行研究会が国際的な動向や理論的根拠が明確な「開かれた独立性」の考え方を提示していたために、大蔵省や調査会への批判者が依拠できる理念が常に存在していたことである。それによって、日銀が独立性を確保することは望ましいという基本的な評価が与えられた。もう一つには、世論の注目度が高い大蔵省改革が同時並行で進められていたがゆえに、マスメディアや与党議員たちが日銀法改正への関心を失わなかったことである。大蔵省改革が行政改革における省庁再編と似た構図になっていたことは先に述べたが、そこで大蔵省の権限と影響力を縮減することが目指されていた以上、日銀法改正においても同じ選択がなされるべきであった。大蔵省が権限と影響力を保つことは、それ自体が負の評価を与えるべき事柄であり、改革の後退と見なされることになった。

日銀の独立性確保と大蔵省の影響力維持は二者択一的な関係にあり、前者がプラス、後者がマイナスだという方向性が広範に共有されてしまっては、どのような舞台を使っても大蔵省が巻き返すことはほぼ不可能であった。金融政策に関わる制度改革という位置づけよりも、行政改革の一部という位置づけがなされたこと、言い換えれば大蔵省改革が行政改革として土着化したことが、決定的な分岐点であった。これを日銀側から見れば、逆説的ではあるが、独立性を希求した最大の理由である大蔵省との関係の深さ、あるいは大蔵省による統制こそが、大蔵省改革と日銀法改正を連動させ、後者の理念を生き残らせたともいえるであろう。

4　何が起こったのか

独立性を強める日本銀行

バブル崩壊と不祥事に対する批判や反省から始まった日本銀行・大蔵省改革は、当初多くの当事者や観察者が予想していたよりも、はるかに大規模な制度改革を実現した。改めて確認しておこう。

日銀法改正は一九九七年三月一一日に法案提出、六月一一日に参議院を通過して成立、同月一八日に公布され、九八年四月一日から施行された。その内容は先に見た金融制度調査会での結論に従っており、九六年の中央銀行研究会以来掲げられた「開かれた独立性」あるいは今日の日銀自らの説明に従えば「独立性と透明性」の確保が、その主眼とされた。[25] 日銀は「独立性」の具体的内容として、金融政策の独立性と業務運営の自主性を挙げている。前者は政策委員会とりわけ金融政策決定会合の意思決定が政府の意向に左右されないこと、後者は大蔵大臣の監督権や予算認可権が大幅に縮減されたことを指す。いずれも金融制度調査会での重要論点であった。「透明性」に関しては、金融政策決定会合の議事要旨の直後公開と議事録の一〇年後公開、国会に対して半年に一度、金融政策に関する報告書を提出することなどが、その内容である。

もちろん、改革後の焦点も独立性にあった。とりわけ総裁人事は常に注目を集め続けた。旧法の下、一九七四年に大蔵事務次官を経験した森永貞一郎が就任して以来、九八年三月に松下康雄が辞任するまで、日銀総裁は大蔵事務次官と日銀副総裁の経験者が交互に就くという慣行が続いていた。新しい日銀法によって独立性を高めたのだとすれば、大蔵省出身者を総裁として受け入れることは望ましくない、受け入れるのであれば「大蔵省支配」の復活である、という見方が一般的になった。とりわけ「官僚支配」を強く批判した民主党は、徹底して大蔵省出身者の日銀総裁就任を拒絶する姿勢を続けた。

新法は総裁・副総裁・政策委員会の審議委員の任命には「両議院の同意」を必要とする規定を置いており（第二三条）、二〇〇七年参議院選挙によって「ねじれ国会」になってからは、日銀総裁人事は完全に政治争点化した。すなわち、元日銀副総裁で二〇〇三年に総裁になった福井俊彦の任期が二〇〇八年三月一九日に終わった後、次の総裁と副総裁を誰にするかをめぐって、当時の与党である自民党と公明党が過半数に達していなかった参議院は、福田康夫内閣が提示した人事案を民主党の主導により複数回拒否したのである。いずれも、提示された人事案では大蔵省出身である武藤敏郎や田波耕治を総裁候補にしていたことが理由であった。結果として、三月二〇日から四月九日まで総裁ポストが空席となり、同意が得られていた日銀出身の白川方明副総裁が総裁代行に就くという状況に陥った。結局この問題は、四月に白川を総裁に昇格させることで、ようやく収拾された。独立性を高めた中央銀行において、総裁が果たす役割は極めて大きいことを考えると、深刻な事態だったといわざるを得ない。

金融政策そのものについても、日銀は独立性を強めた。新法は第一条と第二条において、日銀の目的を「物価の安定」と「金融システムの安定」の二つだと定めた。先にも見たように、中央銀行の独立性強化による物価の安定が重視されるようになった背景には、一九七〇年代のスタグフレーションがあり、その後のヨーロッパの通貨統合と欧州中央銀行の創設に際してもインフレによる通貨価値の下落と金融システムの不安定化が意識されていた。終戦直後やバブル期の経験なども相まって、物価の安定とはインフレやスタグフレーションを起こさないことであり、独立性を確保すればそのような望ましい金融政策を選択できるという考え方は、日銀においても共有されていた。しかし、九〇年代以降の日本経済が直面していたのは、デフレの長期化をはじめとする従来とは異なった政策課題であった。それに対しては、新たな金融政策（非伝統的金融政策）が必要であったにもかかわらず、不十分で機動性を欠く金融緩和に止まることとなった。[26]

独立性が強まることは、金融政策に関する責任も、日銀が多く負うことを意味していた。自律的に政策決定を行っている以上、当然といえば当然のことだが、財政政策との関係でその責任が過剰になった感は否めない。すなわち、小泉政権期や民主党政権期など財政規律の確保が重視され、積極的な財政政策をとらない時期には、金融政策によってマクロ経済を動かそうという考え方が強まる。逆に、小渕政権期や第二次安倍政権期のように、財政政策のみならず多様な政策手段によって景気回復を図ろうとするときには、金融政策が財政政策と連動しないことが批判されることになる。日銀は、強まった独立性のゆえに、何をやっても批判されてしまう状況に陥ったのである。

日銀法改正の時点で、このようなことがどこまで予想されていたかは疑問が残る。旧法は大蔵省による日銀の「支配」を生み出していたかもしれない。だがそれは、日銀は大蔵省さえ説得できれば金融政策の責任を共有してもらえたということであり、大蔵省の説得に全力を傾ければよいということでもあった。経済に関する「失政」と結果としての「失われた二〇年」に、マスメディアや有権者、政治家が敏感になっているとき、日銀にはそれに対応する十分な準備がなかった。

影響力を低下させる大蔵省・財務省

大蔵省改革は、行政改革の一部として政策課題となり、そうであるがゆえに大規模な制度変革となった。日本銀行法の全面改正が成立したのとほぼ時を同じくして、金融監督庁設置法が成立した。

一九九八年六月に発足した金融監督庁は総理府の外局とされ、組織的にも人事的にも大蔵省からは遮断されることになった。その後、金融行政に関する企画立案機能なども移管されて、二〇〇〇年七月からは金融庁となっている。二〇〇一年の省庁再編で総理府は新設の内閣府に組み込まれたため、現在の金融庁は内閣府の外局である。金融庁長官には、金融監督庁から数えて第二代の森昭治以降、大蔵省・財務省からの移籍者が就任しているが、長官着任以前に完全に移籍しており、退任後に復帰した例もない。省庁再編以後は、内閣府特命担当大臣として金融担当大臣が置かれ、内閣府副大臣や政務官にも金融担当がいて、実質的には大臣がいる行政省に近い存在になっている。

金融業界との関係にも、大きな変化が生じた。大蔵省改革が進められていた一九九六年には、金融行政をめぐるもう一つの重要な提言がなされていた。それは、総理府経済審議会行動計画委員会による「わが国金融システムの活性化のために」という文書である。九六年一〇月一七日付で、委員会の金融ワーキンググループ（座長は金融論を専門とする経済学者の池尾和人）が作成した提言では、「こうしてわが国金融システムを取り巻く経済的・技術的な環境が大きく変化しているにもかかわらず、こうした変化に対応するための制度・慣行の見直しは、未だ十分に進展しているとは言えない」という現状認識を出発点に、「『健全で安定した金融システム』であると同時に「効率的で革新的な金融システム」の構築」を目指すべきだと主張した。具体的な手段としては、金融機関相互間の競争の拡大、資本市場や為替市場の自由化、事前指導・護送船団型の金融行政からの訣別が唱えられた。橋本首相は九六年一〇月の総選挙直後に「金融システム改革」の総理指示を出し、それを受けて大蔵省は九七年六月に「金融ビッグバン計画」を提示した。[27]

金融ビッグバンは、政府による市場介入を縮小し、自由で競争的な市場を作り出すことによって、金融センターとしての東京市場を世界的な存在にすることを目指していた。それがどれだけの成果を収めたかは疑問であり、何よりも一九九〇年代から二〇〇〇年代前半にかけての課題は、バブルの後始末としての不良債権処理であった。しかし、金融業界と政府との関係が変化し始めたことは疑いがない。北海道拓殖銀行や山一證券といった業界大手が破綻し、旧財閥の枠組みを超えた金融機関の経営統合が進められたのは、明らかにその帰結であった。

今日、金融庁がかつてのような裁量行政に立ち返りつつあるのではないかという批判や、過剰な規制がなお残存しているという批判は、マスメディアなどにおいて決して珍しくない。[28]だが、そこに財務省の影響力や金融の財政に対する「従属」を見る議論は皆無である。かつて大蔵省が一手に影響力を行使していた経済政策は、財政政策・金融政策・金融行政の三つに明確に分かれ、それぞれが異なった担い手によって進められるようになったと見るべきであろう。

新しい協調体制?

一九九〇年代以降の政治改革の一部として日銀・大蔵省改革を位置づけるとき、日銀法改正と大蔵省改革の結果として生じたアクター間の分離と自律性強化は、どのように理解すべきだろうか。注目すべきは、選挙制度改革や行政改革において目指された中央政府内部の集権化と異なった方向性を、日銀・大蔵省改革が持っていることである。すなわち、選挙制度改革や行政改革は、政策過程において影響力を持つアクターを限定し、それによって迅速な決定と説明責任の明確化を実現することを目指していた。それに対して、日銀・大蔵省改革は経済政策に関与するアクターの数を増やし、影響力と責任の所在を分散化させることを標榜した。

その理由は、大きく見れば二つであろう。一つには、この改革が行政改革の一部となったがゆえに実現に至ったことである。内閣機能強化と中央省庁再編を二本柱とする行政改革の場合には、各省庁が持つ影響力を縮減し、内閣(首相官邸)に集権化することが追求された。ところが、大蔵省改革の場合には、縮減した大蔵省の影響力が内閣ではなく日銀と金融庁に分散することになった。省庁の影響力を弱めるという行政改革の表層的な狙いと共通していたために、大蔵省の改革は可能になった。だがそうであるがゆえに、大蔵省の影響力が弱まった後の金融政策と金融行政を、日銀や金融庁がどのように担うべきか、財政政策といかなる連動性を構築すべきかについての意識は不十分であった。

さらに、関連した第二の理由として、日銀の独立性強化が理論的な強みを持っていたことが指摘できる。すなわち、大蔵省に代わる金融政策の担い手として日銀を想定することは、世界的な理論動向に合致しており、金融の国際化が急速に進む状況におけるグローバル・スタンダードであった。国際標準に適合した制度を選択することは、本書にいう近代主義右派が政治改革において重視した要素の一つであり、それ自体は違和感のないことであった。

しかし、経済政策の両輪である財政政策と金融政策がそれぞれ異なったアクターによって担われ、日本銀行の独立性確保という形で両者が分離する傾向を強めたこと、金融システムの安定性確保については金融庁という第三のアクターに委ねられていることは、財政と金融の適切な連動性を弱め、日本経済が「失われた二〇年」を経験する原因になったという批判を招くことになった。[29]その多くは日銀や金融庁に対してマイナス評価を下す。一部には、日銀が主要国の中央銀行の中で最も金融緩和に消極的で、為替市場における円高も放置するという見解すら存在する。[30]もちろん、それに対しては異論もある。たとえば、長く日銀を代表するエコノミストとして活躍した翁邦雄は、旧法では政府の影響力が大きすぎて適切な金融政策が採用されづらかったが、新しい日銀法になると日銀の独立性に注目が集まりすぎ、政府との協調に困難が生じたと指摘する。[31]日銀そのものの政策的立場よりも、その制度的地位が問題だということなのだろう。

金融政策をめぐる論争のいずれが妥当かの判断は、本書の主題ではなく、専門家に委ねるべき事柄であろう。政治改革の全体像を考えようとする本書の立場から明らかなのは、日本銀行・大蔵省改革が選挙制度改革や内閣機能強化との整合性を欠いており、それが響いたことである。大蔵省の影響力を低下させ、いわゆる財政と金融の分離を図ることは、経済政策をめぐる制度配置に関する世界的な潮流に合致していたのであろう。だが同時に、集権化の方向でより広範な政治改革を行っている場合には、重大な例外を作り出すことだという認識も必要だったように思われる。行政改革の一部として土着化され、かつ専門性の高い領域であるがゆえに分野内の専門的立場が優越したことは確かだとしても、それが他の領域との不整合をもたらすという意識は十分ではなかった。

二〇一三年三月二〇日、白川方明の後任の日銀総裁に黒田東彦が就任した。黒田は大蔵省（財務省）の国際金融畑で長く活躍し、財務官を最後に退官していた。松下康雄が一九九八年三月に辞職して以来、一五年ぶりの大蔵省（財務省）出身の総裁である。同日付で、長く日銀の金融政策の最も厳しい批判者であった岩田規久男が、学習院大学教授から副総裁となった。もう一人の副総裁は日銀出身の中曽宏であった。参議院ではなお野党過半数の状態にあったものの、二〇一二年一二月の総選挙で惨敗して政権を失っていた民主党には、もはや日銀総裁・副総裁人事に反対するために野党をまとめる力は残されていなかった。

黒田と岩田が中心となり、前年に発足していた第二次安倍晋三政権が提唱していた経済政策（アベノミクス）の「三本の矢」の一つとしての金融緩和や物価目標導入、円高是正などに、日銀は積極的に協力する姿勢を打ち出した。財政政策を下支えする国債の買い入れにも積極的に対応した。黒田は二〇一八年三月に再任され、安倍政権の終わりまで、日銀総裁に在任する可能性が高まった。

アベノミクスが何をもたらしたのか、それに対する日銀の選択が政策的に妥当であったのかは、現時点においてはまだ分からない。だが、それが日本銀行・大蔵省改革と選挙制度改革や内閣機能強化の間に存在した不整合に対する、一つの応答であったことは間違いがない。集権化の中の例外的分権化としての日銀・大蔵省改革の意義は、失われつつあるといわざるを得ないであろう。だが、それはかつてのような「大蔵省支配」への回帰ではもちろんない。出現しているのは、政治改革の帰結としての官邸主導なのである。

第5章　司法制度改革

1　改革の背景

司法の独立性とは

司法部門と聞いて具体的なイメージが湧く人は、あまり多くはないであろう。それが政治改革の対象であることを直観的に受け入れられる人となると、いっそう少ないに違いない。本章の議論は、司法部門のあり方に直接関係する諸改革、すなわち司法制度改革が、どのような意味で政治改革の一部を構成するのかを考えるところから、始めるべきなのであろう。

裁判（訴訟）こそが、司法部門の活動の中核をなす。裁判とは「法律上の争訟」、すなわち当事者間の権利義務関係の争いについて、その争いの対象が法的なものであり、法の適用によって解決できる問題について判断を下すことをいう。[1] 厳密には、行政訴訟のように一部の国では司法部門の活動には含まれないものや、裁判所の規則制定のように訴訟とは直接関係しないが司法部門の活動に含まれるもの、さらには公正取引委員会の審決のように司法的な役割を果たしているが司法部門の活動とはされないものなどがある。したがって、法律上の争訟の判断と司法部門の活動は完全にイコールではない。しかし、まずは司法部門が「裁判を担う公共部門」だと確認しておこう。

ここで「公共部門」という言葉を使うのは、裁判もまた国家権力の行使だからである。刑事事件の場合に最も典型的だが、裁判の結果として懲役や罰金が科され、個人の自由や財産が強制的に失われたりすることがある。民事事件の場合にも、損害賠償といった形で個人や企業が何らかの財産的損失を強いられることは珍しくない。このように、本来であれば個人が自由に使えるはずの時間や財産を、当人が望むわけではない形で使うよう強制するのは、重大な権力行使である。近代国家（政府）は個人に対する権力行使を独占することを特徴としており、司法部門の活動もまたそこに含まれる。教科書的には、国家による権力行使の範囲を制約して個人の自由を守ることが自由主義や立憲主義、権力を独占的に行使できる国家の運営に社会を構成する個々人の同意や関与を求めるのが民主主義とされる。権力行使の国家による独占を前提にしつつ、自由主義による制限や民主主義による統制を受けない行使は認められない、というのが近代立憲主義の基本原則なのである。

ところで、今日の先進諸国における裁判は、原告や被告といった当事者と、裁判官・検察官・弁護士という三種類の異なる立場の法律家が加わって行われる。法律家のうち、裁判官以外は当事者の代理人である。日本の裁判制度は裁判官が職権で審理を進めるのではなく当事者のやりとりを中心とした当事者主義だとされる。だが、当事者には十分な法的知識がない以上、実際の裁判はむしろ代理人である法律家に裁判官が加わって進められることが多い。裁判で重要な役割を果たす裁判官・検察官・弁護士を総称して「法曹」あるいは「法曹三者」と呼ぶ。国家権力の行使でありながら、その具体的形態である裁判の担い手が法曹にほぼ限定されていることが、司法部門の大きな特徴である。

近代立憲主義に基づく国家であれば、すべての権力行使には何らかの制度的限定と民主的統制がなされるはずで、司法部門の活動である裁判の場合にも、制度的限定は加えられている。刑罰については法律の規定に従うという罪刑法定主義が定められており、損害賠償などについても算出根拠がないものは認められない。

しかし、司法部門への民主的統制については極めて間接的にしかなされない。日本国憲法は第六章で司法部門について定めているが、七六条三項で「すべて裁判官は、その良心に従ひ独立してその職権を行ひ、この憲法及び法律にのみ拘束される」とする。裁判官の独立の規定である。さらに、七八条では「裁判官は、裁判により、心身の故障のために職務を執ることができないと決定された場合を除いては、公の弾劾によらなければ罷免されない。裁判官の懲戒処分は、行政機関がこれを行ふことはできない」として身分を保障し、七九条六項が最高裁判所、八〇条二項が下級裁判所（高等裁判所以下、最高裁以外の裁判所）についてそれぞれ「裁判官は、すべて定期に相当額の報酬を受ける。この報酬は、在任中、これを減額することができない」と給与についても保障する。身分や給与の保障は、裁判官の独立を確保するための手段という性質を持つ。加えて、七七条一項は「最高裁判所は、訴訟に関する手続、弁護士、裁判所の内部規律及び司法事務処理に関する事項について、規則を定める権限を有する」として、司法部門の運営への外部からの不介入を定める。これらを総称して司法の独立性と呼ぶことができる。

裁判官の独立と裁判所の自律から構成される司法の独立性は、近代立憲主義の国家においては何ら珍しいものではない。民主的統制を大幅に弱めている理由は、司法部門が行う権力行使の対象には、国家の他の部門、すなわち行政部門（官僚など）や立法部門（国会など）、さらには地方自治体などが含まれるからである。仮に司法部門に民主的統制が強く及び、選挙に勝って政権を担っている勢力の意向が強く反映されることになっていれば、その政治勢力に裁判を通じて何らかの制裁を加えることは困難になるであろう。また、裁判によって反体制勢力を弾圧するといった試みは、歴史的にしばしば見られ、今日でも権威主義体制などでは全く珍しくない。それが民主的に選ばれたかどうかは問わず、ときの政権の意向に従ってしまうことを避け、公共部門の活動の正統性を全体として高めることによって安定させることが、司法の独立性の目指すところである。言い換えれば、自由民主主義体制における例外になって体制を強める役割を果たすことが、司法部門には期待されているのである。[2]

社会からの遊離

司法の独立性は、近代国家の形成過程におけるさまざまな試行錯誤の帰結として確立されたものであり、その意義は決して小さくない。現代においてもなお、人民裁判といった名前で政敵や反体制派を弾圧する手段として裁判が使われる国、あるいは国民感情に即した判決が求められ、司法部門がそれに応答する国も存在する。そのような国に比べて、司法の独立性が確保され、ときに有権者から見て違和感のある判決が出されることがあっても、全体として見れば裁判において誰もが公平に扱われることや、他の政府部門の行動を制約できることの価値は極めて大きい。民主主義体制の下での政治や社会のあり方に対する基底的な信頼を形成する上で、独立した司法部門は重要な役割を果たしている。

しかし、民主的統制が直接及ばないことは、司法が有権者から見て最も縁遠く、分かりづらい部門であることにもつながる。戦後日本の場合、何よりも制度的に、有権者が暮らす社会と司法の距離は遠くなるよう設定されていた。当事者として裁判に加わる機会がある有権者はどの国でも多くはないにしても、陪審制のように当事者でも法曹でもない人々を裁判に参加させる仕組みも、戦後日本は採用しなかった。この点について、憲法学者の土井真一は「司法が国民から著しく遊離し、あるいは国民が司法に対してほとんど関心を示さない状況の中で、司法がその独立を守りつつ、国会や内閣と対峙してその任務を十全に果たすことができるだろうか」と、疑問を呈している。[3]

また、司法部門が他の政府部門さらには社会全体に大きな影響を与える代表例である、憲法をめぐる最高裁判決についても、戦後目立った動きは乏しかった。その一因は、日本がアメリカなどと同じく、具体的な事件や紛争の解決のためにのみ憲法判断を行う仕組み（付随的違憲審査制）を採用しているところにある。たとえば、注目度の高い司法問題であった自衛隊の合憲性について、それを争う訴訟の多くは、当事者が自衛隊の存在によって何らかの法的不利益を蒙っているわけではないとされて、合憲かどうかの判断に踏み込むことなく終結してきた。また、最高裁は憲法訴訟よりも民事訴訟や刑事訴訟の方が本来的役割だと考え、かつ憲法問題については内閣法制局の判断を信頼していたともされる。[4]

司法部門が縁遠くなるもう一つの理由は、法曹人口の少なさであった。明治憲法体制下の法曹資格試験は、一九二三年から高等試験（いわゆる高等文官試験、高文）司法科として実施されていた。戦況の悪化によって四三年の実施が最後となるが、当初数年間を除いた司法科の合格者数は三〇〇人程度であり、うち一〇〇人強が司法官試補として裁判官と検察官に、残る二〇〇人程度が弁護士試補を経て弁護士になっていた。[5]戦後、高等試験司法科に代わって司法試験が実施されるようになるが、初回であった一九四九年度の合格者数は二六五人で、高等試験時代をほぼ踏襲するところから出発した。その後、次第に合格者数は増加したものの、六四年に五〇〇人を超えたところで止まり、九〇年代に入るまで長らく四五〇人から五〇〇人の間で推移した。結果として、司法試験の出願者に対する合格率は二％を切る水準にまで低下し、対人口比で見た法曹人口も他の先進諸国に比べて著しく少ない状況となった。[6]

これほど法曹が少ないと、社会で日々生じる法的問題のかなりの部分が、弁護士など法曹資格を持った専門家に依頼されることなく解決が図られることになる。そこには文化的あるいは歴史的要因が作用してもいただろう。すなわち、日本は明治国家の建設期に憲法や民法、刑法といった近代法と司法制度をドイツなどのヨーロッパ諸国から受け入れ、前近代から存続する社会に接合したという歴史を持つ。社会の変化に応じて法律や裁判を変化させ、それが近代法や近代司法制度になったヨーロッパ諸国や、社会と司法制度がセットでヨーロッパから移植されたアメリカやカナダとは、大きく異なる背景だといってよい。そのため、前近代的な性質を残す社会に生じる法的問題を、近代法や司法制度によらずに解決する傾向があるという指摘は、古くから存在していた。[7]

しかし、文化や歴史だけが理由だといわれると疑わしい。戦後復興から高度経済成長を経て、生活様式や人間関係が戦前や終戦直後とは大きく変化した一九八〇年代以降においてもなお、法律や司法に対する意識だけが変わらないという説明はいささか不合理という感は否めない。高度経済成長が終わった後の日本社会を、前近代的と特徴づけることは困難である。また、企業活動などは国際的に展開されており、そこでは日本人社員が各国の法曹を利用する場面も少なくないのである。むしろ、国内では法曹が身近でないために使えない、使った経験を持つ人が少なく情報も乏しいために費用や時間などの不確実性が大きすぎる、という面が強まっていたのではないかと考えられる。[8]

司法が社会から遠い存在になる理由として、付随的違憲審査制によって憲法問題などの注目度が高い争点に判断を示さなかったことは、先に述べた。しかし、社会的注目度が高く、政治的対立が深刻な争点についての裁判所の消極的な対応は、他の政府部門との関係にも影響されていた可能性がある。戦後日本の場合、議院内閣制を採用していて立法部門（国会）と行政部門（内閣・官僚制）が融合している上に、一九五五年以降は自民党が長期単独政権を続けていた。このような状況の下では、司法部門は行政部門や立法部門との関係を、より慎重に構築する必要があった。

独立性が憲法で保障されているとはいえ、たとえば最高裁判所の判事任用には内閣が関与するのであり、国家予算の制約がある限り「相当額の報酬」の具体的水準など裁判官の経済的処遇を最高裁のみの判断で決めることはできない。国会や内閣、各行政省庁の決定や行動に対して頻繁に介入することは、裁判所に対する逆介入を招来し、独立性を弱めてしまうことを、司法部門としては意識せざるを得なかったのである。政権交代が頻繁にあるならば、前の与党の行った立法への違憲審査などの司法審査が問題視されることはないであろう。だが、それが例外的にしか起こらないときには、政治的対立には関与しないことで独立性を保つことが最も合理的になる。最高裁は、下級審の判事に対してもそのような姿勢をとることを求めた。実際にも、自衛隊や政教分離などの政治的争点に対して積極的な判断を行おうとする下級審の裁判官が、いわゆる出世コースから外れやすいという研究も存在する。[9]

2 明確な方向性

社会との接点拡大

民主主義体制の下での司法部門は、立法部門や行政部門よりも正統性の確保が難しい。戦後日本のように法曹人口が極端に少なく、司法部門が社会から隔絶しやすい場合には、その傾向はいっそう強まる。司法の独立性の意義から考えて、法曹が公選される公職にならないのは当然だとしても、社会に暮らす人々が日常の法律問題について気軽に弁護士に相談できず、紛争解決の手段として裁判を使うこともないのであれば、司法は制度的な意味の民主的正統性のみならず、実質的な意味での社会との接点も乏しくなるだろう。そのような司法部門が、議院内閣制の下で長期単独政権が続いているときに、政権与党や行政官僚制に対して対等な抑制均衡関係を構築することは容易ではない。選挙に勝利して高い民主的正統性を持つ部門に対して、法解釈上の根拠があるとはいえ、社会からの支持も期待できないままに異なる立場を主張することになるからである。その意味で、社会との接点の乏しさと、他の政府部門の行動に対する司法審査が消極的であることは、表裏一体の関係にあったと考えられる。

このような認識を出発点にすれば、司法制度改革の方向性は、大きく二つだということになろう。すなわち、一つは社会との接点を拡大することであり、もう一つは他の政府部門、とりわけ政権与党からの自律性の強化である。それぞれについて検討しておこう。

社会との接点の拡大とは、先に述べた、民主的正統性を乏しくしてきた要因を変化させることを意味する。具体的には、司法部門の意思決定（より直接的には裁判での判決とそれを導く過程）に法曹と当事者以外の一般有権者の考えや判断を反映させる範囲を広げることであり、法曹人口の拡大や裁判の迅速化などを通じて司法を有権者や企業にとって身近な存在にすることであった。社会的注目度が高い法的問題に積極的に取り組むことも含まれるであろうが、そのような問題の多くは政治的争点でもあるので、政権与党や行政官僚制からの自律性が確保されない限りは対応が難しい。知的財産や金融といった、国際的な重要度の向上が顕著だが専門性が高く変化も早い、戦後日本の司法部門が最も苦手としてきた領域への対応能力の向上を図ることであれば、司法部門のみの改革によって実現できる余地が大きかった。[10]

ただし、このような変化は諸刃の剣となる恐れもあった。法曹人口が少なく、政治的争点や不慣れな問題には消極的な姿勢をとってきた戦後日本の司法部門だが、刑事分野において精密司法と呼ばれるような高い実務能力を誇ってきたことも確かである。閉鎖的な空間において、司法試験という超難関の資格試験を突破して高い専門能力を持った法曹三者というプロフェッショナルが、同業の専門家にのみ分かる概念や用語などを駆使し、場合によっては時間がかかることも厭わず緻密に法的問題を解決する。これが日本の司法部門の姿であった。

法曹ではない人々が司法過程に参加し、短期間限定で特定の裁判にのみ関与して、自らの考えや判断を表明することになれば、プロフェッショナルの閉鎖空間は失われてしまう。法曹人口の拡大は司法試験の合格者数増大とほぼ同義だが、志望者の能力や知識が全体として変化しないとすれば、合格者数を増やすには水準を下げるしかない。試験前の教育、合格後の司法修習や実務経験で補うとしても、法曹が持つ専門能力は次第に低下するであろう。不慣れな領域での問題解決に乗り出せば、専門能力の欠如はより深刻になるかもしれない。時間的制約が強まればなおさらである。つまり、法曹という少数のプロフェッショナルによる司法過程の支配を緩めれば、民主的正統性に代わって司法部門を支えてきた専門能力への信頼が揺らぐことが起こりうる。

行政部門や立法部門からの自律性の向上

司法部門にとっては、行政部門や立法部門との関係で、将来的にどの程度まで自律性を獲得できるかについては、いっそう不確実性が大きかった。戦後日本の司法部門が憲法訴訟などの政治的争点について消極的な姿勢をとってきた一因は、先にも述べたように政権交代が長らく起こらなかったところにある。長期単独政権の与党である自民党、それと一体化することで政策を推進しようとする行政官僚制、両者からの影響を受けやすい地方自治体、さらに政権与党とも官僚とも利害を一致させる経済界など、内部には多元的な関係が存在していたとしても、裁判所を含めた外部からの影響力行使を遮断するという点では一致していた。この状況下では、自民党の関心が強い争点についても積極的な判断を行いつつ、裁判所の内部事項について自律性を維持することは、容易なことではなかった。

政治史家の御厨貴は、佐藤栄作が首相時代に最高裁人事への介入を積極的に行ったことを指摘している[11]。一九六四年から七二年まで続いた佐藤政権期には、自民党が政権を失う可能性がほぼなくなり、それと平仄を合わせるように自民党内の人事慣行などが安定化したこととは対照的である。自民党が長期単独政権を安定させるほどに、司法部門の自律性確保は難しくなっていったのである。これを裏返せば、司法部門の自律性を高めるためには、政権交代が日常的に起こることが望ましいということになる。しかし、政権交代がどのような頻度で起こるかは司法部門がコントロールできることではない以上、そこに自律性が左右されてしまうのは司法部門の大きな弱点だといえる。

司法制度改革が構想されるようになった一九九〇年代半ばの時点では、既に選挙制度改革が終わり、行政改革や地方分権改革が進行中であった。そこで想定されていた新しい政府のあり方は、長期単独政権に代わって与野党の入れ替わりを伴う政権交代が常に想定されるようになり、官僚制が特定の政党とのみ一体化しないようになるとともに、近しい関係にある利益集団も入れ替わる。地方自治体は自らの判断に基づいて政策を選択する余地が拡大する。政治権力を行使するアクターが入れ替わり、それに合わせて政府内部の抑制均衡関係も実質的に機能するのであれば、自律性を確保して他の政府部門を抑制する司法部門の役割は大きくなるであろう。しかし、そのような新しい政府のあり方が実現するかどうかは未知数であった。

それと並んで難しいのが、一方では社会との関係で専門性を低下させることにつながる改革を志向しながら、他方では政権与党や行政官僚制との関係で専門能力に基づいた自律性を追求しようとすることを、どのように両立させるかであった。少数のプロフェッショナルによる高い専門知識に依拠した正統性は、社会を構成する一般有権者や企業にとって司法を縁遠い存在にさせ、結局は他の政府部門に対して劣位に置かれることにつながる。しかし、どれだけ社会との接点を拡大しようとも、公選されるわけではない以上、司法部門が民主的正統性にのみ依拠することは不可能である。もちろん、両者は全面的に矛盾しているわけではないから、専門能力を低下させすぎることなく司法過程を従来に比べて開放することを目指すというスタンスになる。だが、そのようなほどよいバランスを確保する方法があるかどうかは、やはり分からなかった。

最高裁による調査と模索

このような状況と課題について、司法部門の内部ではどのような認識があり、取り組みがなされていたのだろうか。憲法が裁判所の内部規律や司法事務処理について最高裁に権限を与えていることは既に見たが、その詳細は裁判所法によって定められている。裁判所法は、最高裁以外の下級裁判所の構成について定めるほか、裁判官人事のあり方についても規定する。そして、通常は司法行政として括られる人事その他の事務について、裁判官会議に担わせている。したがって、最高裁裁判官会議が司法行政の頂点組織だということになる。しかし実際には、少数かつ多忙な最高裁判事が司法行政に時間と労力を費やすことは困難であり、司法行政は裁判官会議の補佐機関である最高裁事務総局が担うこととなった。[12]

最高裁事務総局は要職に裁判官が就き、そのキャリアパスにとって大きな意味を持つとされてきた。事務総局所属の裁判官、高裁長官・地裁所長らの管理職に就く裁判官、および最高裁調査官をあわせて「司法官僚」と呼ぶことがある。司法官僚は、裁判官の人事を中心とした司法行政に加えて、裁判や法曹三者のあり方を含む司法制度、さらには法解釈と裁判実務のあり方についても影響力を行使してきた。行政学者の新藤宗幸は、司法官僚による裁判官への統制が、戦後日本の司法消極主義を作り出してきたという。[13] むろん、司法官僚が裁判官を統制し、司法部門を支配しているという見方だけでは一面的であろう。法社会学者のダニエル・フットが指摘するように、憲法が個々の裁判官の独立を規定しているからといって、司法官僚が関与する裁判官相互の検討会（裁判官会同）のような機会も与えられないとすれば、その方が法的問題の妥当な解決という点では不適切だからである。[14]

それを統制と見るか、より妥当な判断や政策形成への貢献と見るかは措くとしても、戦後日本の司法部門において、最高裁事務総局の動向が大きな意味を持っていたことは確かである。その事務総局は、一九八〇年代から司法部門と社会との接点拡大について意識を強めていた。八五年に最高裁長官になった矢口洪一は、ときに「ミスター司法行政」と呼ばれるほど事務総局の在任期間が長かった。その矢口のイニシアティヴの下で、後に最高裁長官を務める竹崎博允ら、事務総局在任経験のある四〇代の判事がアメリカとイギリスに長期派遣され、陪審制など一般市民の司法過程参加についての調査を行った。[15] 矢口は退任直後のインタヴューで、これからの司法は「国民との距離を縮める必要もある。さらに裁判を法曹の専売特許のようにみちゃいかんという気持ちも強い」と、はっきり述べている。[16]

矢口は、法曹には高度の専門性があるため、プロフェッショナリズムによる正統性が確保できるという考え方にも懐疑的であった。彼の考えでは「元来、裁判というものは、当事者のレベル以上に出ることはできないもの」であり、裁判官や検察官に一度任官すると大部分がそのままでキャリアを終えるという閉鎖的なシステムは弊害が大きいと見ていた。理想としていたのは、法曹資格を持った者がキャリアの過程で裁判官・検察官・行政官・弁護士などを務めるという意味の法曹一元であった。[17] また、後年になると司法過程への市民参加についてより積極的になり、オーラル・ヒストリーにおいては精密司法論を批判して、司法制度改革によって導入されることが提唱されていた一般市民からの裁判員を、職業裁判官と同数以下にすべきという見解を「そんなことはないです」と退けている。[18] ただし、最高裁長官を退任した直後にはもう少し慎重で、「金も時間もかかる」陪審制は一部の刑事事件に限定して導入することを提唱していた。[19]

しかし、司法部門が矢口のような考え方で一本化されていたとまではいえないだろう。矢口はむしろ最も先鋭的な改革論者だったとさえいえる。内部に異論があった理由は、やはり専門性の低下に対する懸念であった。司法制度改革の機運が強まりつつあった時期に行われた座談会において、当時東京地裁民事部所長代行であった門口正人は「迅速な裁判は、もう少し中身を詰めてみる必要がある」として、「結論の正しさ」や「予測可能性」が失われることに懸念を表明していた。彼はまた、法曹一元は「幾つかの条件、環境がまだ整っていない」のであり、陪審制を導入すると「国民を長期間拘束することになるなど、受け入れるだろうか」と疑問を呈した。[20] 座談会の記録は新聞社が作成したのであろうが、門口は明らかに司法制度改革に懐疑的な立場の人物としてまとめられており、発言が当時の法曹の平均的な見解であったとまでは思えない。だが、表面化はしないながらも、改革に対してさまざまな考え方が法曹内部にあったことも確かであろう。

3　コンセンサスによる改革

審議会設置への道のり

一九八〇年代以降に検討が進められていた司法制度改革が具体的に動き出すのは、九九年七月に司法制度改革審議会が設置されてからのことである。しかし、審議会がいきなり設置されたわけではない。その前史、あるいは最高裁事務総局を中心とした改革の検討から司法制度改革審議会までの期間をつないだのは、九〇年代におけるいくつかの動きであった。司法制度改革に深く関与した憲法学者の佐藤幸治によれば、当時の代表的な動きの一つは日本弁護士連合会（日弁連）が九〇年五月二五日付で行った「司法改革に関する宣言」であり、もう一つは経済同友会が九四年六月に公表した「現代日本社会の病理と処方――個人を活かす社会の実現に向けて――」において提唱された司法改革論である。[21]

市民の権利保障や権力監視を重視する日弁連と、改革志向ではあるが経済界の利害を前提にする経済同友会とでは、議論の方向性は正反対であるように思える。だが実際には、両者の提言は意外なほど似通っている。

まず日弁連の宣言は、次のようにいう。[22]

国民の権利を十分に保障し、豊かな民主主義社会を発展させるためには、充実した司法の存在が不可欠である。

わが国の司法制度が日本国憲法の施行により一新されて以来四〇数年が経過した。

この間、司法をとりまく状況は大きく変化し、とくに経済活動の発展と行政の拡大は、国民生活の向上をもたらした反面、国民に対する人権侵害等さまざまな摩擦を生じさせている。また一般の法的紛争も増加し、その多様化、複雑化が顕著である。国民は、司法があらゆる分野において人権保障機能を発揮するとともに、各種の法的紛争が適正迅速に解決されることを強く期待している。

しかし、わが国の司法の現状をみると、この国民の期待に応えていないばかりか、むしろ国民から遠ざかりつつあるのではないかと憂慮される。今こそ国民主権の下でのあるべき司法、国民に身近な開かれた司法をめざして、わが国の司法を抜本的に改革するときである。それには、司法を人的・物的に拡充するため、司法関係予算を大幅に増額することと、司法の組織・運営に生じている諸問題を国民の視点から是正していくことが何よりも重要である。さらに、国民の司法参加の観点から陪審や参審制度の導入を検討し、法曹一元制度の実現をめざすべきである。（以下略）

経済同友会は、まず以下のように司法の現状を批判する。[23]

司法は三権分立の一権として立法・行政を監視するという重大な使命と大きな権限を持ちながら、例えば一票の格差を黙認する、また、国民が裁判に訴える場合に多大な費用と時間を要するなど、本来の機能を果たしておらず、存在感すら薄れている。

その上で、次のような改革を提言する。

今後は、個人にとって司法が、もっと身近で、存在感あるものになる必要がある。特に、司法の中核たる裁判について、これにかかる時間とコスト、そしてアクセスの面で、個人の利用しやすいよう、改善が図られるべきである。…現在の日本のように裁判が極端に使いづらく、市民社会を健全化する司法の機能が十分発揮できていない状況もまた問題である。

（中略）

そのため、早急に「司法改革推進審議会」（仮称）といった組織を設置し、司法をめぐる基本的な問題、例えば、国民の司法参加、司法制度の諸外国との整合性、ひいては日本社会全体の中での司法府の位置付け等について、法曹関係者のみの議論ではなく、〝司法のユーザー〟たる市民等の声を中心に据えて、幅広い国民的議論を開始すべきである。

両者が共通して指摘していたのは、法曹人口が少なく司法過程への市民参加も行われないことから生じる国民からの縁遠さや使いにくさであり、他の政府部門との関係での権利保障や監視機能の不十分さである。本章で先にふれた、社会からの遊離と他の政府部門からの自律性確保が戦後日本の司法部門の課題であるという認識は、政治的立場の違いを超えて広く共有されていたといえよう。そして、そのために「国民の視点」（日弁連）あるいは「市民等の声」（経済同友会）を取り入れた改革を進める必要があるという点でも、一致が見られた。

より大きな文脈で見たとき、このような司法制度改革への動きは、第1章で述べた近代主義右派のプロジェクトとしての色彩を強く帯びている。すなわち、日弁連の宣言が「豊かな民主主義社会」の実現を標榜し、日本国憲法の施行から説き起こしていることや、経済同友会が「三権分立」と「司法制度の諸外国との整合性」について触れていることからも明らかなように、司法制度改革は日本社会のさらなる近代化や国際標準の実現を目指していた。自律した個々人が、創意工夫を凝らして自由に生活しつつ、社会の安寧に必要な政治権力を自らの意思で作り出し、監視するとともに、ときにその担い手を交代させる。先進諸国に広く見られると考えられた、そのような社会のあり方にとって、身近で社会のニーズに応答する司法部門が不可欠なのであった。

だが、前章までに取り上げてきた各領域での改革がそうであったように、司法制度改革においても、それが実現するには近代主義の土着化が不可欠なはずである。以下では、司法制度改革審議会以降の過程を検討する作業を通じて、土着化の態様について考えてみることにしよう。

司法制度改革審議会

行政改革や日銀法改正に取り組んだ橋本龍太郎は、一九九八年七月の参議院選挙での自民党大敗を受けて辞職しており、九九年に司法制度改革審議会が設置されたときの首相は小渕恵三であった。しかし、司法制度改革の必要性は橋本内閣期の九七年一二月に出された行政改革会議最終報告にも触れられており、政策課題としての位置づけは共通性が高い。行政改革と共通した理念、すなわち近代主義が司法制度改革にも見られるのは、むしろ当然ともいえる。

司法制度改革審議会は、司法制度改革審議会設置法に基づき、首相を主任大臣として、二年間に限り設置されることが定められていた。設置法第二条が定める所掌事務は「二十一世紀の我が国社会において司法が果たすべき役割を明らかにし、国民がより利用しやすい司法制度の実現、国民の司法制度への関与、法曹の在り方とその機能の充実強化その他の司法制度の改革と基盤の整備に関し必要な基本的施策について調査審議する」こと、および「調査審議した結果に基づき、内閣に意見を述べる」ことの二点であった[24]。

第一回の会合は、九九年七月二七日に首相官邸で開かれ、憲法学者の佐藤幸治が会長に互選された。佐藤は行政改革会議の最終報告の作成においても、事務局を務めた松井孝治らの協力を得ながら大きな役割を果たしており、ここにも明らかな共通性が見てとれる。他の委員は刑事訴訟法を専門とする井上正仁、民事訴訟法を専門とする竹下守夫、先に触れた司法改革宣言を出した当時の日弁連会長であった中坊公平、日銀法改正に重要な役割を果たした中央銀行研究会の座長であった鳥居泰彦らである。主任大臣である首相を補佐し、実質的に運営を統括するのは事務の内閣官房副長官だが、そのポストには古川貞二郎が橋本政権期から引き続いて在任していた。初回の会合では、日弁連の司法改革宣言や経済同友会の提言を含め、九〇年代に出されていた数多くの改革提言が資料として配付された。その後、一九九九年度中は月に二回、二〇〇〇年度に入ると月に三回以上という急ピッチで開催された。

九九年一二月八日の第八回会合において、佐藤会長から論点整理の試案が出された。この試案では、改革の史的背景として「近代日本と現在」「日本社会の変容と司法の役割」「国際化と司法の役割」が挙げられ、方向性として「国民が利用しやすい司法制度の実現」「国民の期待に応える民事司法の在り方」「国民の期待に応える刑事司法の在り方」「国民の司法参加」からなる「司法の制度的基盤の強化」と、「法曹人口と法曹養成制度」「法曹一元」「裁判所・検察庁の人的体制の充実」を柱とする「司法の人的基盤の強化」が挙げられている。また、「国際的ルール」との整合の重要性についても述べられている。続く第九回会合では論点整理が審議会全体の合意事項となったが、その内容は試案段階から大きく変わっていない。その後も地方公聴会や海外調査などを含めて精力的に検討を続けたが、それはより具体的な制度設計に関わる部分が中心であった。審議会としての基本的な考え方は、この論点整理によってほぼ定まったと見て差し支えないだろう。

審議会は、二〇〇〇年一一月二八日に中間報告を森喜朗首相に手渡し、全文を公表した。論点整理で既に法曹養成制度の変革が提唱されていたこともあり、大学と大学院における法学教育に関係する文部省は「法科大学院（仮称）構想に関する検討会議」を二〇〇〇年五月から行い、同年九月にはまとめを公表した。座長は民事訴訟法学者の小島武司であった。この検討会議で、法学部を廃止せず、組織としては法学部を基礎として法科大学院を設置すること、例外的な位置づけながら法科大学院を修了せずに司法試験を受験する方策を残すことが示された。法科大学院未修了者の司法試験受験に関しては、自民党からより積極的に評価する意見が出て、審議会では例外という位置づけが弱められた。[25] これらを踏まえ、審議会は二〇〇一年六月一日の第六二回会合において最終意見を取りまとめ、同月一二日の第六三回会合で小泉純一郎首相に提出した。

最終意見は、まず「二一世紀の我が国社会の姿」と題して「国民は、重要な国家機能を有効に遂行するにふさわしい簡素・効率的・透明な政府を実現する中で、自律的かつ社会的責任を負った主体として互いに協力しながら自由かつ公正な社会を築き、それを基盤として国際社会の発展に貢献する」と述べる。その上で「二一世紀の我が国社会において司法に期待される役割」が「司法の役割」「法曹の役割」「国民の役割」に分けて論じられ、「二一世紀の司法制度の姿」として、「制度的基盤の整備」「人的基盤の拡充」「国民の司法参加」が三つの柱として打ち出された。制度的基盤の整備とは、裁判の迅速化や知的財産案件に特化した裁判所の設置などを指す。人的基盤の拡充とは、法曹養成制度の変革と法曹人口の増大、閉鎖的なキャリアシステムの改革が中心となっていた。国民の司法参加とは、裁判員制度の導入がその核心であった。

制度変革の実際

小泉政権は、司法制度改革審議会の最終意見を受けとると、直ちに改革の法制化に着手した。二〇〇一年秋の臨時国会に内閣官房を所轄官庁として「司法制度改革推進法」を提出し、一一月に成立させると、翌一二月には内閣に「司法制度改革推進本部」を設置した。二〇〇二年一月からの通常国会において「弁理士法の一部を改正する法律」と「司法書士法及び土地家屋調査士法の一部を改正する法律」が成立したのを皮切りに、合計すると二〇本を超える立法が次々となされていった。重要なものについて具体的に見ると、法科大学院の設置を認める学校教育法の改正、新たな司法試験制度を定める司法試験法の改正は二〇〇二年秋の臨時国会で、法科大学院への裁に裁判員制度の導入に関する法律、検察審査会制度の改革のための刑事訴訟法の改正、いわゆる法テラスの創設に関する法律は二〇〇四年の通常国会で、それぞれ成立した。[26]

このように改革立法が極めて順調に進んだ理由は、司法制度改革について広範な合意が存在したからだと考えられる。一九九〇年代の時点で、日弁連と経済同友会が近似した現状認識を持っていたことは既に見たが、改革の必要性はそれ以外のアクターも感じていた。与党であった自民党は、党内の司法制度特別調査会において九七年以降に次々と方針を公表し、九八年六月の報告書で審議会主導での改革推進の立場を改めて明確に打ち出した。[27] しかもそのような認識や方向性は、法曹界や法務省、自民党に限られたものではなく、経済界やマスメディアにも共有されており、さらには高等教育改革への関心を強めていた文部省（二〇〇一年以降は文部科学省）にも受け入れられていた。『日本経済新聞』が一九九九年一〇月から八ヶ月にわたって「司法　経済は問う」という長期連載を行って改革を促したことや、司法制度改革審議会が論点整理を行った時点で文部省が早くも法科大学院の制度設計に踏み込んだのは、その表れであった。[28]

一九九〇年代末には野党第一党の地位を確立していた民主党も、司法制度改革には積極的な姿勢であった。[29] 民主党は、イギリスで野党第一党が作る「影の内閣」に当たる「次の内閣」（ネクスト・キャビネット）を作っていたが、その「司法ネクスト大臣」を務めていた江田五月が「市民が主役の司法へ――新・民主主義確立の時代の司法改革――」という文書を二〇〇〇年七月一二日に公表した。そこでは「訴訟事件の数の増加や質の変化が著しいのに、裁判所がこれに適応できていない。そのため審理に時間がかかるなど、きびしい国際競争に直面した経済界の要請に応えられない。また国民にとっても、司法の敷居が高く、司法サービスが縁の遠いものになっている。このように、改革すべき課題は山積している」という認識を出発点に、法曹人口の拡大、法曹の質的向上、法曹一元、陪審制・参審制、行政訴訟手続の改革などが提唱されていた。さらに、二〇〇一年五月一七日には「司法制度改革への意見」を発表し、司法制度改革審議会の最終意見書が出される直前の時点で、その尊重による改革の推進を訴えた。

そのような基盤が存在したところに、構造改革を政権の主要課題とする小泉純一郎が首相として登場したのだから、改革はいっそう加速されることになった。小泉内閣が二〇〇二年三月一九日に閣議決定した「司法制度改革推進計画」において、「司法制度改革は、政府のみならず、最高裁判所（以下「最高裁」という。）、日本弁護士連合会（以下「日弁連」という。）も含め全体として総合的かつ集中的に推進されることが重要であることにかんがみ、最高裁に対し、司法制度改革に関する施策を総合的に策定・実施することを期待するとともに、日弁連に対し、司法制度改革の実現のため必要な取組を行うことを期待する」と述べたことと平仄をあわせるように、最高裁が三月二〇日付で「司法制度改革推進計画要綱」を、日弁連が三月一九日付で「日本弁護士連合会司法制度改革推進計画」を打ち出したのは、改革を制度化する段階ではほとんど異論がなかったことを示唆する。

改革立法に基づき、法科大学院での教育が始まったのが二〇〇四年四月、行政事件訴訟法の大規模な改正が施行されたのが二〇〇五年四月、新しい司法試験が初めて実施されたのが二〇〇六年五月、一般市民が弁護士に相談などを行いやすくする法テラスが業務を開始したのが同年一〇月、そして裁判員制度が始まったのが二〇〇九年五月のことであった。その他にも、知的財産高等裁判所（知財高裁）が二〇〇五年四月に創設、二〇〇四年に成立した労働審判法に基づく労働審判委員会の創設など、司法の社会的存在感を強める一連の変革が進んだ。[30]

4　制度変革後の土着化

実施段階での困難

ここまで述べてきたところから明らかなように、本書で取り上げてきた他の諸改革とは異なり、司法制度改革は異論や表立った反対が少なく、極めて順調に制度変革が進められた。一九八〇年代から九〇年代にかけての構想段階、九〇年代末から二〇〇〇年代初頭にかけての審議会における基本設計段階、さらに二〇〇〇年代半ばにかけての立法と制度化の段階と、ほぼ同じ発想で進められた。近代主義のアイディアが、およそそのまま制度変革に反映されたといえよう。

一貫していた認識は、戦後日本の司法部門が高度だが閉鎖的なプロフェッショナリズムに依拠しすぎてしまい、一般市民や企業から見て利用しづらい存在になっていること、政権交代が長らく不在であったことの影響も受けて権力抑制の機能を十分に担っているとはいえないことであった。それを変革すべく、法曹人口の増大や一般市民の司法過程への参加、さらに利用しやすい制度を整えることで社会からの遊離を緩和し、民主的正統性を強めることによって他の政治部門に対する監視や抑制の機能を高めることが目指されたのである。そして、このような課題の認識と対応策は、法曹三者の範囲を遥かに超えて、与党議員や他省庁、野党、経済界、マスメディアを含む関係アクターに広く共有されていた。

しかし、改革後の経過は予想外に厳しいものであった。とりわけ法曹人口の増大を目指した新しい法曹養成制度と司法試験制度、および司法過程への一般市民の参加拡大を目指した裁判員制度とそれに伴う裁判の迅速化は、大きな困難に直面した。行政事件訴訟法や労働審判法、裁判外紛争解決手続（ADR）など、司法制度改革の一環として進められた取り組みが成果を収めているとされる分野もある。だが全体的には、司法制度改革審議会が提唱した制度的基盤の整備、人的基盤の拡充、国民の司法参加のうち、制度的基盤の整備の一部を除くと期待された成果には至っていないのが現状であろう。

具体的に見ておきたい。まず法曹養成制度については、二〇〇四年度から〇五年度にかけて次々と各大学に法科大学院が設置され、その総数は最大で七四校に達した。その中には、従来は法学部が置かれていなかった地域の大学や、法曹養成の実績がほとんどない大学なども含まれていた。いずれも、政府が司法制度改革推進計画で掲げた「平成二二年ころには司法試験の合格者数を年間三〇〇〇人程度とすることを目指す」という方向性と、それにあわせて広がっていた「法科大学院の修了者の七〜八割が司法試験に合格する」という構想に応えようとしたものであった。だが実際には、合格者は最大でも二一〇〇人程度で頭打ちとなり、その後はむしろ減少に転じた。そうなると、法科大学院に進んでも司法試験に合格して法曹になれる可能性は大幅に低下する。旧司法試験において優れた実績を挙げていた少数の大学を除けば、司法試験の合格者はゼロから数名程度、合格率も著しく低迷する法科大学院が相次ぐことになった。開設後数年は高い倍率となっていた各法科大学院の志願者は大幅に減少し、二〇一一年の姫路獨協大学法科大学院を皮切りに、既に過半数の法科大学院が学生募集を停止している。

司法試験制度も、合格者数が当初の想定に達していないことに加えて、予備試験の存在という別の難題を抱えている。予備試験とは、法科大学院制度が創設される際に、経済的理由により法曹になれない人をなくすようにと設けられた仕組みで、法科大学院を修了しなくとも予備試験に合格すれば司法試験を受験できるというものである。しかし、立法時にはあくまで例外として想定されていた予備試験は、実際には法科大学院に進む時間と費用を節約するため、法学部在学中や法科大学院入学後に予備校に通って試験対策を行い、法科大学院修了より短い年数での司法試験合格を実現しようとする人が活用することになった。予備試験合格者の司法試験合格率は、最も合格率の高い法科大学院を上回る状態が続いている。司法試験に実績のある法科大学院を持つ大学の法学部に在籍する学生であっても、優秀であるほど予備試験を目指すという傾向も生まれており、法科大学院の存立基盤を根本から脅かしている。

裁判員制度も、大きな曲がり角に直面している。当初から、自ら裁判員になることを望んだわけではない国民に長期間の出廷による時間的負荷や、人を裁く精神的負荷を担わせることへの疑問、さらに専門家以外が関与することに伴う被告人の権利侵害の恐れなどは提起されており、現在も消えてはいない。[31] 公判前の争点整理など負担を軽減する努力も行われてはいるが、裁判員になった場合に数日とはいえ仕事を休めない人は少なくなく、二〇一八年には辞退率が六七・一%、選任手続きへの欠席率（事前に辞退していないのに出席しない裁判員候補者の比率）が三二・五%に達している。最高裁による調査でも、裁判員制度が始まって「裁判や司法への興味や関心に変化はありましたか」という質問に「特に変わらない」という回答が約七割である。同じ調査では裁判がより「公正中立になる」「信頼できる」「身近なものになる」ことへの期待は決して低くないが、制度導入後にその水準が上昇しているわけではなく、実際の制度の効果と認識しているとはいえないであろう。裁判員制度とセットになっていたはずの裁判の迅速化についても、刑事第一審の平均審理日数は裁判員制度導入期に比べて近年ではやや増加する傾向さえ見られる。[32]

専門性重視への回帰

なぜそうなったのだろうか。新しい法曹養成制度、司法試験制度、裁判員制度、いずれも過度の理想主義であったという見方はありうるだろう。司法制度が一般市民に縁遠いからといって、それを解消するために、いきなり殺人などの重大犯罪の刑事裁判に裁判員を関与させるべきだという論理には、やはりいささかの無理は否めない。逆に、法科大学院を創設しながら法学部を存続させたこと、想定を大きく上回る法科大学院に設置認可を行ったこと、抜け道に使われるような予備試験を行っていることなど、ラディカルさが足りなかったために改革が骨抜きになったともいえるかもしれない。日本より少し後の二〇〇九年に法曹養成制度の改革を行った韓国では、法学部の廃止や弁護士試験（法曹になるための必須試験）の受験資格を法科大学院修了者にのみ認めるといった方策がとられ、日本の場合と似た批判もあるものの、合格率は従来より大幅に高い水準で推移している。[33]

このような問題は、改革の土着化が制度改革後に生じたためだと見ることもできよう。選挙制度改革や行政改革、地方分権改革など、本書が扱う政治改革の他の諸領域においては、異論を持つアクターが改革案の策定や立法化までの過程で登場し、入り乱れながら最終的な改革内容が定まるという展開をたどった。それが本書にいうところの土着化だが、最も理想的だと思われる改革を望む立場から見れば妥協や後退であり、実際どの改革に対してもそのような批判は向けられた。ところが司法制度改革の場合には、改革内容が定まるまで主要なアクターのまとまりが強く、異論があったとしてもほとんど影響力を行使する場面がなかった。たとえば、裁判員制度の導入がいわゆる量刑相場、すなわち実務的に形成されてきた刑罰の水準を変化させ、判決の予測可能性を低下させるとともに市民感情による厳罰化などを招きかねないことは、刑事司法や刑事政策の専門家からはかねて指摘されていた。[34]

しかし、改革内容を定める過程で土着化が生じなかったことは、土着化が不要であったこととは異なる。先に引用した座談会において、裁判官である出席者が懸念していた課題である国民の準備のなさは、裁判員候補者の三分の二が辞退するという形で、改革後にまさに顕在化したことであった。また、司法試験合格者の増加が当初の目標に到達しないまま終わったことや、法科大学院の設置認可に際して合格率低下の懸念が適切に反映されなかったこと、さらには法科大学院を修了して法曹資格を得た人が企業に勤務するといった変化が十分に生じなかったことは、法曹界以外のアクターにとって司法制度改革が重要な意味を持っていなかったことを示唆する。つまり、改革に賛成したアクターであっても、法曹界の外側にいる場合には、それが何と関係し、連鎖しているのかについての構図を認識していなかったと考えられる。司法部門が持つ専門性の高さと閉鎖性は、外部アクターが改革を理解し、継続していくための推進力を弱めてしまったのである。

政権交代による政治権力の担い手の変化が、予測されていたほどには生じなかったことも影響があったであろう。国会や官僚制からの自律性を強めることは、司法制度改革の裏側に存在する論理であった。すなわち、社会との接点の拡大により民主的正統性を高め、それによって立法部門や行政部門との対等性を確保することが、選挙制度改革や行政改革を受けて進められた司法制度改革においては意識されていたのである。実際にも、原告適格を従来より広く認めることで騒音被害の救済範囲が拡大するなど、行政事件訴訟法の改正には一定の評価が与えられている。[35]そのことを官僚が意識しないわけはなく、司法部門と行政部門との関係に変化を生じさせている可能性が高い。

しかし、政権を含む立法部門との関係については、政権交代が生じないのなら、司法部門が積極的な司法審査に取り組むことはリスクが大きい。それに伴って、政治家が司法部門の存在を意識し、関心を払う理由も乏しくなる。第二次安倍政権発足後の安保法制と集団的自衛権をめぐる動きの中で、内閣法制局長官であった山本庸幸が最高裁判事に転じたことが「左遷」のように見なされたのは、そのことを如実に表している。山本は内閣法制局に一〇年以上在職し、民主党の野田佳彦政権の時期から長官を務めていたが、集団的自衛権の行使について全面的に困難だとする従来の憲法解釈を維持しようとして官邸と対立し、退任して最高裁判事に転じた。それは政権側が、最高裁よりも内閣法制局こそが憲法解釈を変更する上での制約だと認識していたことを示している。

結果的に、制度改革後の土着化は、外部アクターの関与が生じるより前の法曹界の論理、すなわち閉鎖的なプロフェッショナリズムを強め、改革の効果を減殺する方向で生じることになった。司法試験にもともと実績があった大学の法科大学院のみが生き残り、人数が少なく、新しい社会経済的課題には必ずしも強くないが、伝統的な法解釈の論理と技術という点では専門性の高い法曹を生み出していく。裁判員制度は継続していても公判にかかる日数は次第に多くなり、裁判員が関与した判決が第二審以降で覆される例も珍しくなくなった。この点について憲法学者の曽我部真裕は、司法試験合格者が増えているのに判事補任官者（裁判官採用者）が増えていないため、裁判員制度の導入などと相まって、裁判所や裁判官が改革前より多忙になった影響を指摘する。[36] だとすれば、多忙になるにつれて自分たちの慣れ親しんだ思考法や論理に立ち返る傾向があるとしても、何ら不思議ではない。辞退率や欠席率が高い水準に達しても、裁判員制度が国民におおむね受け入れられているという見解を最高裁は崩さないが、これも改革の効果を重視しない専門家の立場の表れだと考えれば違和感はない。

司法制度改革の背景には閉鎖的なプロフェッショナリズムが直面する限界についての認識があったはずだが、それを強調していた外部アクターが司法部門への関心を弱めている以上、当面は顕在化しないであろう。だが、司法部門のあり方が社会に与える影響は長い目で見たときに明らかになるものが多く、このような土着化への評価が定まるのは、まだ先のことなのである。

第6章　地方分権改革

1　改革の背景

地方分権とは何か

地方分権とはそもそも何なのだろうか。抽象的には、地方自治体が自らの意思で政策を決定すること、となりそうだが、それが実際に何を指しているのかは曖昧である。この抽象的な定義では、決めた政策を実施に移すために必要な財源や人材をどうするのかについて、何も語られていない。また、政府が担う役割を憲法レヴェルで中央政府と州政府に振り分ける連邦制国家と異なり、日本を含む単一主権国家はそのような割り振りをあらかじめ定めているわけではない。むしろ、地方自治体が中央政府の決めた政策を実施するための出先機関に近い場合も、単一主権国家では決して珍しくない。広く使われる言葉でありながら、必ずしも明確な定義が与えられていないことが、地方分権の大きな特徴である。

今日の政治学では、地方分権をいくつかの要素に分けて考えるのが一般的である。たとえば、行政学者の曽我謙悟は、地方分権や地方自治について論じるに当たり、政府の活動範囲と自律性という二つの側面に区分する。[1] 活動範囲とは、政府に使える資源（財源や人材）がどのように配分されているかによって定まり、中央政府に集中しているか、地方自治体に分散しているかという二つのタイプがありうる。自律性とは、政府としての意思決定がどのように行われるか、あるいは意思決定のための権限がどのように配分されているかによって定まり、中央政府と地方自治体が融合的に意思決定を行うか、分離的すなわちそれぞれに行うかの違いがありうる。

多くの研究者の間で、政治行政的な集権・分権と、財政的な集中・分散を分けて考えることについては合意が存在する。それをさらに細分化して、政策決定の権限、行政面での人材や権限の配分、財源の配分という三つに分けることも可能であろう。あるいは、新興国などを視野に入れると、地方自治体そのものを確立することが地方分権の第一歩である場合が少なくない。そのため国際比較の観点から、行政的地方分権や財政的地方分権とは区別された政治的地方分権という概念を導入し、政治的地方分権とは地方に存在する政治行政ユニットが民主的正統性や自律性を与えられるといった憲法的な変化を伴うとする論者も存在する。[2]

戦後日本の場合には、間欠的に道州制導入論が登場することはあっても、政治的地方分権が焦点になることはなかった。第二次世界大戦後の占領改革によって、日本の地方自治をめぐる制度は大きな変化を経験した。日本国憲法には「地方自治」の章が設けられ、首長と議会の公選が定められた。それまでは首長は中央政府による官選だったから、政治的意思決定を自ら行うという意味の地方自治、すなわち地方自治体の政治的な自律性とそこでの住民の関与は、戦後の新しい制度的枠組みによって保障されたのである。

何を求めていたのか

その定義や内実には曖昧さが残っているにもかかわらず、あるいはそれゆえに、戦後日本においては地方分権を求める声が止むことなく続いてきた。その際に重視されていたのは、政治的地方分権以外の二つの要素、すなわち行政面と財政面の関係であった。

中央政府には、内務省の分割後に紆余曲折を経ながらも、地方自治を所轄する自治省が設置された。自治省は、一方において中央政府における地方自治体の利益の代弁者であった。とりわけ財政面に関しては、一九五四年度から始まった地方交付税制度の維持拡充に努め、地方自治体が自由に使途を決められる財源を、中央政府の権限で確保することに意を用いた。地方制度調査会などの審議会や研究会を通じて、地方自治体が直面する課題への解決策を探る上でも、大きな役割を果たしてきた。[3] 他方において、自治省は地方自治体の監督者でもあった。日頃から地方の行財政状況に目を光らせ、多くの地方自治体に職員を出向させることによって、恒常的に指導を行ってきたのである。自治省は、地方自治体には自律的に行財政運営を行う能力が不足していることを事実上自明の前提として、それを支援するとともに監督する、いわば保護者あるいは後見役という位置づけだったのである。[4]

中央政府による地方自治体への関与には、自治省以外の省庁も関係していた。その主たるものが、行政面においては機関委任事務であり、財政面においては補助金（国庫支出金）である。機関委任事務とは、地方自治体の首長が中央政府に代わって担う行政事務を指し、パスポート発給や河川管理などがその代表例であった。本来的には中央政府の行政事務であるため、地方自治体の自律的な意思決定の対象外とされ、にもかかわらず業務は地方自治体の行政職員が担うことから、地方自治の制約要因として強く批判されてきた。補助金は、建設省（現・国土交通省）や農林水産省などの省庁が何らかの事業プログラムに基づき、受給要件を満たした地方自治体に支払うものである。地方自治体にとっては財源の一部になるが、事業プログラムの選択や内容について自律的には決定できないため、やはり地方自治の趣旨に反するという批判が強い。

戦後日本の地方分権論とは、結局のところ、中央政府によるこれらの行財政的関与を縮小し、地方自治体が自律的に行う意思決定によって定まる政策の範囲を拡大しようとする動きだったといえよう。新しい憲法と地方自治法により、確かに政治的な分権は達成された。しかし、確保された政治的自律性を実際に用いられる範囲は、自治省の総合的な関与や他省庁の統制によって限定的なものに止まっているという認識が、その根底には存在していたのである。

認識されていた課題

憲法によって地方自治が制度的に保障されているにもかかわらず、それは首長と議会を公選するという政治的な自律性に止まっており、行財政的には中央政府の強い統制あるいは影響下にあるという理解は、広く受け入れられていた。中央政府からの補助金によって町づくりなどが進められる結果、どの駅で降りても、どの地域に行っても似たような風景が広がっているとか、住民の利便性を高めるためにバスの停留所を一〇〇メートル移動させようとするだけで、許認可権を持つ運輸省との折衝を何回も行わねばならなかったといった話は、一九九〇年代初頭までの地方分権を主張する言説において、しばしば登場した。高度経済成長と追いつき型近代化が終わった七〇年代後半以降、「地方の時代」というメッセージがしばしば打ち出されていたにもかかわらず、その担い手である地方自治体の創意工夫は中央政府によって著しく制限されているという認識は、広範囲に共有されていたといえよう。

同じ考え方を主張する際に、繰り返し指摘されてきたのが、他の先進国と日本との違いである。連邦制を採用し、州が憲法上の存在として位置づけられているアメリカにおいて、地方自治体は憲章（charter：当該自治体にとっての基本事項を定めた憲法に当たる立法）制定権を持ち、高い自律性を保障されていることが強調された。また、一九世紀の思想家であるジョン・スチュワート・ミルの「権力は分化するも知識は集権化せねばならぬ」という命題が引かれて、イギリスは地方自治を重視する「近代型」であるという言説は一九六〇年代から見られる。[5] ドイツの都市計画やイギリスのニュータウン計画などは、自律的な政策決定に基づいて住民が快適な住環境を確保する試みとして多くの研究者の分析対象となった。地方分権が不十分な日本は欧米に比べて遅れている、という古典的かつ近代主義的な図式が早くから成立していたことは注目されよう。

地方分権改革に取り組まれた時期、このような認識を経験によって裏打ちしたのが、地方自治体の首長（知事や市町村長）を経験して国政の政治家になった人々の発言である。首長経験を持つ政治家は、戦後ほぼ一貫して存在はしていた。たとえば、五五年体制が最後の輝きを放っていた一九八〇年総選挙で当選した自民党衆議院議員のうち、知事・市町村長経験者は一四人であった。[6] しかし、元地方首長がその経験に基づいて地方分権を主張し始めるのは、九〇年代初頭のことである。その多くは自民党以外の政党に所属していた。政治学者の斉藤淳は、地方分権改革が九三年の政権交代に際して「非自民陣営を一つにまとめあげるうえで一つの推進力になった」と指摘する。地方政治家出身の自民党議員も多く、地方分権を主張する政治家が自民党に存在しなかったわけではないが、五五年体制下における自民党長期単独政権の負の側面や行き詰まりを象徴する政策課題として認識されたことは確かであろう。

その代表格が、熊本県知事から国政に再進出し、一九九三年に誕生した非自民政権で首相を務めた細川護熙である。彼は知事在任期間の終わりに、証券会社メリルリンチの上級副社長から出雲市長に転じていた岩國哲人との共著『鄙の論理』を出版し、東京一極集中と中央官僚の地方統制を時代遅れとして厳しく批判すると同時に、地方分権の必要性を説いた。[8] 細川の主張は、九二年参議院選挙で国政復帰を果たした後にも一貫していた。九三年に自民党を離党して新党さきがけを結成し、細川内閣の官房長官を務めた武村正義もまた、自治官僚から当初は革新系に推されて滋賀県知事を務めたという経験の持ち主である。細川や武村、岩國といった政治家たちは、地方分権が社会的関心を集め、国政の主要課題となる上での起爆剤的役割を果たした。

2　新しい理由づけ

応答能力への注目

近代主義的な観点から地方分権の意義を強調する見解は、一九九〇年代以降に新しい装いで登場し、細川らの登場によって脚光を浴びつつあった政策課題に、理論的な根拠と細部にわたる対応策を与えた。村山富市から橋本龍太郎に首相が代わった直後、一九九六年三月二九日付の地方分権推進委員会中間報告においては、地方分権を推進する「背景・理由」として、「中央集権型行政システムの制度疲労」「変動する国際社会への対応」「東京一極集中の是正」「個性豊かな地域社会の形成」「高齢社会・少子化社会への対応」が挙げられた。その上で報告は「目指すべき分権型社会」における「地域住民の自己決定権の拡充」や「地方公共団体の自治責任」の確立が求められる、と述べる。

とくに注目されるのが、「中央集権型行政システムの制度疲労」と「変動する国際社会への対応」である。一九八〇年代まで、地方分権の意義を説明するために、これらの要因が挙げられることはほとんどなかった。たとえば、地方制度調査会の答申を振り返ってみても、七〇年代から八〇年代にかけての地方分権論は、増大する行政需要に応えるためには分権によって効率化を図るべきであるとか、あるいは国民が多様性を志向するようになっていることに合わせて地域の自主性を高めるべきであるといった理由づけがなされている。これに対して、地方分権推進委員会中間報告は次のように述べる。少し長いが引用しておこう。[9]

1．中央集権型行政システムの制度疲労

明治維新以来徐々に形成されてきた中央集権型行政システムは戦時体制の下で一段と強化された。戦後改革はこの戦前のシステムを大きく変革するものであったが、機関委任事務制度の踏襲と拡張にみられるように、それは中央集権型行政システムを完全に払拭するものではなかった。そしてその後の高度成長期の行政活動の発展と膨張の流れのなかで、通達行政の濃密化と補助金行政の拡大にみられるように、新しい形態の集権化が積み重ねられてきた。

この明治期以来の中央集権型行政システムは、限られた資源を中央に集中し、これを部門間・地域間に重点的に配分して効率的に活用することに適合した側面をもち、これが当時はまだ後発国であったわが国の急速な近代化と経済発展に寄与し、比較的に短期間のうちに先進諸国の水準に追いつくことに大きく貢献してきた事実は、否定できないところである。

しかしながら、中央集権型行政システムにはそれなりの弊害も伴う。すなわち、国民国家の統一のために地域社会の自治を制約し、国民経済の発展のために地域経済の存立基盤を掘り崩す。権限・財源・人間、そして情報を中央に過度に集中させ、地方の資源を収奪し、その活力を奪う。全国画一の統一性と公平性を重視するあまりに、地域的な諸条件の多様性を軽視し、地域ごとの個性ある生活文化を衰微させる。それは、脳神経ばかりが異常に肥大しその他の諸器官の退化した生物にも比せられる。

このように、中央集権型行政システムには功罪両面があるのであるが、わが国の政治・行政を取り巻く国際・国内の環境はここのところ急速に大きく変貌してきている。そしてその結果として、今日では中央集権型行政システムが新たな時代の状況と課題に適合しないものとなって、その弊害面を目立たせることになったのではないか。言い換えれば、旧来のシステムは一種の制度疲労に陥り、新たな状況と課題に的確に対応する能力を失っているのではないかと考える。（以下略）

2. 変動する国際社会への対応

冷戦の終結に伴い、国際社会の枠組みは大きく変動した。経済活動のボーダレス化が急速に進み、政府レベルの国際交流のみならず、地域レベル・市民レベルの国境を越えた交流が活発を極め、政治・経済・社会をめぐる新たな国際秩序の模索が続いている。このような国際情勢の下で、国が担うべき国際調整課題があらゆる行政分野にわたって激増してきている。にもかかわらず、この種の国際調整課題に対する国の各省庁の対応は決して十分に迅速かつ的確であるようには見えない。

そこでこの際、国にしか担い得ない国際調整課題への国の各省庁の対応能力を高めるためにも、地方分権を推進し、国の各省庁の国内問題に対する濃密な関与に伴う負担を軽減することを通して、これを身軽にしその役割を純化し強化していくべきである。

従来の地方分権論とは大きく異なった論旨を展開しているが、同時期には珍しいものではない。類似した内容は、たとえば一九九四年一一月二二日付の第二四次地方制度調査会「地方分権の推進に関する答申」など、この時期の多くの公的文書に見られる。個々人の自己決定や個性から出発しつつ、公共部門が国際環境と社会経済環境の双方の課題に対する応答能力を高めるという、選挙制度改革や行政改革で用いられた論理が、個性の主体を地域社会に変えつつここにも登場するのである。

その際のキーワードは「グローバル水準」や「国際標準」といった、地方分権改革以外の政治改革、さらには社会経済の各領域のさまざまな変革において多用される単語であった。地方分権改革の理論的支柱となり、かつ地方制度調査会や地方分権推進委員会のメンバーとして実際の改革にも大きな役割を果たした行政学者の西尾勝は、地方分権改革の意義を論じる文脈で、後年このように述べている。[10]

日本の行政システムを先進諸国並みのグローバル水準に近づけようとすれば…国と自治体の融合の割合を大幅に緩和することが求められる。

日本の地方自治制度を先進諸国並みのグローバル水準に近づけようとすると、この歳入歳出ギャップと財政移転の規模の縮減を図る必要がある。

西尾は、前者では主に行政的側面を、後者では主に財政的な関係を念頭に置いている。すなわち、中央政府が地方政府と協働して活動する範囲が広すぎ、また中央政府の歳入が地方政府に地方交付税や補助金として移転して、地方政府の歳出となる割合が大きすぎる、というわけである。そこから、直接的には機関委任事務の廃止や中央から地方への財源移譲が導かれ、実際にも地方分権改革における具体的なテーマとされた。

しかし同時に、この発想は中央政府が国際的課題への対応にできるだけ専念すべきだ、という考え方と軌を一にしていたことは疑いがない。先に引用した「グローバル水準」を一九九〇年代に流行した表現を使って言い換えるなら、国際秩序の形成と維持に国力に見合う貢献を果たす「普通の国」であれば、中央政府の能力や活動範囲もまた「普通の国」でなければならず、地方自治体との協働に行財政能力を割きすぎるべきではない。その代わり、地方自治体は自律性を高め、自らの判断と創意工夫によって住民の社会経済生活にとってより大きな役割を果たすのが望ましい。

かくして、近代主義右派の改革論は、一九八〇年代までに存在していた地方分権論と組み合わされ、土着化することによって、九〇年代以降の地方分権改革の指導理念としての地位を獲得したのである。

異なった考え方

地方分権を求める主張は、長らく地方政治家や地方自治の専門家の間で強く、学界においても通説的な立場を占めていたように思われる。一九九〇年代の政治改革の一部としての地方分権論は、このような伝統的な考え方が、政治改革全体を導く理念と結びついて表舞台に登場したというべきなのであろう。後に見るように、それは成功し、地方分権を推進する動きは強まっていった。

しかし、研究者の間には他の考え方も存在した。地方分権論が、戦後日本には政治的自律性を除いた地方自治は実質的に存在しないという認識を前提にしていたのに対して、むしろ地方自治体は自らのイニシアティヴによって政策を展開しているという議論である。

その代表として、行政学者の村松岐夫によって唱えられた「水平的政治競争モデル」が挙げられる。[11]村松は、地方分権論が長らく依拠してきた地方自治についての見方は「垂直的行政統制モデル」であるとして、中央政府が省庁と地方自治体行政部門との関係、すなわち「行政ルート」によって地方自治体に政策を受け入れさせている側面を過度に強調していることを批判した。その上で、とくに首長が公選されているという地方自治体の政治的自律性が政策決定に影響を与えていること、また自民党国会議員と保守系地方議員の間の相互協力関係によって地方側の意向が中央政府の政策に影響を及ぼすこと、つまり「政治ルート」の効果を、各種の調査データに基づいて明らかにした。加えて、地方自治体は近隣や同規模の他の自治体と競争関係にもあり、中央の官僚の意向を唯々諾々と受け入れるだけの存在ではないことも指摘したのである。

この見解と整合性のある、もう一つの重要な議論は、同時期に政治史家の天川晃によってなされていた。[12]占領期における地方自治制度の形成を分析した天川は、そこで作り出された戦後日本の地方自治は、政治的には中央と地方が全く別々に公選される分権的特徴を持ち、行財政的には中央と地方が協働で政策を展開する融合的特徴を持つことを指摘した。そして、政治的分権によって中央政府とは異なった意向を持つ地方自治体は、行財政的融合を利用して、中央政府の人材や資金を活用しつつ自らの望む政策を展開する余地があることを示した。この「分権・融合型モデル」は、村松の水平的政治競争モデルと結びつきうる。すなわち、伝統的には「三割自治」として批判されてきた財政面での中央政府依存や、中央政府からの出向人材の受け入れも、地方自治体が中央政府の意向に従属した政策決定を行うことを意味していない。むしろ、全政府歳出の七割が地方自治体によってなされており、そこでは首長や議会が持つ政治的意思が反映される以上、日本の地方自治体は単一主権国家としては例外的なほど活発な存在なのである。

水平的政治競争や分権・融合型地方自治の考え方は、その後の実証的な地方自治研究に大きな影響を与えた。たとえば行政学者の稲継裕昭は、中央政府から地方自治体への出向人事が、単純な統制と従属の帰結ではなく、新しい政策課題に取り組む上で自治体に生え抜き人材がいない場合など、地方自治体側の関心に基づくものであることを示した[13]。融合型の行財政関係の下で、地方自治体が「名を捨てて実を取る」ことに成功しているというわけである。同じく行政学者の伊藤修一郎は、地方自治体が条例を制定する場合に、近隣あるいは同規模の自治体が同じような条例を制定しているかどうかが意味を持つことを実証的に明らかにした。彼の政策波及についての分析は、中央政府の統制や関与が地方自治体の政策を画一化するという従来の見解とは全く異なった、水平的競争の実相を示すものであった[14]。さらに、地方自治体の首長や議会が持つ政治的あるいは党派的立場が、政策の優先順位づけと密接に関係していることを示した研究も後年には多く登場して、今日ではもはや少数説とはいえなくなっている。[15]

しかし、このような新しい研究動向が、地方分権改革をめぐる議論において参照されたとは言い難い。もちろん、それがいかに斬新で説得力に富んだものであったとしても、提唱されたばかりの見解が短時間に広く受け入れられることは、社会科学においてはまず起こらない。ある新しい立場が打ち出され、それに立脚した多くの研究成果が積み上がり、同時並行で既に知られていた現象の再解釈がなされて、次第に多くの人々に受容されるのが通例である。そして、学界で新しい標準的見解になった後、さらに長い時間をかけて実務家を含む学界外に伝播していくことになる。地方分権改革の場合には、村松や天川によって提唱された考え方は、まだ学界内での波及の途上であったといえるだろう。

同時に、これらの見解が従来の地方分権を求める議論と整合しづらかったことも確かである。水平的政治競争が垂直的行政統制よりも大きな意味を持っているのであれば、戦後改革によって既に政治的自律性を確保している日本の地方自治体には、これ以上の権限や財源の移譲はあまり必要ないということになるだろう。分権・融合型の関係の下で、行財政面での中央政府との密接な関係がむしろ地方自治体が自らの政策を展開するための資源になるのであれば、それは変革するのではなく維持強化する方が地方自治にとってはプラスだという結論になりうる。事実、中央政府からの財政移転のうち、使途を特定しない地方交付税については、地方分権を求める当事者や専門家の間で必ずしも悪い評価ではなかったのである。地方分権改革をめぐる議論の中で、一九八〇年代以降に登場した諸見解が重視されなかった一因として、このことは無視できないように思われる。

3　総論賛成・各論反対を超えて

政権中枢への浸透

地方分権改革の過程は、内閣府地方分権改革推進室などの区分に従えば、第一次改革と第二次改革に分けて整理される。[16]

第一次改革とは、一九九三年六月に衆参両院が行った「地方分権の推進に関する決議」に始まり、地方分権を重点的に扱った同年一〇月の第三次臨時行政改革推進審議会（第三次行革審）の最終答申、九五年五月の地方分権推進法の成立、およびそれに基づく「地方分権推進委員会」の設置と五次にわたる勧告、そして九九年七月の「地方分権一括法」の成立に至るまでの過程を指す。地方分権一括法の施行は二〇〇〇年四月であり、二〇〇一年七月には地方分権推進委員会が解散した。

地方分権一括法に至るまでの改革によって、中央政府による地方自治体への統制手段とされてきた機関委任事務制度の廃止が実現し、その他にも中央政府から都道府県、都道府県から市町村への権限移譲などが行われた。総じて、行政面での中央集権を弱めることが、改革の意図であったといえよう。一八七一年の廃藩置県から一貫して続いていた中央集権への動きが、この改革を機に逆転したと見ることもでき、極めて大きな意味を持つ変革であった。

その直接的な起点となった衆参両院の決議の前年に、参議院選挙で細川護熙率いる日本新党がブームを起こし、決議の直後に彼自身が首相になったことは、単なる偶然ではない。先にもふれたように、細川政権は首相に加えて、官房長官の武村正義が滋賀県知事、建設大臣の五十嵐広三が旭川市長の経験者であり、地方分権への関心を強めるのはむしろ当然であった。自民党の宮沢政権から継続在任した官房副長官（事務）の石原信雄も元自治事務次官であり、地方分権への関心はもとより小さくなかった。細川政権は一九九四年二月に閣議決定した「今後における行政改革の推進方策について」で、同年度中の「地方分権の推進を図るため、国・地方の関係等の改革に関する大綱方針」の策定と、その後直ちに「地方分権推進に関する基本的な法律の制定を目指す」とした[17]。

従来、美濃部亮吉都政下の東京都などの革新自治体がそうであったように、地方自治体の自律性を強めるという意味での分権論は自民党政治への対抗言説として提起される傾向が強かった。それゆえに政策過程での影響力を持ちにくい面があったのだが、細川政権の登場によって政策過程の中枢に一気に浸透する機会を得たのである。同時に、地方分権改革が選挙制度改革や行政改革など他の分野の改革と合流し、近代主義右派の理念を共有する機会ともなった。一九九四年の第二四次地方制度調査会答申や、九六年の地方分権推進委員会中間報告などに、同時期の諸改革と近似した言葉遣いが見られることは、先に述べたところである。

さらに、武村と五十嵐は、自民党・社会党・新党さきがけが連立した村山富市政権においても大蔵大臣と官房長官をそれぞれ務めた。彼らの要望は、自民党にも驚くほど異存なく受け入れられた。さきがけの政調会長だった菅直人の回顧によれば、社会党政審会長の関山信之と作った政権構想の中に機関委任事務の廃止などが入っていたが、自民党政調会長だった橋本龍太郎は「一瞬にして丸のみ」したという。[18] 村山政権発足に際しての与党政策合意には地方分権推進が重要な柱として明記され、首相の所信表明演説においても「地方分権の推進に関する基本的な法律案」の提案に言及した。[19] もちろん、連立合意や首相の所信表明演説に述べられれば直ちに実現するほど、制度変革は簡単なことではない。しかし、これらによって与党としての基本的なスタンスが定まったことは大きく、後の改革過程での抵抗はもっぱら中央政府官僚からなされるものに限定されることとなった。

村山政権下で地方分権推進法が成立し、地方分権推進委員会が発足したことを考えると、地方分権改革は一九九〇年代前半において最も大きな、そして決定的な進捗を見た政策課題であったことが分かる。その過程で中心的役割を果たしたのは、新党さきがけの議員たちだったということができるだろう。自民・社会・さきがけの連立政権は、五五年体制下で対決していた自民党と社会党が与党として手を組んだことから、しばしば理念なき野合という批判を浴びた。その批判には否定できない面があるが、一部の政策領域では非自民勢力が従来主張してきた事柄を自民党に受け入れさせる効果もあった。地方分権改革は、その一つだったのである。

三つの方向性

その後、改革の方向性はおおむね三つに分かれた。

一つは市町村合併である。行政面での地方分権を進めていけば、その担い手である地方自治体の規模と能力の問題は必然的にクローズアップされざるを得ない。小規模な地方自治体に合併を促す方針は、既に一九九五年の合併特例法改正で示され、九〇年代後半になると主要政党が提唱し始めていたが、実際に進展したのは九九年の地方分権一括法や二〇〇四年の合併三法〔市町村の合併の特例等に関する法律〔合併新法〕、市町村の合併の特例に関する法律の一部を改正する法律〔改正合併特例法〕、地方自治法の一部を改正する法律〕の制定によってであった。これらの法律は、合併を行う地方自治体にさまざまな行財政面での優遇や激変緩和措置を適用するとともに、改正合併特例法において最も手厚い優遇を受けられる期限を二〇〇五年三月末までの合併申請で区切ったところに特徴があった。結果的に、二〇〇五年頃をピークとして合併は急速に進んだ。

もう一つは財政面での分離の試みである。これも市町村合併の推進と似た事情、すなわち行政面での分権に見合う能力を地方自治体に与えることを目指していたが、同時に財政的な融合関係が地方自治の制約要因であるという主張が古くからなされていたことは、先に見たとおりであった。一九九〇年代の地方分権推進委員会も、補助金改革については関心を振り向けていた。

このような構想は、小渕恵三が首相であった時代に、アサヒビール会長の樋口廣太郎が議長を務め、経済学者の竹中平蔵らが加わっていた経済戦略会議の答申（一九九九年二月）にも既に示されていた。だが、小渕政権は答申の約一年後に首相の急病によって倒れ、答申が直接活かされることはなかった。本格的に動き出すのは、二〇〇一年に発足した小泉政権の下で、経済財政諮問会議がマクロ経済政策の方針決定に大きな役割を果たすようになってからのことである。

経済財政諮問会議の議長であった首相の小泉純一郎、担当大臣として切り盛りした竹中平蔵は、構造改革と「小さな政府」化を推進することで日本経済を活性化することを目指しており、中央政府と地方自治体の間の財政的関係の見直しも、その一環であった。具体的には、いわゆる三位一体改革として、二〇〇三年から〇五年にかけて補助金改革・税源移譲・地方交付税改革が行われた。補助金改革や税源移譲は地方分権を重視する論者が長らく主張してきたことであり、またその規模も大きかったため、極めて重要な変革であるとする論者もいる。[20]その一方で、中央政府の歳出削減という観点から地方交付税の抑制も図られたことには地方自治体側の不満があり、また一部の経済学者は地方債改革が不十分であることを指摘する。[21]

第三の方向性が、行政面での分権のさらなる推進である。この動きは、二〇〇六年一二月に成立した地方分権改革推進法に基づき、〇七年四月に地方分権改革推進委員会が発足して始まる。行政学者の伊藤正次や曽我謙悟は、これを第二次地方分権改革の起点と見ている。[22]その後、二〇〇九年一二月には民主党の鳩山由紀夫内閣により「地方分権改革推進計画」が閣議決定され、一一年四月以降、その成果というべき地方分権一括法がほぼ毎年制定されている。そこで進められているのは、中央政府から都道府県、都道府県から市町村への権限移譲や、中央政府によるさまざまな義務づけの規制の緩和などである。一四年以降は、権限移譲や規制緩和といった行政面での分権の具体的内容について、地方自治体側から提案する「提案募集方式」も採用され、そのうちのいくつかは実現している。

改革は全体として長期間に及んでいるが、基本的な理念の選択という意味で決定的だったのは、第一次改革が進められた一九九〇年代と、三位一体改革が行われた二〇〇〇年代初頭の小泉政権期であっただろう。市町村合併と二〇〇六年以降の改革は、これら二つの改革の延長線上で進められているという色彩が強い。第一次改革と三位一体改革にあっては、八〇年代までも繰り返し主張されてきた古典的な地方分権論に、別の理念が上乗せされ、それが改革に強い推進力を生み出した。それが、先にも見た「中央集権型行政システムの制度疲労」という認識である。地方自治それ自体に価値があるというだけではなく、地方政府を導きつつ、協働して多くの活動を行うという中央政府のあり方が、一方においては財政悪化とともに中央政府の本来的役割である外交や安全保障に割く資源を乏しくしており、他方においては地方自治体が必ずしも望まない政策プログラムの画一的な押しつけになっているというのは、各領域の改革に通じる要素を持つ主張であった。だからこそ、九〇年代にはほぼすべての主要政党が、地方分権改革を重要な政策課題として支持したのである。

多数派形成の特徴

地方分権改革に関する多数派形成には、大きく二つの特徴があった。

一つは、地方分権を一般的に好ましいとする立場をとらないアクターが、ほとんど存在しなかったことである。既に見たように、地方分権とは何を指すのか、改革を進めるとすれば何が中心的課題になるのかについては、多くの見方が存在していた。分権の定義は曖昧であり、戦後の日本では政治面だけではなく行財政面においても既に地方自治体の意向が相当程度まで実現しているという議論は唱えられていた。だが、地方自治論の専門家ではない多くの関係アクターにとって、地方分権によって自治を拡充することは、基本的に望ましい政策的方向性であった。とりわけ、第一次改革に大きな役割を果たした細川政権や村山政権において、そのことは明らかだといえる。改革の具体的な内実については、分権を望ましいと考える専門家により、行政面での統制の緩和と財政面での融合関係の縮小として、一九八〇年代以前から定式化されていた。政治学の用語法でいえば、地方分権改革は合意争点だったのである。

このような場合には、改革への反対は個別的な事項についての反対、すなわち総論賛成各論反対による抵抗という形にならざるを得ない。それを行う勢力は、端的には実務の細部について知悉しているアクターということになり、中央政府の官僚か地方自治体の職員しかない。地方自治体側が分権改革に反対する理由はほとんどないので、抵抗するとすれば中央政府の官僚である。実際にも、地方分権改革を進めていく上での最大のヤマ場は、地方分権推進委員会など、改革の具体的内容を準備するところにおいて、中央政府の各省庁の抵抗をいかに押さえ込むかであった。

第一次改革や市町村合併において大きな役割を果たした西尾勝は、後年の回顧的な分析において、地方分権推進委員会が各省庁に対して丹念に続けた意見聴取（グループヒヤリング）と、改革方針の策定に際して省庁が形成してきた「霞が関ルール」を尊重したことを述べている。[23]改革実現の主舞台は、国会や自民党本部がある永田町ではなく、中央政府各省庁がある霞が関だったのである。

もう一つの特徴は、地方分権を求めること自体はいわば常識的、あるいはルーティーン的な主張に過ぎず、それが大規模な改革につながるには別の理念とその支持者が必要だったことである。専門家の学術的な見解としては一九八〇年代以降変化しつつあったが、全体として見れば、地方分権を求める声は戦後ほぼ一貫して存在していたといえる。それだけでは改革にとって不十分だったからこそ、分権論は長く唱えられてきたという見方もできよう。西尾勝は「それ以前も自治体業界関係者（自治体関係者、自治省、地方制度調査会、地方自治研究者等）は地方分権の推進を要求し続けてきたが、この推進勢力の力だけでは政治を動かすことはできなかった。それが九〇年代に入ると、政界、財界、労働界のなかからも地方分権の推進勢力が誕生し、その声が混声合唱に発展して、ついに政治を動かすに至ったのである」と、明確に述べている。[24]

改革推進の「混声合唱」を可能にする上で重要になるのが、政治改革の一部としての地方分権改革という位置づけである。これを反対側から見れば、政治改革の基本理念が地方分権という領域において土着化するためには、従来の分権論との結びつきが必要だったということである。再び西尾の見解に耳を傾けよう。第一次分権改革の直接の起点として、一九九三年の衆参両院による地方分権推進決議、自民党の分裂と解散総選挙（すなわち非自民の細川政権の成立）、細川政権による第三次臨時行政改革推進審議会最終答申の受理を挙げた上で、西尾は「これをもう少し長いスパンの流れのなかに位置づけ直せば、第一次分権改革は一九八〇年代から続いてきた行政改革の流れと一九八〇年代末に発覚したリクルート事件に端を発し一九九〇年代から始まった政治改革の流れとが合流することによって初めて可能になった構造改革であった」と指摘する。[25]ここでいう「政治改革」が選挙制度改革を指すことは、改めて述べるまでもないだろう。

同じようなパターンは、小泉政権下における三位一体改革についても見出すことができる。地方自治体が自らの判断で使える財源を拡大することは、一方では伝統的な地方分権論の主張であり、西尾は三位一体改革を地方自治体の「自由度拡充路線」の上に位置づけている。[26]改革の過程で注目された梶原拓や北川正恭らの「闘う知事」たちも、同様の認識だったのであろう。他方で、それが実現していくためには、小泉純一郎や竹中平蔵が追求しようとした中央政府の役割縮小、すなわち「小さな政府」論への支持が不可欠であった。言い換えれば、経済財政諮問会議を主アリーナとして「小さな政府」論と提携し、地方交付税の実質的縮減という代価を払うことによって、ようやく補助金の見直しや税源移譲による地方自治体の財政的自由度の拡大が可能になったのであった。[27]そして、小泉政権期の「小さな政府」論は、たとえば竹中が経済学者として個人的に新自由主義の理念にコミットしていたことによって支えられていたというよりも、九〇年代から既に広く受け入れられていた「中央集権型行政システムの制度疲労」という認識の延長線上にあったがゆえに、支持されやすかったのである。

4 何をもたらしたのか

想定された帰結

地方分権改革は、伝統的な地方分権論と「中央集権型行政システム」の変革という、二つの流れが合流したところで進められた。「中央集権型行政システム」の変革とは、単に中央省庁が地方自治体に対して行っていた行政的統制や財政的融合の手段を縮減することを指しているのではない。むしろ、一九八〇年代に完成されるとともに強い現状維持志向を生み出した政治行政のあり方、すなわち自民党の長期単独政権の下で利益配分政治への関心が圧倒的になり、各省庁の官僚もまたそれに積極的に協力し、ときには主導することで、自らの権限や予算を拡大することを目指す状態を、解体することを意味していた。それは間違いなく、九〇年代に強まった政治改革の通奏低音であった。

ここから、改革は少なくとも二つの帰結を想定していたのであろう。一つは地方自治体の行財政面における自律性拡大であり、もう一つにはその裏返しとしての中央省庁の関与縮小である。

中央省庁の地方自治への関与縮小は、政府の役割を全般的に縮小する「小さな政府」の実現として捉えられることもあったであろうが、総じていえば、中央政府には中央政府にしかできない業務である外交や安全保障、あるいは国全体のマクロな課題への対応に人材や財源を割くべきだという考え方の反映であった。個別的な課題よりも全体的な課題への対応を優先するという意味で、ミクロに対するマクロの優位を追求すると言い換えてもいいだろう。このような方向性は、中央政府内部における集権化を目指した選挙制度改革や行政改革との整合性が高いといえる。

実際にも、地方自治体の行動に対する中央政府の干渉ないし後見役的な姿勢は弱まる傾向にある。行政学者の北村亘は、一九七〇年代半ば、八〇年代半ばに行われた中央省庁官僚へのサーヴェイと、二〇〇一年に行われた同様の調査の結果を比較検討する作業を通じて、財務省などの中央政府財政担当省庁、国土交通省などの公共事業担当省庁、厚生労働省などの福祉担当省庁、そして地方自治担当省庁である総務省（旧自治省）のいずれにおいても、時期が下るほど地方自主財源を拡充することに好意的になる一方、公共事業や福祉といった補助金との関係が深い省庁では自治体との接触頻度が低下していることを明らかにした[28]。地方自主財源が拡充すれば、中央政府が関与できる余地は当然ながら縮小され、接触頻度は低下するであろう。第一次地方分権改革が終わった時点において、中央省庁は既に地方自治体との関係が明確に変質することを認識していたのである。

地方自治体の能力問題

その一方で、地方自治体が行財政面でも自律性を高め、既に制度的に保障されていた政治面での自律性と組み合わされて、中央政府と地方自治体の関係が「分権・融合型」から「分権・分離型」へと変化した場合に、地方自治体がどのような行動をとるのか、高まる自律性に見合う制度や組織を持っているかについての検討は、必ずしも十分ではなかったように思われる。地方分権改革は、その名の通り地方自治体への権限や財源の移譲を主眼として進められたので、移譲を受ける地方自治体そのもののあり方については、市町村合併を除くと制度的枠組みを含めて十分な取り組みがなされないままだったのである。

この問題は、典型的には地方自治体の行政面における能力の問題として立ち現れる。都道府県や政令指定都市などの大規模な地方自治体の場合には、行政職員の求人は競争的であり、高い潜在能力を持った人材を確保することは比較的容易である。新規採用者の出身大学などから推測する限りでは、中央省庁の官僚に比べて遜色のない人材を得られている場合も見受けられる。しかし、政令指定都市以外の市町村になると、それが小規模になるほど人材確保は困難になる。各自治体が人事や採用について改革を試みていることも確かだが、その成果は現在なお未知数のところが大きい。中央政府の関与が大きく、端的には指示に従って業務を進めれば良かった時代には、能力不足の問題は顕在化しづらかった。だが、行財政面での自律性が高まるとそうはいかなくなる。改革や政策転換の努力を行っている事例もあるが、小規模市町村では外部のコンサルティング会社などに政策的な検討を委ねてしまっているケースも散見される。[29]

また、政治面についての課題も無視できない。地方自治体は、憲法第九三条二項が「地方公共団体の長、その議会の議員及び法律の定めるその他の吏員は、その地方公共団体の住民が、直接これを選挙する」と定めているために、政府を構成する制度としては大統領制とほぼ同じになっている。大統領制の場合、大統領に与えられる権限によって異なる面もあるが、議会での多数派形成が政策過程の大きな鍵を握る。[30]それは日本の地方自治体でも同じである。ところが、日本の地方自治体、とくに政令指定都市以外の市町村の場合には、自治体の全域を単一選挙区として議会の定数（数人〜五〇人以上）すべてを選出する大選挙区制が採用されている。このような選挙制度の場合、小政党や無所属の当選者が大量に生まれるため、首長による多数派形成は容易ではない。かつ当選に必要な得票率が低いため、個々の議員は自らの支持基盤への利益配分を重視した行動になりがちで、自治体全体のことを考えない傾向が生まれる。[31]

このような制度構造を変えずに財政的な自律性を高めると、議会がまとまって対抗できないことを利用して首長が独断的な政策選択を行う、あるいは議会の歓心を買うための過剰な利益配分によって放漫財政に陥るといった危険性がある。また、有権者の側から見ても、たとえば源泉徴収されている勤労者の場合に、国税である所得税よりも地方税である住民税の額が大きいことも珍しくないだろう。だが、国税の使途については関心が高く、不満があれば与党への批判として選挙などを通じて表明できるのに、地方議会の構成はなかなか変えられないために、より多くの金額を納めている地方税の使途監視が難しいという事態にもなる。にもかかわらず、地方自治体の政治制度の変革は、分権改革においては全くといっていいほど課題にならなかったのである。

中央・地方間の調整問題

さらに、中央政府と地方自治体の関係が円滑さを欠くようになったことも、指摘せねばならないだろう。地方分権改革が進められる前には、両者の関係には主として三つのルートが存在した。一つは行政ルートであり、中央省庁の官僚と地方自治体の行政職員がつながることで確保されていた。もう一つは財政ルートであり、行政ルートを実効性あるものにする上で、人事交流や機関委任事務制度などと並んで、中央政府からの補助金の存在があったことは否定できない。これら二つが、行財政面での中央政府による統制や過剰関与として批判されてきたことは、本章において繰り返し指摘してきた。さらに、第三のルートとしては政治ルートがあった。すなわち、地方議会における保守系議員は多くが自民党国会議員と系列関係にあり、国政選挙における集票マシンとして働くことに加えて、国政レヴェルの政策過程に地方利益を反映させ、かつ地方レヴェルに中央政府の方針を反映させるという、双方向の機能を果たしてきた[32]。保守系の地方政治家がしばしば唱える「中央とのパイプ」とは、このような側面を意味している。

地方分権改革は、これら三つのルートをいずれも著しく弱めた。第一次分権改革と三位一体改革によって行財政面の融合関係が希薄化したことは既にふれたが、政治ルートに最も大きな影響を与えたのが、国政における選挙制度改革と地方における市町村合併であった。選挙制度改革は、自民党内部の意思決定構造を集権化するとともに、自民党以外の政党が政権を担う可能性を高めた。そうなると、系列による「中央とのパイプ」は意味を失ってしまう。市町村合併は、系列に加わる市町村議会の議員総数を大幅に減らすことにつながった。とりわけ町村議会議員の減少は極めて大きく、市町村合併がピークを迎える直前の二〇〇三年末には三万七七〇三人だった町村議会議員定数は、一七年末には一万一一六六人になったのである。これで従来の系列関係が維持できると考えるのは難しい[33]。行政・財政・政治という三つのルートを弱めることは、地方自治体の自律性を高めることと表裏一体の関係にあったのだから、当然だともいえる。

しかしその結果として、中央政府と異なった政策判断を行う地方自治体が増え、両者の間の調整が難しくなったことも確かである。そして、地方分権を望ましいものと見なす価値観が定着したことも、この傾向に拍車をかけたように思われる。近年、沖縄県における米軍基地の問題や、各地で起こっている原発再稼働反対の動きは、中央と地方の調整が困難になっているところに、地方側が反発しやすい政策課題が生じたことによって出現していると考えられよう。財政面に関しても、三位一体改革で地方財源問題が解決したわけではもちろんなく、自律性をさらに高めるために、消費増税に際して地方自治体への配分を増やすように求める主張も表れている。これらの動きを逆転させることは困難であろうから、中央と地方の調整問題は今後ますます日本政治の重要課題になる可能性が高い。

第一次地方分権改革の成果として、中央政府と地方自治体の対立が生じた場合には「国地方係争処理委員会」が対応することになった[34]。しかし、法的な権限関係が曖昧なまま国と地方が協働してきた領域も少なくないことや、委員会が審査に消極的なこともあって、十分に機能しているとは言い難い。二〇一九年に至り、大阪府泉佐野市を「ふるさと納税」制度の対象から外す総務省の新ルールについて、違法の疑いが強いとして委員会が再検討を勧告した。総務省幹部からは委員会が「初めて仕事らしい仕事をした」という反応があったという。[35] しかし、これが中央政府と地方政府の関係に今後どのような影響を与えるのか、なお予測はつかない。

終章　改革は終わったのか

1　広範で大規模な改革

アイディアにおける一貫性

　ここまで本書では、一九九〇年代以降に取り組まれた政治改革について、その過程と帰結に注目しながら検討を進めてきた。選挙制度改革、行政改革、日本銀行・大蔵省改革、司法制度改革、地方分権改革と、公共部門と呼ばれる領域の大部分について、立て続けに改革が行われたことは、日本政治史における一大画期というべきであろう。政治改革が進められた時期に対しては、ときに「失われた二〇年」あるいは「失われた三〇年」などと否定的な評価が与えられることが珍しくない。だが、少なくとも憲法に規定される公共部門のあり方、すなわち憲法体制に関しては、極めて高い自己改革能力を発揮した時期なのである。近代国家としての基本構造を整えた明治憲法体制の形成期、国民主権の採用など国家としての正統性原理の根本的な転換を行った戦後改革期に続く、第三の憲法体制を作り出したとさえいえるかもしれない。

　戦後改革に際して制定された日本国憲法は、統治機構についての細部が書かれていないという意味で「規律密度」が低いといわれる。そのために、九〇年代以降の政治改革において日本国憲法の条文の改正は行われなかった。だが、条文としては書き込まれていなくとも、政治権力を作り出し、運用する諸ルール（統治ルール）の総称が実質的意味での憲法であることは、政治学においては何ら違和感のある理解ではない。憲法をこのように捉えるとき、本書が対象とする政治改革とは、憲法学者の大石眞や宍戸常寿の言葉を使えば「憲法改革」であり、実質的意味の憲法改正であったといえよう。[1] 成文憲法典を持つ国家における条文改正なき憲法体制の変革は、ニューディール政策がとられた時期のアメリカなどにも見られ、決して例外的なことではない。[2]

そのような大規模な統治ルールの改革、あるいは実質的意味の憲法改正として政治改革を理解するとき、背景にあったのはどのような考え方だったのだろうか。本書が明らかにしようとしたことの一つは、このことであった。序章で見たように、一貫した考え方はなく、存在したのは根拠なき熱狂だけだったという理解も提示されている。改革の結果として、小泉政権以降の「ポピュリズム」が生み出されたという議論も、こうした「熱病」論の延長線上にあるのかもしれない。[3] それとはいわば正反対に、新自由主義的な経済政策のような特定の帰結を導くために多方面での改革が進められたという見解も打ち出されている。どちらの考え方も、実際の改革過程や帰結に整合しないところが多く、依拠するには疑問の残るものであった。本書はその中間にある考え方であり、近年では「平成デモクラシー」論として唱えられる見解に近い立場から分析を行った。

平成デモクラシーの根底にあったもの

平成デモクラシー論は、政治改革を構成する各領域、とりわけ選挙制度改革や行政改革を対象として、そこに共通する時代認識や課題認識があったことを指摘する。すなわち、一九八〇年代に頂点を迎えた戦後日本の経済的繁栄や社会的安定は、まさにその成功ゆえに困難に直面しつつあり、改革が必要とされたのであった。日米経済摩擦の激化や冷戦の終焉は、戦後ほぼ一貫して採用されていた「日米同盟を前提にした軽軍備、経済重視」という政策路線と、その担い手としての自民党の長期単独政権、および自民党・官僚制・関連業界の内部は多元的だが排他的で密接な協力関係という、それまでの日本政治の基本型の有効性を著しく低下させた。そのことに気がつき始めた都市部の有権者や一部の経済団体・労働団体のリーダーたちは、自民党政権が生み出していた政治腐敗に批判的だったジャーナリストや学者を巻き込みつつ、新しい国内外の環境条件に応答的な公共部門を作り出そうとしたのである。

具体的には、政策選択をめぐる政党間競争と政権交代を生み出す選挙制度であり、前例や既存の考え方に囚われず新しい政策課題に取り組み、問題解決ができる官僚制や司法部門のあり方などが追求された。注意すべきは、改革後の公共部門が新しい環境条件への応答能力を向上させたからといって、新自由主義路線のような特定の政策が採用されやすくなるわけではないことである。政治学者の樋渡展洋は、小選挙区制中心の選挙制度と新自由主義が結びつきやすいわけではないことを、多国間比較によって示している[4]。実際にも、一九九〇年代の「第三の道」に代表されるように、新自由主義へのオルタナティヴを政権交代によって実現する動きは世界的に見られたのであり、日本の場合にも二〇〇九年の政権交代にはそのような意味があった。立場によっては、二〇一二年の自民党・公明党の政権復帰にも、そのような政策路線転換としての意味を見出すことができるだろう。

しかし本書は、平成デモクラシー論がこれまで指摘してきたよりも、さらに根底的な基盤が政治改革にはあったことを強調してきた。それは近代主義の理念である。ここにいう近代主義とは、日本社会を構成する個々人がより自律的になり、自らが関わる事柄について自ら責任を持って合理的に判断する主体として行動すること、そのような行動の集積によって日本社会の物事の決め方や進め方が合理化することを望ましいとする考え方である。

戦後日本の思想空間において、近代主義の担い手は大多数が左派であった。自民党は前身の保守政党から一貫して前近代的な性格を帯びており、自民党以外の政党、より端的には社会党や共産党が政治権力を担い、マルクス主義に依拠して従来の秩序を全面的に覆すことによって、近代化は初めて推進できるという立場である。だが、自民党の内部にも合理的な要素は存在しており、それを活かせば左派政権でなくとも近代主義が目指すところに到達できるという立場をとる論者も、少数だが存在した。本書ではそのような立場を近代主義右派と呼んだ。体制内での制度変革を通じた合理化を目指す近代主義右派の理念こそが、政治改革の基底に存在したものであった。

近代主義右派の理念という視点を導入することで、一九九〇年代の政治改革がなぜあれほど広範かつ連続的に行われたのか、それがとりわけ統治エリートである自民党の政治家や官僚に受け入れられたのかが、初めて理解できる。八〇年代までの成功を担い、同時に厳しい国際交渉などの矢面に立ってきた彼らであったからこそ、日本の政治行政や社会経済にはなお近代化あるいは合理化の余地が残されていることを実感していたのである。その意味で、政治改革とは冷戦終結後の新しい環境に対応することを目指したに止まらず、より広く日本の政治行政や社会経済を合理化することを志向する、より能動的な自己変革の試みであった。国際環境の変化に応答したという点では共通しているが、目指す方向性までも自ら追求しようとしたことに注目すれば、政治改革は過去二度の憲法体制確立を超える要素さえ伴っていたのかもしれない。

そして、政治改革によって実際に生じた変化も過小評価すべきではないだろう。本書の各章でふれたように、それぞれの領域において制度変革の影響は見られるのであり、制度変革が想定された効果を生み出している領域も少なくない。時間を浪費したという意味での「失われた二〇年」あるいは「失われた三〇年」という表現は、政治に対しては当てはまらない。最も代表的な変化が、首相とその周辺にいる少数のトップリーダーによる政策決定、すなわち「官邸主導」の一般化である。首相の名前や意向と政策決定が今日ほどに結びつくことが、戦後日本政治においてあっただろうか。官邸主導への賛否はともかく、そこに一九八〇年代までとは全く違う政策決定過程が現出していることは確かである。

2　不整合と不着手という問題

土着化による多様な帰結

政治改革が大規模な自己改革の試みであり、変化を生み出したことを受け入れたとしても、そこに生じた帰結には得心がいかない、こんなはずではなかったというのが、平成期の政治改革を経験して令和の時代を迎えた、多くの人の感想あるいは印象かもしれない。あれほど大騒ぎして、多くの人々が知恵を絞り、ときに苦渋の選択や大胆な決断も伴いつつ進めた改革が、想定されていたほどの効果を発揮していないことは否定しがたい面がある。一時の熱狂あるいは熱病の産物として改革を捉える議論が多く出され、近年むしろ目立つ傾向にさえあるのは、そのことに関係するのかもしれない。

本書ではこの点について、土着化という概念を用いて分析を行った。先にも述べたように、政治改革は日本の政治行政や社会経済をより合理化するとともに、個々人が自律しながら創意工夫をこらして生きられるようにしたい、という近代主義的な目標を共有していた。しかし、それは戦後長らく存在していたにしても、改革の理念としてはいささか抽象的なものであり、各領域において具体的な制度変革が進められる過程では、その領域における課題認識との整合化が図られる必要があった。

たとえば、環境変化に応答的で合理的な意思決定を目指そうとするとき、政策決定過程であればトップリーダーへの集権化が求められるが、中央銀行であれば政府からの独立性を強める分権化が求められることになる。このような領域ごとの課題認識との整合化は、個々の改革が領域ごとに検討され、受け入れられる必要がある場合に、より大きな意味を持つ。日本の場合、一九八〇年代までの政治的意思決定がボトムアップで分権的であるという性格を有しており、制度変革を具体化する際にもこのような決定過程を無視することはできなかった。共通した理念から出発していても、領域ごとに自民党の族議員や各省庁の官僚、関係業界が受け入れられる改革案に落とし込む必要があった。選挙制度改革後には政党間競争のあり方が変化し、次第にその影響が及びはじめたが、なおそれは強いものではなかった。結果的に、領域ごとに従来から存在した課題認識に近代主義の理念を整合させる土着化が、改革を推進する多数派形成には大きな意味を持ったのである。

しかし、土着化は別の大きなコストを伴っていた。領域ごとに土着化が進められた結果として、選挙制度改革や行政改革のように従来よりも集権的な意思決定メカニズムの確立を目指す場合と、中央銀行改革や地方分権改革のように従来よりも領域の自律性（独立性）を強めようとする場合が混淆することになったのである。さらには、自律性を強めた領域の内部に新たに生み出される意思決定メカニズムがどのようなものになるかについて、地方分権改革のように明確な方針が示されない場合もあった。司法制度改革のように、改革の実施後に内部アクターの巻き返しという形で土着化が生じる領域も存在した。つまり、同じ近代主義の理念から出発した改革は、領域ごとの土着化によって実質的に異なった志向性を帯びることになった。

マルチレヴェルミックスにおける不整合

近年の政治学が指摘するように、制度の作動を考える上では、複数の領域相互間の連動すなわちマルチレヴェルミックスを視野に入れる必要がある。集権的であれ分権的であれ、複数の領域において同じ志向性を持つ制度が存在する場合には、マルチレヴェルミックスの帰結は予想しやすい。制度変革を行う場合にも、想定された帰結につながりやすいのである。それに対して、領域ごとに異なった志向性が混淆すると、マルチレヴェルの不整合が生じるために、予期しない帰結が生じることがありうる。

一九九〇年代以降の政治改革の場合には、たとえば国政レヴェルにおいては集権化を進める選挙制度改革などが行われ、結果として政党内部における党首権力の強まりが生じた。行政改革における内閣機能強化は、それと同じ方向で連動し、今日の官邸主導を生み出した。その半面、地方分権改革などの結果として、政党内部の国政政治家と地方政治家のつながりは弱まり、地方自治体が自律的に政策決定できる余地も拡大して、国政レヴェルにおける集権化の効果を低減させた。このような連動に伴う制度変革の効果減殺は、各領域での改革に際して十分に意識されていたとは言い難い。八〇年代までの政策決定過程や、そこでのアクター間の影響力関係を前提にすれば、改革対象となった個々の領域における多数派形成には、改革が領域内部で認識されていた課題への対応であることを強調せねばならなかった。その代償が、マルチレヴェルにおける不整合だったのである。

マルチレヴェルの不整合ゆえに改革が想定外の帰結をもたらした、現代日本以外の実例としては、イギリスが挙げられる。イギリスはもともと、ウェストミンスター型あるいは多数主義型と呼ばれる、同じ志向性を持った政治制度から成り立っていた。具体的には、国政選挙における下院（庶民院）の小選挙区制、それによる二大政党制、上院（貴族院）の権限の乏しさとも相まった首相への権力集中、地方政府の財源や能力面での制約による集権的な中央地方関係、司法部門の独立性の相対的な弱さなどである。下院選挙で二大政党のいずれが勝利するかによって権力の所在がほぼ完全に決まることが、その最大の特徴であった。ところが近年になって、EU参加によって生じた権限の一部移譲、地方分権改革、上院改革、司法制度改革などが進められた結果として、全体としてまとまっていた政治制度の特徴が失われ、個々の制度が異なった志向性に基づいて作動するようになり、矛盾や混乱が生じやすくなっている。政治学者の近藤康史は、このことを「制度の分解」と呼ぶ。[5]

着手されなかった領域の影響

政治改革による変化の印象を弱め、恐らくは評価を下げているもう一つの要因は、連動していながら制度変革が行われなかった領域が存在していることである。マルチレヴェルミックスを考慮すれば、制度変革を行わなかった領域の存在は、その領域にあわせるように他の領域の変革がなされる場合を除いて、異なった方向性での変革がなされた場合と同じく、変革の効果を減殺することになる。一九九〇年代以降の政治改革を振り返るとき、いくつかの重要な領域が改革されないまま残ったことは、大きな意味を持った。

そのような領域の一つが、国会とくに参議院である。[6] 国会のうち、衆議院については選挙制度改革がなされ、与党内部での集権的意思決定との噛み合わせが良く間接的な効果を持つ内閣機能強化も行われた。しかし、制度変革の対象は衆議院のみであり、参議院についてはほとんど手が着けられなかった。二〇〇一年選挙から比例代表部分が非拘束名簿式になるという変化はあったが、それまでの拘束名簿式に比べると政党内部の集権性を弱めるもので、むしろ衆議院の選挙制度改革や内閣機能強化が目指した方向性とは逆であった。二〇一九年選挙から比例代表部分に「特定枠」が設けられ、政党の判断により拘束名簿式による運用が一部で可能となったが、極めて限定的な範囲でしかない。現在に至るまで、参議院の選挙制度は一九八〇年代までの日本政治に見られた分権的な政策決定に適合的な要素を多く維持し、衆議院の選挙制度との関連性はほとんど意識されないままである。

さらに、参議院が中央政府の政策過程において占める位置、あるいは参議院多数派の影響力については、政治改革の過程で何らの検討も行われなかった。確かに、参議院の位置づけについては、衆議院の選挙制度改革に大きな役割を果たした第八次選挙制度審議会の第二次答申などでも扱われていた。しかし、当時の政治制度についての学術的知見を踏まえればやむを得ないところではあるが、衆議院や内閣との関係については、古典的な「抑制・均衡・補完」や「独自性」といった概念で論じられるに止まっていた。選挙制度改革の焦点が衆議院だったこともあり、この答申が活用されることはなく、参議院の権限を再考する機運も生じなかった。選挙制度と権限の双方を変革することを提言した、二〇〇〇年の「参議院の将来像を考える有識者懇談会」の意見書は注目すべき内容を含んでいたが、それに基づく改革はなされずに終わった。その後、二〇〇七年の参議院選挙で民主党が躍進し、当時の与党であった自民党・公明党が過半数割れして「ねじれ国会」になると、後の民主党政権期を含めて政策決定が著しく停滞したことは、良く知られている。それは、衆議院の選挙制度改革や内閣機能強化の効果が発現することを、大きく制約したのである。

改革がなされなかったもう一つの代表的な領域が、地方自治体内部の政治制度であった。地方分権改革によって行財政面での自律性を高め、国政での政権交代や市町村合併などもあって国会議員と地方政治家との関係も弱まった。そうなると、地方自治体が自らの政策立案能力を高め、合理的な政策決定を行いやすい仕組みを確保する必要があるはずだが、それに関係した制度変革はほとんどなされていない。そのことは、広い意味では地方分権改革の効果を減殺したというべきだろう。首長と議会が別々に公選され、かつ議会の選挙と議事運営における政党の役割が小さいという基本的特徴は、戦後一貫している。結果的に地方自治体では、政策の大きな方向性を首長と職員が出し、議会はそれを追認するか、あるいは根拠不明瞭な反対を行うか、といった不活発な状態が続いている。それが地方分権改革の際に想定されていた地方自治の姿だとは考えがたく、政策決定の透明性や説明責任の確保も十分にはなされていない。[7]

3　改革はもはや不要なのか

改革疲れと行き過ぎ批判

一九九〇年代以降の政治改革は、網羅的であったがゆえに強い関心を集め、多大なエネルギーが投入されてきた。選挙制度改革が帯びていた熱気、行政改革や日本銀行法改正の原動力となった怒りや失望、司法制度改革を前にした閉塞感、地方分権改革に至った理念と執念、いずれも今日ではもはや想像しがたいことのように思われる。改革の基本方針を打ち出した答申や報告書は、いずれも政治家や官僚が言質をとられないように注意深く作成する、いわゆる「永田町文学」や「霞が関文学」としての性格から全く無縁であったとまではいえない。しかし、通常の政府文書に比べれば遥かに大きな構想と明確で強い主張を打ち出しており、各領域の改革に踏み出そうとした人々の真摯な決意表明であった。そうであるがゆえに、マスメディアなどを含め、改革に懐疑的あるいは冷笑的な勢力と対峙しながら多数派形成ができたのであった。

しかし、強い主張や大きなエネルギーの存在は、流れが反転したときの重荷にもなる。改革を進めるにはあれほどのエネルギーが必要だということや、それに比べて改革の成果が喧伝されたほどではないという認識は、日本社会全体に「改革疲れ」を生み出すことになった。加えて、政治改革の代表的成果とされた二〇〇一年からの小泉政権の下で、新自由主義を基調とする社会経済の構造改革が追求されたことも、そのような疲れを助長したのかもしれない。本書において繰り返し指摘してきたように、新自由主義改革の一環として政治改革が進められたという理解は妥当ではなく、政治改革の結果として新自由主義が採用されやすくなったわけでもない。小泉純一郎は選挙制度改革反対の急先鋒であり、竹中平蔵は選挙制度改革にも行政改革にも無関係であった。だが、時期的に一部重複しながら政治改革と新自由主義改革が存在したことは事実であり、印象が混淆してしまう人がいても不思議ではない。

政治改革以前の政治行政や経済社会へのノスタルジーも、このような傾向に拍車をかけた。改革が始まる以前の一九八〇年代は、戦後日本の絶頂期であった。高度経済成長の果実は広く行き渡り、環境破壊や交通問題などのマイナス面は克服されつつあった。自民党は自信を、官僚制は誇りを持って政策課題に取り組んでいた。国際政治経済における日本の存在感も大きくなるとともに、バブル景気もあって経済界には余裕が生まれていた。その陰に深刻で構造的な課題があったことは事実であり、それが冷戦終結後に顕在化したからこそ政治改革が始まったわけだが、三〇年も経つとそうした事情は忘れられてしまう。八〇年代はうまく行っていたのに、改革がそれを駄目にしたという批判が出てきたのは、そのためなのだろう。典型的なのは、選挙制度改革によって政治家が「小粒」になったという批判である。「粒」の測り方が示されず、「大粒」であったはずの政治家が何をしていたのかについて十分な議論もない印象論なのだが、政治改革への否定的評価を強めることにはなる。

二〇一二年に自民党と公明党が与党に復帰し、長期にわたる第二次安倍政権において領域ごとの不整合問題が以前ほどには顕在化しなくなったことは確かである。日銀が独立性に重きを置いたために金融政策と他の経済政策の整合性が十分でないという問題は、政権との協調に積極的な黒田東彦を総裁にすることで生じなくなった。二〇一三年七月の参議院選挙で与党が過半数を獲得して衆参の「ねじれ」が終わったため、参議院の権限や選挙制度について改革を行わなかったことによる問題は鎮静化した。司法部門は、行政官僚制との関係では自律性を強め、政治（立法部門）との関係では謙抑的という組み合わせに落ち着きつつあるようにも見える。沖縄の米軍基地についてなど、地方分権改革後の中央政府と地方自治体の意思疎通には依然として課題が残っているが、不整合問題は全体として見れば減少している。

政治改革に起因する不整合問題は、このように多くの局面で中央政府の集権化が優越する形での解決が図られた。その結果として、今日では政治改革が過大な権力集中をもたらしたという批判さえ生まれている。選挙制度改革や内閣機能強化の直接的な帰結であり、本来であれば成果というべき官邸主導、一九九〇年代に進められた行政改革の延長線上にある各省幹部人事の内閣への一元化を目指す内閣人事局の創設、あるいは議院内閣制の基本的な論理からは説明困難なほどの自律性を有していた内閣法制局が今や政権に信従する姿勢を示していることなどは、いずれも行き過ぎだというのである。

新しい時代に向けて

政治改革に対する「疲れ」にせよ、行き過ぎ批判にせよ、既に行ってきたこと以上の制度変革は必要ない、あるいは有害無益だ、というところは共通している。そして、現在の日本の有権者の多数派は、さらなる改革を求めていないことも確かである。政治学者の境家史郎によれば、憲法改正と聞いて思い浮かべる具体的な内容として、一九九〇年代前半には統治機構改革が最も多く挙がっていたが、今日では戦後の他の時期と同じく九条改正に戻っているという。もちろん、憲法改正に統治機構改革が含まれることを知る有権者は多いであろうが、現在はそれを求める声そのものが小さい。政治改革の機運は乏しいというべきだろう。

しかし、そのことは現代日本の統治機構、政治制度に課題がないことを意味しない。むしろ、参議院をめぐる問題や日銀の独立性をめぐる問題のように一時的に隠れている課題や、望ましい政官関係のあり方のように新たに出現した課題、さらには地方政府の運営のように重要だが注目度が低い課題など、取り組まねばならないことは決して少なくない。本来であれば、第二次安倍政権のように安定した基盤を持ち、有権者からの支持もおおむね続いているときにこそ、さらなる政治改革が追求されるべきだともいえる。本書が論じてきたように、政治改革が本質的に近代主義のプロジェクトなのだとすれば、国際化やグローバル化とその弊害、双方への対応が求められている今こそ、改革に自ら再び取り組まねばならないはずなのである。

そのような試みは、既に一部では始められている。たとえば、小泉進次郎ら若手国会議員は二〇一八年六月、国会の内部ルールや運営を改めるための提言を公表した。国会審議を、党首間の討論、委員会での政策と法案の審議、特別調査会での不祥事追及に区分し、それを同時並行させることで実質的な機能を拡充することや、情報通信機器を使ったペーパーレス化などが、その柱となっている。民間シンクタンクであるPHP総研は「統治機構改革一・五&二・〇」と銘打った改革提言を、二〇一九年三月に公表した。そこでは、一九九〇年代以降の政治改革を基本的に評価しつつ、衆議院における与野党間競争の徹底など、これまで進めてきたことの延長線上でのさらなる改革と、独立財政推計機関の立ち上げなど新しい社会経済環境や情報技術環境の出現に対応する改革が、いずれも必要だと論じている。地方の政治制度については総務省などでの検討が進められており、その一つである「町村議会のあり方に関する研究会」では二〇一八年に、地方議会を集中専門型と多数参画型に区分し、前者では首長と共に政策立案に積極的に関与する議会像を打ち出した。現時点では党派的な対立に巻き込まれているとはいえ、大阪都構想のように大都市制度の再構築を求める動きが出ていることも注目される。[9]

これらの改革提案に対しては、現在の雰囲気を反映してであろう、必ずしも広く関心を集めているとはいえず、好意的評価も得られてはいない。小泉らによる国会改革提言に対しては、自らの影響力を拡大するために行っているスタンドプレーに過ぎないという評価があり、地方議会改革についての総務省研究会の提案には、全国町村議会議長会や日弁連からの強い批判が寄せられている。もちろん、現在出されている案が最善であるとはいえない場合も多いだろう。たとえば国会改革を取り上げてみても、衆議院と参議院の権限関係を変化させることなく運営を改めたとしても、それが日本の政治過程や政策のあり方にどう結びつくかは判然としない。

しかしまず大切なのは、政治のあり方をより望ましいものにするために、制度変革を含めた不断の自己改革が不可欠であるという認識が広がることである。その際に、改革過程では土着化の動きがほぼ確実に生じるため、想定された帰結を導くためには、改革の全体像とそれを支える理念を明確に定め、土着化による影響をできるだけ小さくすることが必要となる。司法制度改革のように、改革が実施に移されてから土着化による調整がなされることもある。このような実施後の土着化にはマイナスの影響が大きいが、ときには改革の成果を定着させることにつながる場合もあるだろう。占領期に行われた改革に対する、一九五〇年代の自治体警察（市警）や教育委員公選制の廃止などの「逆コース」改革には、明らかにそのような面があった。したがって土着化を過度に恐れる必要はないが、注目度の低下と土着化が連動する場合には要注意である。

変化は改革を断念したところからは生まれてくることはなく、現状維持でやり過ごせるほど日本の政治行政や社会経済が置かれた状況は甘くない。今後、日本が最も苦しい時期を乗り越えていくためにも、過去の改革の試みから学ぶべきこと、それを踏まえて取り組むべきことはなお多いのである。

あとがき

今日の政治分析の基本は「切り分け」である。政治現象のように、さまざまな要因が錯綜して絡み合い、ある事柄の結果が別の事柄の原因となるという連鎖が絶え間なく起こる場合、それを丸ごと分析することは困難を極める。そこで、複雑な現象をいくつかの部分に切り分け、さらにその部分ごとに特定の要因に注目しながら原因と結果の関係を推測し、解明していく。切り分けが精緻であるほど、因果関係の同定も厳密に行うことができる。このような発想が、現代政治学のディシプリンの根幹をなしている。

それは、おおもとをたどれば近代科学の方法に由来している。対象が自然現象であれ、社会現象であれ、近代科学は対象を部分に切り分け、部分の因果メカニズムを明らかにすることを発展の原動力としてきた。たとえば、風邪を引くと発熱、せきや鼻づまりによる呼吸の問題、食欲不振などが同時並行的に起こるように、病気は多くの場合に身体の全般的な不調として現れる。だが、今日の医療は、それをひとまとまりの問題としてではなく、臓器など身体を構成する諸要素の個別的な問題へと細分化し、投薬などにより個別的問題を治療することで対応する。そこには、医学に浸透した近代科学の考え方が明瞭に刻み込まれている。

政治学を専攻する者として、筆者もこうしたディシプリンを教えられ、身につけてきたつもりである。しかし同時に、複雑に絡み合い、連鎖する政治現象を切り分けることが政治学の唯一あるいは最善の分析方法なのかどうかについては、長らく確信を持てずにいた。切り分けではなく、複雑な現象をできるだけ包括的に扱うことで、その全体像をよりよく把握する方法はないのだろうか。このような関心は、政治学の方法的発展が加速度的にミクロな分析へと向かわせ、その結果として専門外の人々には理解困難になる状況を目の当たりにして、いっそう強まった。

本書は、政治改革という対象について、あえてマクロ的な観点から理解を試みた著作である。個々の改革領域の分析に際しては、切り分けによる精緻化の利点を活かしつつ、複数の領域にまたがる全体像を描き出すことに重点を置いた。それは単なる方法的な実験ではなく、またミクロな分析を取りまとめた総説でもない。政治改革の意味を理解するには、これが最も適したアプローチだと筆者なりに判断したことによる。

しかし、その結果として個別領域の細部には甘さが残り、十分な精緻化がなされていない恐れはある。具体的には、ある領域の改革の過程や帰結について最も重要な場面が論じられていないとか、必須の文献が参照されていないといった批判はありうるだろう。筆者としては最大限の努力は払ったつもりだが、個別分析のどの章にも不満が残るかもしれない。

文字通り拙い小著ではあるが、完成までには多くの方々にお世話になった。本書は全篇が書き下ろしだが、構想段階ではいくつかの学会や研究会で発表する貴重な機会を得た。

まず、慶應義塾大学での比較政治セミナーにお招きくださった粕谷祐子さんと岡山裕さん、PHP総研での統治機構改革研究会にお誘いくださった金子将史さんと亀井善太郎さん、およびそれぞれに出席された方々には、生煮えの話を辛抱強く聞いていただいた。本書全体の見通しを得つつある時期だっただけに有り難いことであった。また、近代主義右派について報告し、議論することができたのは、国際日本文化研究センターの「失われた二〇年」研究会の場であった。とくに主査の瀧井一博さん、メンバーであった宇野重規さん、アンドルー・ゴードンさんには、感謝の気持ちをお伝えしたい。京都大学における同僚であり、学内研究会での発表を認めてくださった建林正彦さんと曽我謙悟さんにも、日頃からのご厚誼とあわせて深謝するばかりである。

一冊の本としての成立には、編集と出版にたずさわる方々のご助力があったことも、もちろんである。新潮社の竹中宏さんは、長期間にわたって拙稿をお待ちいただいた上、草稿に多くの重要なコメントをくださった。また、年表と索引の作成にもご尽力を賜った。執筆を最初にお誘いいただいたのは、今泉眞一さんであった。お二人には心より御礼申し上げたい。

最後に私事にわたるが、日頃から筆者の仕事を支え、応援してくれている家族に、ありがとうと言っておきたいと思う。

二〇二〇年三月
待鳥　聡史

注釈

序章

1 柳川（二〇〇二）、一九七頁。
2 石井（二〇一一）。
3 土居（二〇一〇）。
4 佐々木＝二一世紀臨調（二〇一三）、清水（二〇一八）。
5 境家（二〇一七）、一三一頁。
6 建林（二〇一四）。
7 増山（二〇一三）、山田（二〇一七）。
8 たとえば、山田（二〇一五）。
9 内山（二〇〇四）、四三頁。
10 御厨＝芹川（二〇一八）、四四頁。
11 中北（二〇一四）、中野（二〇一五）。
12 佐々木（二〇一三）、清水（二〇一八）。
13 「政治改革は失敗だったのか　佐々木毅、成田憲彦に聞く「政党政治」の行方」『Yahoo! みんなの政治』最終更新日二〇一七年九月二七日。最終アクセスは二〇一八年一一月二五日。https://seiji.yahoo.co.jp/article/758/ その後、当該記事は削除され、現在は同一タイトルの動画が公開されている。最終アクセスは二〇一九年九月三〇日。https://www.youtube.com/watch?v=Re2LVUW4F3A
14 小沢（一九九三）。
15 伊藤（二〇〇八）、二〇〜二二頁。
16 現代日本政治をマルチレヴェルミックスの視点から分析した成果として、建林（二〇一三、二〇一七）、砂原（二〇一七）、Hijino (2017) を参照。選挙制度に関するマルチレヴェルミックスの研究として、上神（二〇一三、二〇一九）を参照。
17 アイディアの政治の理論に依拠した近年の主要な成果として、徳久（二〇〇八）、佐々田（二〇一一、二〇一八）、木寺（二〇一二）を参照。また、選挙制度改革をアイディアの政治から説明する議論としては、伊藤（一九九六）が嚆矢といえる。
18 Acharya (2004).
19 河合（二〇一九）。

20 大嶽（一九九七）、谷口（二〇〇四）、濱本（二〇一八）。
21 建林（二〇〇四）。
22 曽我（二〇一三）。
23 村松（一九九四）。
24 天川（一九八六）。

第1章

1 マッケルウェイン（二〇一七）。
2 待鳥（二〇一六）。
3 砂原（二〇一五）。
4 待鳥（二〇一八b）。
5 村井（二〇〇八）。
6 吉本（二〇一二）。
7 真渕（一九九四）。
8 高橋（二〇〇〇）。
9 田中（二〇一一）。
10 細川（一九九二）。
11 村松（二〇一〇）。
12 最終報告は首相官邸ウェブサイトに保存されている。二〇一九年九月二九日最終アクセス。https://www.kantei.go.jp/jp/gyokaku/report-final/
13 小熊（二〇〇二）。
14 竹内（二〇一一）。
15 牧野（二〇一八）。
16 丸山（一九六一）。
17 猪木（二〇〇〇）。
18 小熊（二〇〇二）。
19 待鳥（二〇一八b）。

20 中北（二〇一四）、中野（二〇一五）。
21 細谷（二〇一八）。
22 粕谷（一九九九）、服部（二〇一八）。
23 待鳥（二〇一八a、二〇一八b）、村井（二〇一九）。
24 宇野（二〇一八）、六〇頁。
25 志垣＝岸（二〇一九）。
26 御厨＝阿川＝苅部＝牧原（二〇一七）。

第2章

1 待鳥（二〇一五a、二〇一八b）。
2 現代日本の政治参加の全体像については、山田（二〇一六）を参照。
3 算出式は、たとえば建林＝曽我＝待鳥（二〇〇八）、待鳥（二〇一五b）を参照。
4 山口（一九九三）、一一一、一一三〜一一四頁。
5 ラムザイヤー＝ローゼンブルース（一九九五）、一九頁。
6 佐々木（二〇一六）。
7 佐々木（一九八七）。
8 野中（二〇〇八）。
9 佐々木（二〇一三）、一一頁。
10 以下で取り上げる政治改革大綱、選挙制度審議会答申、政治改革フォーラムの趣意書などは、いずれも二一世紀臨調ウェブサイトの「政治改革の軌跡」から入手できる。なお、本書の引用において、算用数字は原則として漢数字に改めた。最終アクセスは二〇一九年九月二九日。http://www.secj.jp/s_library/s_library.htm
11 中北（二〇一四）、笹部（二〇一七）。
12 吉田健一（二〇一八）、吉田弘正（二〇一八）。
13 現代の比較政治学における選挙制度の分類については、Shugart and Wattenberg (2001) を参照。
14 以下の叙述は、主に佐々木（一九九九）による。
15 飯尾（一九九九）、七七頁。
16 併用制と連用制の詳細、および各方式の差異については、大屋（二〇一二）がコンパクトで分かりやすい。

17 谷口（一九九九）、一三〇〜一三一頁。
18 篠田（二〇一六）、細谷（二〇一八）、苅部（二〇二〇）。
19 同資料は、谷口（一九九九）、一三二〜一三三頁に収められている。
20 岡﨑（二〇一九）。
21 同提言は、二一世紀臨調ウェブサイトから入手できる。
22 Smith (2018).
23 Estevez-Abe (2008).
24 ローゼンブルース＝ティース（二〇一二）、一九七〜二一七頁。
25 Catalinac (2016).
26 待鳥（二〇一五b）。
27 中北（二〇一九）。
28 建林（二〇一七）。
29 同意見は、二一世紀臨調ウェブサイトなどから入手できる。
30 参議院改革をめぐる諸提言を整理したものとして、只野（二〇一九）を参照。
31 同意見書は、参議院ウェブサイトに保存されている。最終アクセスは二〇二〇年四月一八日。https://www.sangiin.go.jp/japanese/aramashi/ayumi/120424.html
32 同方針は、二一世紀臨調ウェブサイトから入手できる。

第3章

1 稲継（一九九六）、表3−1。
2 岡本（二〇一一）、五〇頁。
3 前田（二〇一四）。
4 この時期の改革についての政治学的な分析は、大嶽（一九九三）、豊永（二〇〇八）を参照。
5 岡本（二〇一一）、五〇頁。
6 中野（二〇一五）、一〇三頁。
7 大嶽（一九九九）。
8 田中（二〇〇〇）、笠（二〇一七）。

9 首相官邸ウェブサイトに保存されている行政改革会議最終報告より。最終アクセスは二〇一九年九月二九日。
10 中曽根による評価は、清水(二〇一八)、一三二頁。
11 『公明新聞』一九九六年一〇月六日付インタヴュー。元茨城県議会議員・井手義弘氏のウェブサイトに保存されている。最終アクセスは二〇一九年九月二九日。https://www.jsdi.or.jp/~y_ide/syo_ozawa.htm
12 成田(二〇〇一)、一一七頁。
13 信田(一九九七)。
14 『日本経済新聞』電子版「連載 政界 ザ・人事 佐藤孝行氏を総務庁長官に(一九九七年)」二〇一四年五月一一日付配信。最終アクセスは二〇一九年九月三〇日。https://www.nikkei.com/article/DGXNASFS0204O_X00C14A5NN9000/
15 竹中(二〇〇六)。
16 曽根(二〇〇一)、一〇五頁、一一五頁。
17 信田(一九九九)。
18 曽根(二〇〇一)、一〇八頁。
19 森田(一九九九)、三~四頁。
20 曽根(二〇〇一)、一〇八頁。
21 森田(一九九九)、七~一一頁。
22 田中(二〇〇七)。
23 竹中(二〇〇六)、飯尾(二〇〇七)、待鳥(二〇一二)。
24 経済財政諮問会議の制度的特徴や運用については、城山(二〇〇六)、清水(二〇〇七)を参照。
25 清水(二〇〇五、二〇〇七)。
26 瀬戸山(二〇一五)。
27 清水(二〇一五)。
28 牧原(二〇一六)。
29 待鳥(二〇一二)。
30 中北(二〇一七)。
31 『日本経済新聞』二〇一八年九月二二日付。
32 西澤(二〇〇七)、総務省「独立行政法人一覧(令和二年四月一日現在)」。

第4章

1 マンキュー（二〇一四）、三三八頁。
2 伊藤（二〇一二）。
3 バブル期以前の日本銀行については、上川（二〇一四）、一八～二四頁。
4 エイミックス（二〇〇二）。
5 近藤（二〇一一）。
6 真渕（一九九七）、樋渡（二〇〇六）、清水（二〇一五）、西野（二〇一九）。
7 高橋（二〇〇〇）、上川（二〇一四）。
8 田尻（一九九四）。
9 真渕（一九九七）、清水（二〇一五）。
10 最終報告書は首相官邸ウェブサイトに保存されている。最終アクセスは二〇一九年九月二九日。https://www.kantei.go.jp/jp/singi/cyugin/hokokusyo.html
11 大嶽（一九九九）。
12 西野（二〇一九）。
13 真渕（一九九七）。
14 清水（二〇一五）。
15 真渕（一九九七）。
16 久米（二〇〇五）。
17 イシュー・オーナーシップに関する古典的研究成果として、Petrocik (1996) がある。
18 「経団連くりっぷ」第四〇号、一九九六年九月二六日付。現在は経団連ウェブサイトで確認できる。最終アクセスは二〇一九年九月二九日。https://www.keidanren.or.jp/japanese/journal/CLIP/clip0040/cli016.html
19 清水（二〇一五）。
20 真渕（一九九七）、第四章。
21 清水（二〇一五）。
22 真渕（一九九七）。
23 同研究会報告書は「公法的観点からみた日本銀行の組織の法的性格と運営のあり方」として、金融研究所ウェブサイトおよび機関誌『金融研究』第一八巻五号（一九九九年一二月）に収められた。現在は、『金融研究』から作成したＰＤＦ版が金融研究所ウェブサイトから入手できる。最終アクセスは二〇一九年九月二九日。https://www.imes.boj.or.jp/japanese/zenbun99/kk18-5-2.pdf
24 真渕（一九九七）。
25 日銀による説明は同行ウェブサイトを参照。最終アクセスは二〇一九年九月二九日。https://www.boj.or.jp/about/outline/expdokuritsu.htm/
26 上川（二〇一四）、西野（二〇一九）。
27 金融ビッグバンをめぐる政治学的な研究として、戸矢（二〇〇三）、上川（二〇〇五）がある。
28 たとえば、『読売新聞』二〇一七年一〇月一日付（社説）、『日本経済新聞』二〇一八年七月一八日付など。
29 Kuttner, Iwaisako, and Posen (2015).
30 岩田（二〇〇九）。
31 翁（二〇〇九）。

第5章

1 大屋（二〇一八）。
2 建林＝曽我＝待鳥（二〇〇八）。
3 土井（二〇〇七）、二七七頁。
4 佐藤（二〇一六）、櫻井（二〇二〇）。
5 蕪山（二〇〇七）。
6 数値はいずれも法務省のデータで、司法試験合格者数については「旧司法試験第二次試験出願者数・合格者数等の推移」（http://www.moj.go.jp/content/000054973.pdf）、法曹人口比率については「法曹人口に関する基礎的資料」（http://www.moj.go.jp/content/001008947.pdf）による。最終アクセスは二〇一九年九月二九日。
7 たとえば、川島（一九六七）。
8 フット（二〇〇六）。
9 たとえば、ラムザイヤー＝ローゼンブルース（一九九五）。
10 日本経済新聞社（二〇〇〇）。
11 御厨（二〇一三）、二三二頁。
12 C・O・E・オーラル・政策研究プロジェクト（二〇〇四）、新藤（二〇〇九）。

13 新藤（二〇〇九）。

14 フット（二〇〇六）。

15 曽我部（二〇一六）。

16 朝日新聞「孤高の王国」取材班（一九九四）、二三五頁。

17 C・O・E・オーラル・政策研究プロジェクト（二〇〇四）、六二頁。

18 同書、二五三頁。

19 朝日新聞「孤高の王国」取材班（一九九四）、二二六頁。

20 日本経済新聞社（二〇〇〇）、二二〇、二二四頁。

21 佐藤（二〇一三）。

22 宣言文は、日弁連ウェブサイトに収められている。段落の区切り方は通常のスタイルに改めた。最終アクセスは二〇一九年九月二九日。https://www.nichibenren.or.jp/document/assembly_resolution/year/1990/1990_3.html

23 提言は経済同友会ウェブサイトでダウンロードできる。段落の区切り方は通常のスタイルに改めた。最終アクセスは二〇一九年九月二九日。https://www.doyukai.or.jp/policyproposals/articles/past/940630a.html

24 以下、司法制度改革審議会の経過については、首相官邸ウェブサイトに保存されている議事録と関係資料による。最終アクセスは二〇一九年九月二九日。https://www.kantei.go.jp/jp/sihouseido/

25 中西（二〇〇八）。

26 司法制度改革審議会最終意見提出後の立法過程については、首相官邸ウェブサイトの「司法制度改革推進本部」のページ（https://www.kantei.go.jp/jp/singi/sihou/index.html）を、成立した重要立法の時期や内容については、法務省ウェブサイトの「司法制度改革関連法成立状況等一覧」（http://www.moj.go.jp/content/000004382.pdf）を、それぞれ参照。最終アクセスは二〇一九年九月二九日。

27 曽我部（二〇一六）。

28 日本経済新聞社（二〇〇〇）。

29 以下で取り上げる文書のうち、「市民が主役の司法へ」は民主党の幹部であり参議院議長や法相などを歴任した江田五月の旧個人ウェブサイトにある民主党参考文書集（https://www.eda-jp.com/old-index.html）に、「司法制度改革への意見」は民主党アーカイヴ（http://www2.dpj.or.jp/news/?num=11269）に、それぞれ収められている。最終アクセスは二〇一九年九月二九日。

30 佐藤（二〇一三）。

31 たとえば、井上（二〇〇八）、西野（二〇一五）。

32 数値は、辞退率や欠席率については最高裁判所「裁判員裁判の実施状況について（制度施行〜平成三一年七月末・速報）」による。欠席率は同資料にいう「選任手続期日に出席を求められた裁判員候補者数」を分母に、「選任手続期日に出席した裁判員候補者数」を分子にして算出。制度への評価や期待については、最高裁判所「裁判員制度の運用に関する意識調査」平成三一年一月（https://www.saibanin.courts.go.jp/topics/detail/09_12_05-10jissi_jyoukyou.html）による。裁判の迅速化については、最高裁判所「裁判の迅速化に係る検証に関する報告書（第八回）」(https://www.courts.go.jp/toukei_siryo/hokoku_08/index.html）による。最終アクセスは二〇二〇年三月一六日。

33 三澤（二〇一二）。

34 そのような指摘をバランス良く要約している論文として、本庄（二〇〇八）。

35 たとえば、牛嶋（二〇一六）。

36 曽我部（二〇一六）。

第6章

1 曽我（二〇一三）。

2 Falleti (2005).

3 北村（二〇〇九）。

4 曽我（二〇一九）。

5 辻（一九六九）。

6 原田（一九八四）、表3より算出。

7 斉藤（二〇一一）、一七九頁。

8 細川＝岩國（一九九一）。

9 地方分権推進委員会中間報告は、現在は国立国会図書館のウェブサイトに保存されている。最終アクセスは二〇一九年九月三〇日。http://warp.ndl.go.jp/info:ndljp/pid/8418775/www8.cao.go.jp/bunken/bunken-iinkai/middle/01.html

10 西尾（二〇〇七）、一三、一五頁。

11 村松（一九八八）。

12 天川（一九八六）。

13 稲継（二〇〇〇）。

14 伊藤（二〇〇二）。

15 たとえば、曽我＝待鳥（二〇〇七）、砂原（二〇一一）。
16 西尾（二〇〇七）、内閣府地方分権改革推進室（二〇一八）。
17 五十嵐（一九九七）。閣議決定した「今後における行政改革の推進方策について」は、その抄録が内閣府のウェブサイトに保存されている。最終アクセスは二〇一九年一二月六日。https://www.cao.go.jp/bunken-suishin/archive/category02/archive-1940215.html
18 五百旗頭＝伊藤＝薬師寺（二〇〇八）、八〇頁。武村も同様に自民党は「丸呑み」したと回顧している（御厨＝牧原［二〇一一］、一九九頁）。
19 五十嵐（一九九七）、村山（二〇一一）。
20 北村（二〇〇六a）。
21 土居（二〇〇七）。
22 伊藤（二〇〇八）、曽我（二〇一九）。
23 西尾（二〇〇七、二〇一三）。
24 西尾（二〇〇七）、五一頁。
25 同書、四九頁。
26 西尾（二〇一三）。
27 北村（二〇〇六a）。
28 北村（二〇〇六b）。
29 採用における改革の試みについては、大谷（二〇一九）を参照。公共事業改革や事業廃止を分析した研究として、三田（二〇一〇）、柳（二〇一八）を参照。外部に委ねてしまう傾向について、具体例を挙げながら指摘するリポートとして、木下（二〇一五、二〇一八）を参照。
30 Shugart and Carey (1992).
31 砂原（二〇一一）、辻（二〇一九）。
32 井上（一九九二）。
33 地方議員の人数はいずれも、総務省「地方公共団体の議会の議員及び長の所属党派別人員調」（各年版）による。国会議員と地方議員の間に存在していた系列関係がどのように変化したかについては、辻（二〇〇八）、砂原（二〇一七）を参照。
34 西尾（二〇〇七）、李＝島村（二〇〇八）。
35『日本経済新聞』電子版「「分権」忘れた総務省、ふるさと納税で失策」二〇一九年九月三日配信。最終アクセスは二〇一九年

九月三〇日。https://www.nikkei.com/article/DGXMZO49334790T00C19A9I00000/?n_cid=SPTMG002

終章

1 大石（二〇〇八）、宍戸（二〇一八）。
2 岡山（二〇〇六）。
3 吉見（二〇一九）。
4 樋渡（二〇一二）。
5 近藤（二〇一七）。
6 参議院改革の歴史的な展開や現状については、竹中（二〇一〇）を参照。
7 曽我（二〇一九）、辻（二〇一九）。
8 境家（二〇一七）。
9 若手国会議員による国会改革提言は、バズフィード・ニュースのウェブサイト（https://www.buzzfeed.com/jp/daisukefuruta/2020-kaigi-2）に、記者である古田大輔による解説とともに全文が掲載されている。「統治機構改革一・五&二・〇」は、ＰＨＰ総研のウェブサイト（https://thinktank.php.co.jp/policy/4920/）から、「町村議会のあり方に関する研究会」報告書は、総務省のウェブサイト（http://www.soumu.go.jp/main_sosiki/kenkyu/choson_gikai/index.html）から、それぞれ入手可能である。いずれも、最終アクセスは二〇一九年九月二九日。大阪都構想の位置づけについては、砂原（二〇一二）を参照。

参考文献

朝日新聞「孤高の王国」取材班（一九九四）『孤高の王国　裁判所』朝日文庫。

天川　晃（一九八六）「変革の構想」大森彌＝佐藤誠三郎（編）『日本の地方政府』東京大学出版会。

李　相鎮＝島村　健（二〇〇八）「比較の中の国地方係争処理制度」森田朗＝田口一博＝金井利之（編）『分権改革の動態』東京大学出版会。

飯尾　潤（一九九九）「竹下・宇野・海部内閣」佐々木毅（編著）『政治改革一八〇〇日の真実』講談社。

――（二〇〇七）『日本の統治構造』中公新書。

五百旗頭真＝伊藤元重＝薬師寺克行（編）（二〇〇八）『菅直人　市民運動から政治闘争へ』朝日新聞出版。

五十嵐広三（一九九七）『官邸の螺旋階段』ぎょうせい。

石井　晋（二〇一一）「プラザ合意・内需拡大政策とバブル（一九八五〜八九年を中心に）」小峰隆夫（編）『日本経済の記録――第二次石油危機への対応からバブル崩壊まで――』佐伯印刷。

伊藤修一郎（二〇〇二）『自治体政策過程の動態』慶應義塾大学出版会。

伊藤正次（二〇〇八）「国による「上から」の分権改革」森田朗＝田口一博＝金井利之（編）『分権改革の動態』東京大学出版会。

伊藤正直（二〇一二）「戦後ハイパー・インフレと中央銀行」『金融研究』第三一巻一号。

伊藤光利（一九九六）「自民党下野の政治過程」日本政治学会（編）『年報政治学一九九六　五五年体制の崩壊』岩波書店。

稲継裕昭（一九九六）『日本の官僚人事システム』東洋経済新報社。

――（二〇〇〇）『人事・給与と地方自治』東洋経済新報社。

井上　薫（二〇〇八）『つぶせ！　裁判員制度』新潮新書。

井上義比古（一九九二）「国会議員と地方議員の相互依存力学」『レヴァイアサン』第一〇号。

猪木正道（二〇〇〇）『私の二十世紀』世界思想社。

岩田規久男（二〇〇九）『日本銀行は信用できるか』講談社現代新書。

上神貴佳（二〇一三）『政党政治と不均一な選挙制度』東京大学出版会。

牛嶋　仁（二〇一九）「国と地方の選挙制度」『憲法研究』第五号。

内山　融（二〇一六）「講演　改正行政事件訴訟法施行後一〇年の歩み」『比較法雑誌』第五〇巻三号。

宇野重規（二〇〇四）「「熱病」の時代」『国際社会科学』第五四輯。

エイミックス、ジェニファー（二〇一八）「戦後保守主義の転換点としての一九七九～八〇年」アンドルー・ゴードン＝瀧井一博（編）『創発する日本へ』弘文堂。

大石　眞（二〇〇二）「大蔵省ネットワーク」村松岐夫＝奥野正寛（編）『平成バブルの研究（下）』東洋経済新報社。

大嶽秀夫（二〇〇八）『憲法秩序への展望』有斐閣。

大嶽秀夫（一九九三）『新自由主義的改革の時代』中公叢書。

――（一九九九）『日本政治の対立軸』中公新書。

大嶽秀夫（編）（一九九七）『政界再編の研究』有斐閣。

大谷基道（二〇一九）「ポスト分権改革時代における自治体の職員採用」大谷基道＝河合晃一（編）『現代日本の公務員人事』第一法規。

大屋雄裕（二〇一二）「並立制・併用制・連用制」『SYNODOS』二月一四日付（オンライン記事）。https://synodos.jp/politics/1467
――（二〇一八）『裁判の原点』河出ブックス。

岡﨑晴輝（二〇一九）「政権選択論の勝利」『政治研究』（九州大学政治研究会）第六六号。

岡本全勝（二〇一一）「行政改革の現在位置」『年報公共政策学』第五号。

岡山　裕（二〇一六）「憲法修正なき憲法の変化の政治的意義」駒村圭吾＝待鳥聡史（編）『「憲法改正」の比較政治学』弘文堂。

――（二〇〇九）「日本銀行法改正による政策決定過程の変化」御厨貴（編）『変貌する日本政治』勁草書房。

翁　邦雄（二〇〇二）『〈民主〉と〈愛国〉』新曜社。

小熊英二（一九九三）『日本改造計画』講談社。

小沢一郎

粕谷一希（一九九九）『中央公論社と私』文藝春秋。

蕪山　嚴（二〇〇七）『司法官試補制度沿革』慈学社出版。

上川龍之進（二〇〇五）『経済政策の政治学』東洋経済新報社。

――（二〇一四）『日本銀行と政治』中公新書。

苅部　直（二〇二〇）『基点としての戦後』千倉書房。

河合晃一（二〇一九）『政治権力と行政組織』勁草書房。

川島武宜（一九六七）『日本人の法意識』岩波新書。

北村　亘（二〇〇六ａ）「三位一体改革による中央地方関係の変容」東京大学社会科学研究所（編）『「失われた一〇年」を超えてⅡ』東京大学出版会。

――（二〇〇六ｂ）「中央官庁の地方自治観」村松岐夫＝久米郁男（編著）『日本政治　変動の三〇年』東洋経済新報社。

木寺　元（二〇〇九）『地方財政の行政学的分析』有斐閣。

――（二〇一二）『地方分権改革の政治学』有斐閣。

木下　斉（二〇一五）「地方を滅ぼす「名ばかりコンサルタント」」『東洋経済オンライン』三月三日付（オンライン記事）。https://toyokeizai.net/articles/-/62102
――（二〇一八）「なぜ「なんでも外注主義」が地方を滅ぼすのか」『東洋経済オンライン』七月二三日付（オンライン記事）。https://toyokeizai.net/articles/-/230176
久米郁男（二〇〇五）「「先送り」と財政政策」村松岐夫（編著）『平成バブル先送りの研究』東洋経済新報社。

近藤　誠（二〇一一）「石油危機後の経済構造調整とグローバリゼーションへの対応（一九七〇年代～八四年を中心に）」小峰隆夫（編）『日本経済の記録――第二次石油危機への対応からバブル崩壊まで』佐伯印刷。

近藤康史（二〇一七）『分解するイギリス』ちくま新書。

斉藤　淳（二〇一一）「地方行財政改革と政権交代」樋渡展洋＝斉藤淳（編）『政党政治の混迷と政権交代』東京大学出版会。

境家史郎（二〇一七）『憲法と世論』筑摩選書。

櫻井智章（二〇二〇）「最高裁判所の二重機能の問題性」駒村圭吾＝待鳥聡史（編）『統治のデザイン』弘文堂。

佐々木毅（一九八七）『いま政治になにが可能か』中公新書。

――（二〇一三）「歴史の中の政治改革」佐々木毅＝二一世紀臨調（編著）『平成デモクラシー』講談社。

佐々木毅（編著）（一九九九）『政治改革一八〇〇日の真実』講談社。

佐々木毅＝二一世紀臨調（編著）（二〇一三）『平成デモクラシー』講談社。

佐々木雅寿（二〇一六）「昭和五一年衆議院議員定数不均衡違憲判決の背景」『法学雑誌』（大阪市立大学）第六二巻三・四号。

佐々田博教（二〇一一）『制度発展と政策アイディア』木鐸社。

――（二〇一八）『農業保護政策の起源』勁草書房。

笹部真理子（二〇一七）『「自民党型政治」の形成・確立・展開』木鐸社。

佐藤岩夫（二〇一六）「「政治の司法化」とガバナンス」東京大学社会科学研究所＝大沢真理＝佐藤岩夫（編）『ガバナンスを問い直すⅡ　市場・社会の変容と改革政治』東京大学出版会。

佐藤幸治（二〇一三）「司法制度改革」佐々木毅＝二一世紀臨調（編著）『平成デモクラシー』講談社。

C・O・E・オーラル・政策研究プロジェクト（二〇〇四）『矢口洪一　オーラル・ヒストリー』政策研究大学院大学。

志垣民郎（著）＝岸俊光（編）（二〇一九）『内閣調査室秘録』文春新書。

宍戸常寿（二〇一八）「「憲法改革」としての立法プロセスへの地方の参画」『地方自治法施行七〇周年記念　自治論文集』総務省。

信田智人（一九九七）「大蔵省に白旗をあげた橋本行革」『潮』一一月号。

――（一九九九）「橋本行革の内閣機能強化策」『レヴァイアサン』第二四号。

篠田英朗（二〇一六）『集団的自衛権の思想史』風行社。

清水真人（二〇〇五）『官邸主導』日本経済新聞社。

――（二〇〇七）『経済財政戦記』日本経済新聞出版社。

――（二〇一五）『財務省と政治』中公新書。

――（二〇一八）『平成デモクラシー史』ちくま新書。

城山英明（二〇〇六）「内閣機能の強化と政策形成過程の変容」日本行政学会（編）『年報行政研究』第四一号。

新藤宗幸（二〇〇九）『司法官僚』岩波新書。

砂原庸介（二〇一一）『地方政府の民主主義』有斐閣。

――（二〇一二）『大阪』中公新書。

――（二〇一五）『民主主義の条件』東洋経済新報社。

――（二〇一七）『分裂と統合の日本政治』千倉書房。

瀬戸山順一（二〇一五）「内閣官房・内閣府の業務のスリム化」『立法と調査』第三六四号。

曽我謙悟（二〇一三）『行政学』有斐閣アルマ。

――（二〇一九）『日本の地方政府』中公新書。

曽我謙悟＝待鳥聡史（二〇〇七）『日本の地方政治』名古屋大学出版会。

曽我部真裕（二〇一六）「司法制度」大石眞（監修）縣公一郎＝笠原英彦（編著）『なぜ日本型統治システムは疲弊したのか』ミネルヴァ書房。

曽根泰教（二〇〇一）「橋本行革は成功するか」内田健三（著者代表）『この政治空白の時代』木鐸社。

高橋智彦（二〇〇〇）「改正日銀法と中央銀行の独立性」『公共選択の研究』第三四号。

竹内　洋（二〇一一）『革新幻想の戦後史』中央公論新社。

竹中治堅（二〇〇六）『首相支配』中公新書。

――（二〇一〇）『参議院とは何か』中公叢書。

田尻嗣夫（一九九四）「中央銀行の独立性と通貨価値の安定」『季刊経済研究』第一七巻二号。

只野雅人（二〇一九）「参議院改革と政治改革二五年」『憲法研究』第五号。

建林正彦（二〇〇四）『議員行動の政治経済学』有斐閣。

――（二〇一四）「政権交代と国会議員の政策選択」『選挙研究』第三〇巻二号。

――（二〇一七）『政党政治の制度分析』千倉書房。

建林正彦（編著）（二〇一三）『政党組織の政治学』東洋経済新報社。

建林正彦＝曽我謙悟＝待鳥聡史（二〇〇八）『比較政治制度論』有斐閣アルマ。

田中一昭（二〇〇〇）「橋本行革とは何か」田中一昭＝岡田彰（編著）『中央省庁改革』日本評論社。

田中成明（二〇一一）『現代法理学』有斐閣。

田中利幸（二〇〇七）「内閣機能強化の現状と今後の課題」『立法と調査』第二六三号。

谷口将紀（一九九九）「宮沢内閣」佐々木毅（編著）『政治改革一八〇〇日の真実』講談社。

――（二〇〇四）『現代日本の選挙政治』東京大学出版会。

辻　陽（二〇〇八）「政界再編と地方議会会派」『選挙研究』第二四巻一号。

――（二〇一九）『日本の地方議会』中公新書。

辻　清明（一九六九）『新版　日本官僚制の研究』東京大学出版会。

土居丈朗（二〇〇七）『地方債改革の経済学』日本経済新聞出版社。

――（二〇一〇）「バブル・デフレ期の地方財政」井堀利宏（編）『財政政策と社会保障』慶應義塾大学出版会。

土井真一（二〇〇七）「日本国憲法と国民の司法参加」土井真一（責任編集）『変容する統治システム』岩波書店。

德久恭子（二〇〇八）『日本型教育システムの誕生』木鐸社。

戸矢哲朗（二〇〇三）『金融ビッグバンの政治経済学』（青木昌彦監修・戸矢理衣奈訳）東洋経済新報社。

豊永郁子（二〇〇八）『新保守主義の作用』勁草書房。

内閣府地方分権改革推進室（二〇一八）『地方分権改革・提案募集方式ハンドブック（平成三〇年版）』内閣府。

中北浩爾（二〇一四）『自民党政治の変容』ＮＨＫブックス。

――（二〇一七）『自民党』中公新書。

――（二〇一九）『自公政権とは何か』ちくま新書。

中西一裕（二〇〇八）「司法試験予備試験をめぐる諸問題」『法曹養成対策室報』第三号。

中野晃一（二〇一五）『右傾化する日本政治』岩波新書。

成田憲彦（二〇〇一）「日本における野党は何が問題か」内田健三（著者代表）『この政治空白の時代』木鐸社。

西尾　勝（二〇〇七）『地方分権改革』東京大学出版会。

――（二〇一三）「地方分権改革」佐々木毅＝二一世紀臨調（編著）『平成デモクラシー』講談社。

西澤利夫（二〇〇七）「独立行政法人制度の現状と課題――制度発足から六年を振り返る」『立法と調査』第二六七号。

西野喜一（二〇一五）『さらば、裁判員制度』ミネルヴァ書房。

西野智彦（二〇一九）『平成金融史』中公新書。

日本経済新聞社（編）（二〇〇〇）『司法　経済は問う』日本経済新聞社。

野中尚人（二〇〇八）『自民党政治の終わり』ちくま新書。

服部龍二（二〇一八）『高坂正堯』中公新書。

濱本真輔（二〇一八）『現代日本の政党政治』有斐閣。

原田隆司（一九八四）「自民党衆議院議員の経歴パターン分析」『ソシオロジ』第二九巻一号。

樋渡展洋（二〇〇六）「長期経済停滞下の財政運営と銀行部門再建」東京大学社会科学研究所（編）『「失われた一〇年」を超えてⅡ』東京大学出版会。

――（二〇一一）「経済危機と政党戦略」樋渡展洋＝斉藤淳（編）『政党政治の混迷と政権交代』東京大学出版会。

フット、ダニエル・H（二〇〇六）『裁判と社会』NTT出版。

細川護煕（一九九二）「「自由社会連合」結党宣言」『文藝春秋』六月号。

細川護煕＝岩國哲人（一九九一）『鄙の論理』光文社。

細谷雄一（二〇一八）『自主独立とは何か』（全二冊）新潮選書。

本庄　武（二〇〇八）「裁判員制度開始を目前に控えた量刑研究の動向」『犯罪社会学研究』第三三号。

前田健太郎（二〇一四）『市民を雇わない国家』東京大学出版会。

牧野邦昭（二〇一八）『経済学者たちの日米開戦』新潮選書。

牧原　出（二〇一六）『「安倍一強」の謎』朝日新書。

増山幹高（二〇一三）「小選挙区比例代表並立制と二大政党制」『レヴァイアサン』第五二号。

待鳥聡史（二〇一二）『首相政治の制度分析』千倉書房。

――（二〇一五ａ）『代議制民主主義』中公新書。

――（二〇一五ｂ）『政党システムと政党組織』東京大学出版会。

――（二〇一六）「政治学から見た「憲法改正」」駒村圭吾＝待鳥聡史（編）『「憲法改正」の比較政治学』弘文堂。

――（二〇一八ａ）「保守本流の近代主義」アンドルー・ゴードン＝瀧井一博（編）『創発する日本へ』弘文堂。

――（二〇一八ｂ）『民主主義にとって政党とは何か』ミネルヴァ書房。

マッケルウェイン、ケネス・盛（二〇一七）「日本国憲法の特異な構造が改憲を必要としてこなかった」『中央公論』五月号。

真渕　勝（一九九四）『大蔵省統制の政治経済学』中公叢書。

――（一九九七）『大蔵省はなぜ追いつめられたのか』中公新書。

丸山眞男（一九六一）『日本の思想』岩波新書。

マンキュー、Ｎ・グレゴリー（二〇一四）『マンキュー経済学Ⅱ　マクロ編』（第三版）（足立英之＝石川城太＝小川英治＝地主敏樹＝中馬宏之＝柳川隆訳）東洋経済新報社。

御厨　貴（編）（二〇一三）『園部逸夫オーラルヒストリー』法律文化社。

御厨　貴＝阿川尚之＝苅部直＝牧原出（編）（二〇一七）『舞台をまわす、舞台がまわる　山崎正和オーラルヒストリー』中央公論新社。

御厨　貴＝芹川洋一（編著）（二〇一八）『平成の政治』日本経済新聞出版社。

御厨　貴＝牧原　出（編）（二〇一一）『聞き書　武村正義回顧録』岩波書店。

三澤英嗣（二〇一二）「韓国の法曹養成制度」『法曹養成対策室報』第五号。

三田妃路佳（二〇一〇）『公共事業改革の政治過程』慶應義塾大学出版会。

村井哲也（二〇〇八）『戦後政治体制の起源』藤原書店。

村井良太（二〇一九）『佐藤栄作』中公新書。

村松岐夫（一九八八）『地方自治』東京大学出版会。

――（一九九四）『日本の行政』中公新書。

――（二〇一〇）『政官スクラム型リーダーシップの崩壊』東洋経済新報社。

村山富市（二〇一一）『村山富市の証言録』新生舎出版。

森田　朗（一九九九）「行政改革の課題」『日本公共政策学会年報　一九九九』日本公共政策学会（電子ジャーナル）。http://www.ppsa.jp/pdf/journal/pdf1999/1999-01-015.pdf
柳川範之（二〇〇二）「バブルとは何か――理論的整理」村松岐夫＝奥野正寛（編）『平成バブルの研究（上・形成編）』東洋経済新報社。

柳　至（二〇一八）『不利益分配の政治学』有斐閣。

山口二郎（一九九三）『政治改革』岩波新書。

山田厚俊（二〇一五）「「塩爺」逝去の報で問われる〝本物の政治家〟とは」『経済界』一一月一日付（オンライン記事）。http://net.keizaikai.co.jp/archives/17891
山田真裕（二〇一六）『政治参加と民主政治』東京大学出版会。

――（二〇一七）『二大政党制の崩壊と政権担当能力評価』木鐸社。

吉田健一（二〇一八）『「政治改革」の研究』法律文化社。

吉田弘正（二〇一八）「中選挙区制から小選挙区比例代表並立制へ」『地方自治法施行七〇周年記念　自治論文集』総務省。

吉見俊哉（二〇一九）『平成時代』岩波新書。

吉本　紀（二〇一二）「日本国憲法と内閣法の間」『レファレンス』二〇一二年一一月号。

ラムザイヤー、マーク＝フランシス・ローゼンブルース（一九九五）『日本政治の経済学』（加藤寛監訳・川野辺裕幸＝細野助博訳）弘文堂。

笠　京子（二〇一七）『官僚制改革の条件』勁草書房。

ローゼンブルース、フランシス＝マイケル・ティース（二〇一二）『日本政治の大転換』（徳川家広訳）勁草書房。

Acharya, Amitav (2004). "How Ideas Spread: Whose Norms Matter? Norm Localization and Institutional Change

in Asian Regionalism." *International Organization* 58 (2): 239–75.
Catalinac, Amy (2016). *Electoral Reform and National Security in Japan*. New York: Cambridge University Press.
Estevez-Abe, Margarita (2008). *Welfare and Capitalism in Postwar Japan*. New York: Cambridge University Press.
Falleti, Tulia G. (2005). "A Sequential Theory of Decentralization." *American Political Science Review* 99 (3): 327–46.
Hijino, Ken Victor Leonard (2017). *Local Politics and National Policy*. London: Routledge.
Kuttner, Kenneth, Tokuo Iwaisako, and Adam Posen (2015). "Monetary and Fiscal Policies During the Lost Decades." In Yoichi Funabashi and Barak Kushner, eds., *Examining Japan's Lost Decades*. London: Routledge.
Petrocik, John R. (1996). "Issue Ownership in Presidential Elections, with a 1980 Case Study." *American Journal of Political Science* 40 (3): 825–50.
Shugart, Matthew Soberg, and John M. Carey (1992). *Presidents and Assemblies: Constitutional Design and Electoral Dynamics*. New York: Cambridge University Press.
Shugart, Matthew Soberg, and Martin P. Wattenberg (2001). "Mixed-Member Electoral Systems: A Definition and Typology." In Matthew Soberg Shugart and Martin P. Wattenberg, eds., *Mixed-Member Electoral Systems*. New York: Oxford University Press.
Smith, Daniel M. (2018). *Dynasties and Democracy: The Inherited Incumbency Advantage in Japan*. Stanford: Stanford University Press.

*文献の副題は原則として省略し、邦語文献の算用数字は漢数字に改めた。

*紙媒体での公刊が確認できなかった文献については、インターネット上で入手できるＵＲＬを記載した。

【関連政治史年表（１９８５―２０１４）】

１９８５年（昭和60）

4月1日　日本電信電話（ＮＴＴ）、日本たばこ産業（ＪＴ）が発足
5月17日　男女雇用機会均等法、成立
9月22日　プラザ合意
10月7日　「ニュースステーション」（テレビ朝日系）放送開始

１９８６年（昭和61）

4月7日　「国際協調のための経済構造調整研究会」が「内需主導の経済構造転換」（前川リポート）を中曽根康弘首相に提出
6月27日　第一次臨時行政改革推進審議会（行革審）、解散（１９８３年7月1日〜）
7月6日　衆参ダブル選挙（衆：自３００、社85、公56、共26、民社26／参：自72、社20、公10、共9、民社5）

１９８７年（昭和62）

2月4日　政府、売上税法案を国会に提出
2月9日　ＮＴＴ、東証一部上場
4月1日　国鉄分割・民営化。ＪＲグループ、発足
4月21日　第二次行革審、発足（会長・大槻文平）
4月23日　経済審議会、「構造調整の指針」（新前川リポート）提出
4月26日　「朝まで生テレビ！」（テレビ朝日系）放送開始
5月12日　売上税法案、廃案を与野党で確認
10月19日　ニューヨーク株式市場で大暴落（ブラック・マンデー）
11月6日　竹下登内閣、発足

１９８８年（昭和63）

6月18日　『朝日新聞』の報道により「リクルート事件」発覚（端緒は川崎市助役）
11月1日　参議院制度研究会、「参議院のあり方及び改革に関する意見」提出
11月8日　米大統領選、ジョージ・ブッシュ（父）当選
12月21日　梶山清六自治大臣が「ふるさと創生一億円事業」を発表
12月24日　税制改革関連法、成立（消費税導入）
12月27日　自民党、総裁直属の「政治改革委員会」発足（会長・後藤田正晴）

１９８９年（昭和64／平成元）

1月1日　竹下首相、年頭会見で「政治改革元年」を表明
1月7日　昭和天皇、崩御。新元号は「平成」に
1月27日　竹下首相の私的諮問機関「政治改革に関する有識者会議」、発足（座長・林修三）
2月13日　江副浩正・リクルート前会長を贈賄容疑で逮捕
3月3日　武村正義らの「ユートピア政治研究会」、政治活動費の内訳を公表
4月1日　消費税導入（税率３％）
4月2日　「サンデープロジェクト」（テレビ朝日系）放送開始
4月25日　竹下首相、退陣表明
4月27日　「政治改革に関する有識者会議」、竹下首相に提言を提出
4月28日　経済四団体、「政治改革の断行を求める共同声明」
5月23日　自民党、「政治改革大綱」を発表
6月2日　竹下内閣、総辞職
6月3日　宇野宗佑内閣、発足
6月4日　中国、天安門事件
6月20日　自民党、「政治改革推進本部」設置（本部長・伊東正義）
7月23日　参院選（社46、自36、公10、共5、民社3、連合の会11など）。

	非改選議席をあわせても自民は過半数割れ
7月24日	宇野首相、女性問題などで退陣表明
8月10日	海部俊樹内閣、発足
10月2日	「筑紫哲也 NEWS23」（TBS系）放送開始
10月9日	社会経済国民会議による「政治改革フォーラム」、発足
11月9日	ベルリンの壁、崩壊
11月21日	連合（日本労働組合総連合会）、結成
11月29日	自民党・政治改革推進本部、「政治改革推進重点項目」を決定
12月17日	日銀、三重野康が総裁に就任
12月29日	東京証券取引所、大納会で一時3万8957円の史上最高値（日経平均）を記録
1990年（平成2）	
1月24日	海部首相、本会議で冒頭解散
2月18日	総選挙（自275、社136、公45、共16、民社14、社民連4、進歩1）
3月27日	土地価格高騰に伴い、大蔵省から金融機関に対し総量規制の行政指導
4月18日	第二次行革審（会長・大槻文平）、最終答申提出
4月26日	第八次選挙制度審議会、第一次答申を提出
5月25日	日弁連、「司法改革に関する宣言」発表
7月31日	第八次選挙制度審議会、第二次答申を提出
8月2日	イラク、クウェートに侵攻（湾岸危機）
10月3日	東西ドイツ、統一
10月31日	第三次行革審、発足（会長・鈴木永二）
12月25日	自民党、「政治改革基本要綱」を党議決定（小選挙区比例代表並立制の導入）

1991年（平成3）	
1月17日	湾岸戦争、勃発
1月18日	自民党、「制度改革に伴う党基本問題委員会」設置
1月30日	細川護熙、岩國哲人が『鄙の論理』を出版
4月7日	統一地方選。都知事選で自公民推薦の磯村尚徳が現職・鈴木俊一に敗北。これを受け小沢一郎が党幹事長辞職
4月24日	自衛隊、ペルシャ湾に掃海艇派遣決定（自衛隊初の海外派遣）
5月31日	自民党、「政治改革関連法案要綱骨子案」「制度改革に伴う党運営方針」を党議決定
6月25日	第八次選挙制度審議会、海部首相に選挙区割りと選挙腐敗防止に関する答申提出
6月29日	自民党、政治改革関連三法案を党議決定
7月10日	海部内閣、政治改革関連三法案を閣議決定（公職選挙法改正、政治資金規正法改正、政党助成法制定）
9月30日	政治改革関連三法案、衆院「政治改革に関する特別委員会」で審議未了、廃案
10月4日	与野党、「政治改革協議会」設置で合意
10月5日	海部首相、退陣表明
11月1日	Jリーグ、設立
11月5日	海部内閣、総辞職。宮沢喜一内閣、発足
12月26日	ソヴィエト連邦、消滅
1992年（平成4）	
2月14日	渡辺広康東京佐川急便前社長らを特別背任容疑で逮捕（東京佐川急便事件）
4月5日	「報道2001」（フジテレビ系）放送開始
4月15日	『朝日ジャーナル』休刊
4月20日	政治改革推進協議会（民間政治臨調）が発足（会長・亀井正夫）。「政治改革に対する基本方針」を採択

5月9日　『文藝春秋』（6月号）で細川護熙が「「自由社会連合」結党宣言」を発表
5月22日　日本新党、結成
6月15日　PKO協力法、成立
7月26日　参院選（自68、社22、公14、共6、民社4、日本新4など）。日本新党より細川護熙、小池百合子ら当選
8月27日　金丸信、東京佐川急便からの資金提供により自民党副総裁の辞任を表明（9月28日に略式起訴）
10月28日　金丸の起訴を受け、自民党竹下派、後継会長に小渕恵三就任。羽田孜、小沢一郎らが「改革フォーラム21」を結成（のちの羽田派）
11月3日　米大統領選、ビル・クリントン当選
11月7日　民間政治臨調、「国会改革に関する緊急提言」発表
11月26日　東京佐川急便事件に絡み、竹下元首相、証人喚問
12月22日　自民党、「政治改革の基本方針」了承

1993年（平成5）

1月3日　民間政治臨調、「地方分権に関する緊急提言」発表
3月6日　金丸信、東京佐川急便事件に絡み、脱税容疑で逮捕
4月17日　民間政治臨調、「政治改革に関し第百二十六回国会において実現すべき事項に関する提言」（小選挙区比例代表連用制等を提唱）発表
5月17日　民間政治臨調、「新しい政党のあり方に関する提言」発表
6月3日　衆院、「地方分権の推進に関する決議」（参院は翌4日）
6月14日　民間政治臨調、「民間政治改革大綱」発表
6月18日　羽田派の造反などにより、宮沢内閣に対する内閣不信任案可決、衆院解散
　武村正義、鳩山由紀夫ら10人が自民党離党。同月21日、新党さきがけを結成
6月22日　羽田派44人が自民党離党。翌日、新生党を結成
6月25日　小沢一郎、『日本改造計画』を出版
6月27日　東京都議選で日本新党躍進
7月18日　総選挙（自223、社70、新生55、公51、日本新35、共15、民社15、さきがけ13、社民連4）。自民党、過半数に達せず
7月22日　宮沢首相、退陣表明
7月30日　自民党、河野洋平が総裁に就任
8月9日　細川護熙内閣、発足（非自民8党連立）、自民党は結党後初の野党に
9月17日　政府、衆院の選挙制度改革を含む政治改革四法案（公職選挙法改正、政治資金規正法改正、衆議院選挙区画定審議会設置法制定、政党助成法制定）を国会に提出
10月13日　『産経新聞』により、テレビ朝日報道局長の偏向報道発言が発覚

1994年（平成6）

1月21日　閣議決定により、内閣に「行政改革推進本部」設置
　参院、与党である社会党一部議員などの反対で政治改革四法案を否決
1月28日　細川首相と河野自民党総裁との間で小選挙区比例代表並立制導入などを合意。翌29日、政治改革四法が成立
2月3日　細川首相、国民福祉税構想を発表
2月15日　「今後における行政改革の推進方策について」（行革大綱）、閣議決定
4月8日　東京佐川急便事件に絡み、細川首相が退陣表明
4月28日　羽田孜内閣、発足。社会党と新党さきがけの連立離脱、少数与党政権に
5月30日　行政改革推進本部、地方分権部会設置
6月25日　羽田内閣、総辞職
6月29日　河野洋平自民党総裁と村山富市社会党委員長、武村正義

	新党さきがけ代表、連立政権樹立で合意
6月30日	村山富市内閣、発足（自民党、社会党、さきがけの連立）
	経済同友会、「現代日本社会の病理と処方」発表
9月26日	地方六団体が「地方分権の推進に関する意見書」提出
12月10日	新進党結党大会（党首・海部俊樹）
12月16日	三重野日銀総裁、退任（後任は松下康雄）
12月25日	「地方分権の推進に関する大綱方針」（地方分権大綱）、閣議決定
1995年（平成7）	
1月17日	阪神・淡路大震災
3月20日	地下鉄サリン事件
4月9日	東京都、大阪府知事選でそれぞれ青島幸男、横山ノックが当選
5月15日	地方分権推進法、成立（当初、5年間の時限立法）
7月3日	地方分権推進委員会、発足（委員長・諸井虔）
7月23日	参院選（自46、新進40、社16、共8、さきがけ3、民改連2など）
9月22日	自民党、総裁選で橋本龍太郎を選出
9月26日	大和銀行ニューヨーク支店の巨額損失事件、発覚
11月28日	自民党、総裁直属の「行政改革推進本部」を設置（本部長・水野清）
12月19日	「住専問題の具体的な処理方策について」（一次損失約6兆４１００億円の処理について、母体行の債権放棄などに加え、６８００億円の予算措置等）、閣議決定
12月22日	金融制度調査会、「金融システム安定化のための諸施策」を答申
12月27日	新進党、党首選で小沢一郎を選出
1996年（平成8）	
1月5日	村山首相、退陣表明
1月11日	橋本龍太郎内閣、発足（社会党、さきがけとの連立）
2月27日	与党の大蔵省改革プロジェクトチーム、初会合（座長・伊藤茂）
3月29日	地方分権推進委員会、中間報告を提出
6月13日	大蔵省改革プロジェクトチームが報告書を発表
6月18日	住専処理法等、金融六法が成立
7月31日	中央銀行研究会、発足（座長・鳥居泰彦）
9月27日	衆院解散
9月28日	民主党（旧）、結党大会（代表・鳩山由紀夫、菅直人）
10月20日	初の小選挙区比例代表並立制での総選挙（自２３９、新進１５６、民52、共26、社民15、さきがけ2、民改連１）
10月31日	自社さ与党間において「新しい政権に向けての三党政策合意」
11月7日	第二次橋本内閣、発足（社民党、さきがけ、閣外協力に）
11月11日	橋本首相より「金融システム改革」指示（金融ビッグバン指示）
11月12日	中央銀行研究会、最終報告書を提出
11月21日	行政改革会議、発足（会長・橋本首相）
11月26日	金融制度調査会に「日銀法改正小委員会」を設置（委員長・館龍一郎）
11月29日	橋本首相、所信表明演説で「五つの改革」を提唱
12月20日	地方分権推進委員会、第一次勧告を提出
1997年（平成9）	
2月6日	金融制度調査会、「日銀法の改正に関する答申」を三塚博蔵相に提出
4月1日	消費税率、3%から5%に
6月11日	改正日本銀行法、成立（全面改正）

6月13日 証券取引審議会、金融制度調査会、保険審議会、「金融ビッグバン」を答申
6月16日 金融監督庁設置法、成立
7月8日 地方分権推進委員会、第二次勧告を提出
9月2日 地方分権推進委員会、第三次勧告を提出
9月3日 行政改革会議、中間報告を提出
9月8日 橋本龍太郎、無投票で自民党総裁再選
9月11日 第二次橋本改造内閣発足。佐藤孝行入閣（総務庁長官・行革担当）。〝灰色高官〟の批判
10月9日 地方分権推進委員会、第四次勧告を提出
11月17日 北海道拓殖銀行、破綻
11月24日 山一證券、自主廃業
11月28日 財政構造改革の推進に関する特別措置法（財政構造改革法）、成立
12月3日 行政改革会議、最終報告を提出。翌4日、閣議決定
12月9日 介護保険法、成立
12月18日 新進党、党首選で小沢一郎が再選
12月27日 新進党、解党を決定

1998年（平成10）

1月26日 大蔵省接待汚職で金融検査部の幹部2人を収賄容疑で逮捕（一連の事件では大蔵省で計4人、日銀1人の幹部職員が逮捕）
2月7日 長野オリンピック、開幕
2月16日 金融安定化二法（改正預金保険法、金融機能安定化緊急措置法）成立
2月17日 中央省庁等改革基本法案、閣議決定
3月20日 松下日銀総裁、退任（後任は速水優）
4月27日 民主党（新）、結党大会（代表・菅直人）
5月29日 地方分権推進計画、閣議決定
6月5日 金融システム改革法、成立
6月9日 中央省庁等改革基本法、成立
6月22日 金融監督庁、発足
7月12日 参院選（自44、民27、共15、公9、自由6、社民5）
7月13日 橋本首相、退陣表明
7月24日 自民党、総裁選で小渕恵三を選出
7月30日 小渕恵三内閣、発足（自民党単独政権、参院では少数与党）
10月12日 金融再生関連法、成立
12月15日 金融再生委員会、発足
12月18日 財政構造改革法、停止

1999年（平成11）

1月14日 自由党（党首・小沢一郎）が政権に参加、小渕内閣は連立政権に
2月26日 経済戦略会議、最終答申
7月8日 独立行政法人通則法などの中央省庁再編関連法、成立
地方分権一括法、成立
7月27日 司法制度改革審議会、設置（会長・佐藤幸治）
7月26日 国会審議活性化法（政府委員廃止、副大臣制導入、国家基本政策委員会設置）、成立
10月5日 公明党が政権に参加、自自公連立政権に
11月10日 国会、初の党首討論
12月1日 自民党・政治制度改革本部、初会合
12月15日 改正政治資金規正法、成立（企業・団体による政治家個人に対する献金を禁止）

2000年（平成12）

1月20日 衆参両院に憲法調査会、設置
4月1日 介護保険制度、開始
自由党、連立から離脱（連立残留派は保守党を結成）

4月2日	地方分権一括法、施行
4月2日	小渕首相、緊急入院（5月14日没）
4月5日	自民党、総裁に森喜朗を選出。同日、森内閣、発足（公明党、保守党との連立）
4月18日	民間司法臨調（会長・亀井正夫）、発足
6月25日	総選挙（自２３３、民１２７、公31、自由22、共20、社民19、保守7など）
7月1日	金融庁、発足
7月12日	民主党が江田五月・司法ネクスト大臣名で提言「市民が主役の司法へ」を発表
10月26日	改正公職選挙法、成立（参院比例代表に非拘束名簿式、導入）
11月21日	森内閣不信任案、提出（否決）。加藤の乱
11月22日	斡旋利得処罰法、成立
11月28日	司法制度改革審議会、中間報告を森首相に提出
12月13日	超党派による司法改革推進議員懇談会、発足
	米大統領選、ジョージ・ブッシュ（子）当選確定

２００１年（平成13）

1月6日	中央省庁再編、1府22省庁から1府12省庁体制へ移行
	内閣府創設に伴い、経済財政諮問会議を設置。併せて特命担当大臣ポストを創設
4月1日	57の独立行政法人が発足
4月2日	綿貫民輔衆院議長の下に「衆議院改革に関する調査会」（会長・瀬島龍三）を設置
4月6日	森首相、退陣を表明
4月24日	自民党、総裁選で小泉純一郎を選出
4月26日	小泉純一郎内閣、発足（公明党、保守党との連立）
5月7日	小泉首相、所信表明演説で「聖域なき構造改革」を表明
5月17日	民主党、「司法制度改革への意見」提出
6月7日	自民党・国家戦略本部が発足
6月12日	司法制度改革審議会、最終意見書を小泉首相に提出
6月14日	地方分権推進委員会、最終報告を提出
6月21日	経済財政諮問会議、「骨太の方針２００１」を決定（6月26日、閣議決定）
6月22日	特殊法人等改革基本法成立に伴い、特殊法人等改革推進本部、発足（本部長・小泉首相）
7月3日	地方分権改革推進会議、発足（議長・西室泰三）
7月29日	参院選（自64、民26、公13、自由6、共5、社民3、保守1）。この時より比例区、拘束名簿式から非拘束名簿式に変わる
9月11日	米国で同時多発テロ事件
11月9日	司法制度改革推進法、成立
11月19日	「衆議院改革に関する調査会」、答申を提出
12月1日	司法制度改革推進本部、内閣に設置
12月7日	改正ＰＫＯ協力法、成立（武器使用基準の緩和）

２００２年（平成14）

3月13日	自民党・国家戦略本部が小泉首相に政治主導体制確立の提言を提出
3月19日	「司法制度改革推進計画」、閣議決定
	日弁連、「司法制度改革推進計画」発表
3月20日	最高裁、「司法制度改革推進計画要綱」発表
5月28日	日本経団連、発足（経団連と日経連が統合）
6月25日	閣議決定された「骨太の方針２００２」の中で、地方分権に関し「三位一体」について言及
7月24日	日本郵政公社設立と、民間の郵便事業参入等を認める郵政四法、成立
10月22日	経済同友会がマニフェスト導入を提言
11月29日	法科大学院を創設するための関連法、成立

2003年（平成15）

3月19日　速水日銀総裁、退任（後任は福井俊彦）
4月1日　日本郵政公社、発足
4月16日　産業再生機構、発足
4月25日　六本木ヒルズ、開業
6月6日　地方分権改革推進会議、「三位一体の改革についての意見」提出
6月27日　「骨太の方針2003」の中で「三位一体改革」の具体的工程が示される（補助金4兆円の削減等）
7月9日　国立大学法人法、成立
7月18日　司法制度改革関連八法、成立
9月12日　全国知事会会長に梶原拓岐阜県知事が就任。「闘う知事会」を標榜
9月20日　自民党、総裁選で小泉純一郎が再選
9月24日　民主党と自由党が合併合意
10月1日　34の特殊法人が32の独立行政法人に改編移行
10月10日　改正公職選挙法、成立（マニフェスト配布を許可）
　衆院解散
11月9日　総選挙（自237、民177、公34、共9、社民6、保守新4）。この選挙より政権公約（マニフェスト）導入が一般化
12月9日　自衛隊のイラク派遣、決定

2004年（平成16）

4月1日　国立大学が独立行政法人（国立大学法人）へ移行
　法科大学院、スタート（制度発足時68校、最大74校／2019年度36校）
5月12日　地方分権改革推進会議、最終意見提出にあたっての議長所感「未来の国民の幸福のために」発表
5月19日　合併三法（市町村の合併の特例に関する法律の一部を改正する法律、市町村の合併の特例等に関する法律、地方自治法の一部を改正する法律）成立
5月21日　裁判員法（裁判員の参加する刑事裁判に関する法律）、成立
5月26日　総合法律支援法、成立（法テラスの設置）
6月2日　改正行政事件訴訟法、成立（施行は2005年4月1日）
6月11日　知的財産高等裁判所設置法、成立（設置は2005年4月1日）
7月11日　参院選（民50、自49、公11、共4、社民2）
8月19日　地方六団体、「国庫補助負担金等に関する改革案」について共同声明。24日、首相に提出
9月10日　郵政民営化基本方針、閣議決定
11月26日　自民党、地方財政の三位一体改革を決定（補助金縮減、税源移譲、地方交付税見直し）

2005年（平成17）

3月25日　愛知万博、開幕
4月1日　ペイオフ解禁
7月5日　郵政民営化法案、衆院で可決
8月8日　郵政民営化法案、自民党一部議員の反対などにより参院で否決。同日、衆院解散
9月11日　総選挙（自296、民113、公31、共9、社民7、国民4）
10月14日　郵政民営化法、成立
11月30日　政府と与党が「三位一体改革」について合意（国庫補助負担金改革、地方交付税改革、約3兆円の地方への税源移譲）

2006年（平成18）

2月28日　地方制度調査会、道州制導入を答申
4月1日　労働審判制度、開始（労働審判委員会の創設）

4月7日 民主党、両院議員総会で小沢一郎を代表に選出
5月19日 新司法試験、実施
6月7日 地方六団体が「地方分権の推進に関する意見書」を提出
6月20日 夕張市、財政再建団体の指定申請
9月20日 自民党、総裁選で安倍晋三を選出
9月26日 小泉内閣、総辞職。安倍晋三内閣、発足（公明党との連立）
10月2日 法テラス、業務開始
12月8日 地方分権改革推進法、成立（第二次地方分権改革の起点）

2007年（平成19）

1月9日 防衛省、発足
4月1日 地方分権改革推進委員会、発足
5月29日 地方分権改革推進本部、発足
7月29日 参院選（民60、自37、公9、共3、社民2、国民2、日本1）、参院で与党が過半数を割る「ねじれ国会」に
9月12日 安倍首相、体調不良を理由に退陣表明
9月23日 自民党、総裁選で福田康夫を選出
9月26日 福田康夫内閣、発足（公明党との連立）
10月1日 日本郵政グループ、発足

2008年（平成20）

3月19日 日銀、福井総裁退任。後任人事紛糾により4月9日まで空席
4月9日 日銀、白川方明が総裁に就任
9月1日 福田首相、退陣表明
9月15日 リーマン・ブラザーズ、経営破綻（リーマンショック）
9月22日 自民党、総裁選で麻生太郎を選出
9月24日 麻生太郎内閣、発足（公明党との連立）
11月5日 米大統領選、バラク・オバマ当選
12月16日 地方分権改革推進委員会、決議（第二次勧告に基づく国の出先機関統廃合の実施を要求）

２００９年（平成21）

5月16日 民主党、代表選で鳩山由紀夫を選出
5月21日 裁判員制度、開始（初の公判は同年8月3日）
6月16日 第29次地方制度調査会より２０１０年3月末をもって政府主導による合併推進は一区切りとするべきとの答申
7月21日 衆院解散
8月30日 総選挙（民３０８、自１１９、公21、共9、社民7、みんなの党5、国民3、日本1、新党大地1）。民主党へ政権交代
9月16日 鳩山由紀夫内閣、発足（民主党、社民党、国民新党の連立）
9月18日 行政刷新会議、設置
9月28日 自民党、総裁選で谷垣禎一を選出
11月6日 行政刷新会議が「事業仕分け」を開始
11月17日 地域主権戦略会議、発足
12月15日 地方分権改革推進計画、閣議決定

２０１０年（平成22）

1月1日 社会保険庁、廃止。日本年金機構、発足
3月31日 平成の大合併、終結
6月2日 鳩山首相、普天間問題で退陣表明
6月8日 菅直人内閣、発足（国民新党との連立）
6月22日 地域主権戦略大綱、閣議決定
7月11日 参院選（自51、民44、みんな10、公9、共3、社民2など）
12月28日 「アクション・プラン―出先機関の原則廃止に向けて―」、閣議決定

２０１１年（平成23）

3月11日 東日本大震災

4月28日	第一次地方分権一括法（地域の自主性及び自立性を高めるための改革の推進を図るための関係法律の整備に関する法律）、成立
8月29日	民主党、代表選で野田佳彦を選出
9月2日	野田佳彦内閣、発足（国民新党との連立）
11月27日	橋下徹、大阪市長に当選
2012年（平成24）	
8月10日	消費増税を柱とする社会保障と税の一体改革関連法、成立
9月26日	自民党、総裁選で安倍晋三を選出
9月28日	「日本維新の会」、発足
11月30日	地域主権推進大綱、閣議決定
12月16日	総選挙（自294、民57、日本維新54、公31、みんな18、日本未来の党9、共8、社民2、国民1、大地1）
12月25日	民主党、海江田万里を代表に選出
12月26日	野田内閣、総辞職。自民党・公明党連立による第二次安倍晋三内閣、発足
2013年（平成25）	
1月30日	安倍首相、国会で初めて憲法改正に言及
3月8日	地方分権改革推進本部、設置
3月20日	日銀、黒田東彦が総裁に就任
4月19日	改正公職選挙法、成立（インターネット上における選挙運動解禁）
7月21日	参院選（自65、民17、公11、日本維新8、共8、みんな8、社民1）。ねじれ国会、解消
8月8日	山本庸幸内閣法制局長官、退任。後任は小松一郎駐仏大使

2014年（平成26）	
1月7日	国家安全保障局、設置（局長・谷内正太郎）
4月1日	消費税、8%に
4月30日	地方分権改革推進本部より「提案募集方式」実施の方針、発表
5月30日	内閣人事局、設置（局長・加藤勝信）
6月13日	憲法改正手続きのための改正国民投票法、成立
12月14日	総選挙（自291、民73、維新の党41、公35、共21、次世代の党2、生活の党2、社民2）

（年表作成　アトリエ・プラン）

事項索引

ハ

マ

ヤ、ラ、ワ

人名索引

マ

ヤ、ラ、ワ

新潮選書

政治《せいじ》改革《かいかく》再考《さいこう》　変貌《へんぼう》を遂《と》げた国家《こっか》の軌跡《きせき》

著　者……………………待鳥聡史《まちどりさとし》

発　行……………………2020年5月25日

発行者……………………佐藤隆信
発行所……………………株式会社新潮社
〒162-8711 東京都新宿区矢来町71
電話　編集部 03-3266-5411
　　　読者係 03-3266-5111
https://www.shinchosha.co.jp
印刷所……………………株式会社三秀舎
製本所……………………株式会社大進堂

乱丁・落丁本は、ご面倒ですが小社読者係宛お送り下さい。送料小社負担にてお取替えいたします。価格はカバーに表示してあります。

ISBN978-4-10-603854-9 C0331